大下英治
Eiji Ohshita

専横のカリスマ 渡邉恒雄

さくら舎

目次◆専横のカリスマ　渡邉恒雄

プロローグ

第一章　権力を嗅ぎ分ける政治記者

第二章　社内抗争の勝利と代償

第三章　読売を右傾化させた提言報道

第四章　巨人軍中心主義の「球界の盟主」

第五章　最後の終身独裁者

専横のカリスマ　渡邉恒雄

プロローグ

「渡邉の批判記事を書くな」

わたしは、これまで読売新聞の務台光雄《むたいみつお》、渡邉恒雄《わたなべつねお》、丸山巖《まるやまいわお》、氏家齊一郎《うじいえせいいちろう》、内山斉《うちやまひとし》の各氏について描き、酒席を共にしてきた。読売新聞社幹部との縁はそれほど深い。

渡邉恒雄との縁は、わたしが、昭和五八年（一九八三年）九月号の『月刊宝石』に、「渡邉恒雄読売新聞専務・論説委員長の中曾根《なかそね》総理への密着度」を書いたことにはじまる。

当時、渡邉は、ジャーナリズム界、政界に恐《こわ》い者なしという勢いで頭角をあらわしていた。その存在は、一種のタブーと化してもいた。それまで渡邉について批判的に書く記事は皆無《かいむ》といってよかった。

わたしは、渡邉に共感する記者、反感を抱く記者たち、さらに政界人をも訪ね歩き、渡邉の人物像を探った。わたしは意気込み、ペンには、つい力がこもった。

記事を発表すると、渡邉に反感を抱く人たちや読者からは、よく書いてくれたとの声が多かった。ところが、渡邉側からの反発は強かった。

なんと、渡邉の側近と思われる記者からわたしに会いたいとの連絡があり、小料理屋で会うと、やんわりと脅《おど》しをかけてきた。

「あんたも、これからマスコミで生きていくんだろう。それなのに、こういうことをつづけていると、マスコミで生きにくくなるんじゃないですか」

つまり、二度と渡邉について批判を書くな、というのであろう。

わたしは、怯《ひる》む気はなかった。

「わたしのデビュー作は『小説電通』です。あの作品を発表したとき、『大下は、天下の電通に逆らって、マスコミで生きていけるのか』と嘲笑《あざわら》われた。わたしは、あれから二年、いまや『週刊文春』の記者を辞め、こうしてペン一筋で生きつづけている。これからも、書きたいように書いていく。もし、ナベツネさんの差し金なら、ナベツネさんにそうお伝えください」

ところが、ところがである。

また別の側近がやってきた。同じように、わたしに二度と渡邉の批判記事を書くな、と迫るではないか。

わたしは、はたして、渡邉が彼らを差し向けているのか、それとも、彼らが勝手に忠臣として動いているのか、わからなくなってきた。それも、結局、五人もやってきたのである。

わたしは、そのとき彼らから名刺をもらっていたのだが、その名刺を頭にきて破り捨ててしまったので、その名も記憶にない。いまから考えると、その忠義者の名を記録しておけばよかったと思っている。

六人目――現れたのは、なんと丸山巌であった。

じつは、わたしは丸山とは、いつのころからか、週刊文春時代のデスクであった花田《はなだ》紀凱《かずよし》を交えて三人で酒を飲む仲であった。

「とにかく、ナベさんと会ってみないか」

丸山にそういわれては、断れない。それに、わたしは『月刊宝石』の記事を書くとき、渡邉に取材を申し込んだが断られていた。

わたしは、可能な限り、本人に会って書く主義である。渡邉が会うというなら、願ってもないことでもある。日本橋の小料理屋で、丸山を交え、渡邉と会った。

意外だったのは、渡邉が取材を通して想像していた印象とまるきり異なっていたことである。陰気で、人をけっして内面に入り込ませない守りの固い人物と思い込んでいた。

ところが、豪快で、あけっぴろげで、なんとも無防備であった。

〈ここまでしゃべっていいのか〉

ついこちらがそう思ってしまうほど、秘密めいたことまで打ち明けた。

パイプをくゆらせながら、大声で、冗談もいい、よく笑った。いつの間にか、ある種の魅力を感じてしまいそうになったほどである。

さて、渡邉と会い酒を飲んで、ハイさようならでは、何の意味もない。わたしは、渡邉に申し入れた。

「せっかく会ったのですから、インタビューさせてください」

渡邉は、うなずいた。

「ただし、あんなことを書いた『月刊宝石』は嫌だな」

わたしは、即座にいった。

「では、『月刊現代』ならどうでしょうか」

『月刊現代』なら、渡邉がインタビューに応じるとなると、喜んで飛びつくはずだ。

案の定、『月刊現代』の編集長は、二つ返事で引き受けてくれた。

そのインタビューは、社の休みの土曜日の午前一〇時から、東京・大手町の読売新聞社八階の論説委員長室でおこなわれた。渡邉は、パイプをくゆらせながら、四時間半にわたって、理路整然と語りつづけた。

もちろん、親しい中曾根康弘《やすひろ》総理についても熱っぽく語った。

わたしは、その長いインタビューを原稿用紙三〇枚程度にまとめて、昭和五九年（一九八四年）八月号の『月刊現代』に発表した。

ところがそのインタビュー記事掲載号の発売の日の朝、わたしの家の電話が鳴った。出ると、なんと渡邉からの電話で、ひどく怒っている。

「なんだね、ひどいじゃないか！」

編集部は、インタビュー記事の内容を渡邉にも見せ、確認を取っているはずである。文句をつけられる筋合いはないはずだ。

渡邉氏の怒りのトーンは上がってくる。

「わたしは、あんなことをいった覚えはない」

「あんなこと!?」

「あんたは、今朝の朝刊のインタビュー記事の広告のタイトルを、見てないのか」

「はい」

「では、いますぐ見たまえ」

わたしは、受話器を置いて、郵便受けに走り、朝刊を取り、受話器のところまで戻った。

朝刊を開き、『月刊現代』の広告に眼をやり、おどろいた。

「渡邉論説委員インタビュー『中曾根クンは、オレが総理にした』」

たしかに、渡邉は中曾根が総理になるまでの陰の苦労について赤裸々《せきらら》に語ったが、さすがに「オレが総理にした」という思い上がった言い方はしなかった。

「すみません。わたしは、タイトルには関わっていませんので。ただちに編集部に連絡を入れ、今後の処置についで報告させますから」

結局、編集部が次号でタイトルについて詫《わ》びることにし、この一件は落着した。

読売幹部の運命を変えた大下記事

わたしは、この件で、丸山といっそう深い関係になり、丸山に頼み込んだ。

「務台光雄を中心にして、新聞業界の三国志を描きたい。ぜひ、務台さんを説得してもらえませんか」

務台社長の甥《おい》でもある丸山は、務台と話し合った。務台が青森の八戸《はちのへ》で読売新聞販売店の全国大会に出るので、その大会にわたしも出席してみることになった。

わたしは、その大会で務台社長のエネルギーにただただ圧倒された。浴衣姿の務台は、壇上で全国から集まった販売店主を前にマイクを握り、立ったまま激しい口調で自らの一代記を熱っぽく語りつづける。とても八〇歳を過ぎた老人とは思えぬ迫力である。

二時間が過ぎ、司会者が務台の体力を心配して、声をかけた。

「お疲れでしょうから、そろそろ……」

が、務台は、突っぱねた。

「いや、もう三〇分ばかり話しておきたいことがある」

務台は、今度は椅子に座って三〇分近く、烈々《れつれつ》と語りつづけた。

わたしは、心の中で思わず唸《うな》った。

〈聞きしにまさる怪物だ〉

務台は、話し終わり、壇から降りるや、販売店の店主たち一人ひとりに酒を注いでまわりはじめたではないか。販売店の店主たちは、まるで神様から注がれたように感激して、盃《さかずき》をいただいている。

〈まるで務台教の教祖だな〉

販売店の店主たちは、務台社長のためなら、と心酔していることがその光景から理屈《りくつ》抜きでありありとわかった。

〈この惚《ほ》れ込みようがあってこそ、読売は一〇〇〇万部を目指すと燃えているのだろうな〉

務台が、「白紙でも売ってみせる」と豪語したといわれているのが納得できた。

務台は、わたしが一代記を書くことをすぐには受け入れなかった。が、丸山のねばり強い説得に、ついに折れた。

うれしかった。まさか、このことが、ポスト務台の一人であり、渡邉と務台をつないでくれた丸山の運命を狂わせることになろうとは思いもしなかった。さらに、渡邉の運命をも変えることになろうとは……。

務台社長の逆鱗《げきりん》に触れる

務台は、取材の打ち合わせに入り、椅子のそばにある秘書を呼ぶボタンを押した。

女性秘書がやってきた。務台はキョトンとした表情をして、彼女に声をかけた。

「きみ、何で来たの？」

「社長がお呼びになったからです」

務台は苦笑いしながら、わたしにいった。

「このように、いまこの時点のことについて、すぐ忘れてしまうことがあるんだ。しかし、心配しないでください。昔のことは、こと細かく記憶しておりますから。たとえば、ある事件が鰻屋《うなぎや》で起こったとき、そのときの鰻の値段がいくらであったか、ということまでよく覚えている」

務台は、毎年の暮れは別荘で過ごすことになっていたのだが、それをとりやめて、わたしの取材に応じてくれることになった。

務台は、自宅で朝の八時から夜の八時まで、食事とおやつの時間以外は、延々と語ってくれた。昔のことはこと細かく記憶しているといったことは、事実であった。

「そのとき、二階で食べた一円五〇銭のうな重は、じつにおいしく……」

戦前食べたうな重の値段まで、はっきりと記憶していた。

わたしは、務台の話を聞きながら思った。

〈なんと、喧嘩《けんか》上手なひとか〉

のちに触れるが、「しかばね演説」といわれた読売社内の決意表明での、社主・正力松太郎《しょうりきまつたろう》と刺し違えてでも事を成すという気迫、テレビ放送創業期における田中角栄《たなかかくえい》とのチャンネル獲得《かくとく》の駆け引き、時の総理大臣佐藤栄作《さとうえいさく》と国有地払い下げ問題での渡り合い、ひいては朝日新聞・広岡知男《ひろおかともお》社長との新聞値上げ問題の駆け引き……務台にかなう者はなかなかいまい。

いずれの場合も、まず務台が挑発する。相手をカッカさせ、相手がつい外れたことを口にすると、そこを見過ごさず、「その態度はなにか！」と迫る。その気迫に、相手は呑《の》まれてしまう。それも、いつも命懸けで迫るから、相手はタジタジとなってしまう。

わたしは思った。

〈務台さんは、戦国の世に生まれていても、まちがいなく一国一城の主《あるじ》になっている〉

インタビューの合間の午後三時の休憩時、好物の饅頭《まんじゅう》を食べながらの話も、じつに楽しかった。ときに女性との艶話《つやばなし》も飛び出した。

わたしは、このインタビューを『月刊宝石』の昭和六二年（一九八七年）九月号から、『新聞三国志 小説・務台光雄』というタイトルで連載することになった。

ところが、連載第一回目に問題が起こった。わたしが丸山から聞き、原稿にしたのち本人にも確認してもらったにもかかわらず、務台がその部分に激怒したのだ。

問題になったのは、次の場面であった。

「昭和五十年二月下旬の朝の十一時過ぎであった。務台は、許しがたいといった口調でつぶやいた。

『東京新聞に、みごとやられたな……』

東京都内の販売数は、昭和四十九年十一月読売新聞創刊百周年の月には、九十八万二千部と伸びたが、翌十二月には、九十三万六千部に落ちた。対前年同月比も、七万四千部減で、苦戦を強いられた。

さらに、年の明けた翌五十年一月にも、部数九十六万九千部で、十一月より落ちこんでいた。

オイルショックの翌年の四十九年六月二十四日、読売は、新聞の用紙が五割あがったので、新聞代をそれまでの千百円から六百円あげて千七百円とした。

朝日、毎日と一緒であった。

ところが、三十八年十一月に中日新聞に買収された東京新聞だけは、朝夕刊セットで八百八十円と、読売の半値近くに据《す》え置いた。

〈東京新聞が増えた分、ウチが三十万部近くも食われたな……〉

本社七階のそこには、販売局長の丸山巖、販売店主の会である東京読売会の池川勇会長をはじめ、菊池英一、尾高賢明、浜田吉治、田島秀一、永仮政夫、鈴木正一、柿崎嘉郎、宮坂紀幸と、八地区の各地区読売会会長が顔を並べていた。それに大阪読売本社の米山保販売局長が、深刻な表情で待ち受けていた。

務台は、ソファに座るや、大阪から呼んでいた米山販売局長に言った。

『東京は、ここにきてひどい落ちこみだが、大阪は落ちこんでいない。どういう方法で、いかに落とさないかを、東京の会長連中に説明してみてくれ』

米山は、大阪での戦い方を話した。

『大阪でも、朝日やサンケイに読売が食われることはある。そんなときには、やめた家に、そのままタダで一ヵ月でも二ヵ月でも入れつづければいいんだ。そのうち、客のほうも、悪いから……と、また読売をとってくれるようになる』

務台は、米山の言を入れた。

『米山君の言うとおりである。落とされたなら、そのまま突っ込んでいって、その間に対抗してひっくり返せばいい』

『販売の神様』と仰がれる務台も、東京新聞のゲリラ的な攻撃には、こたえていた。

東京の販売店には、急遽《きゅうきょ》、三十万部も落ちこむ前の部数が送られることになった。

ところが、五日後、東京読売会のそれぞれの会長が顔を合わせ、丸山販売局長を脅しにかかった。

『丸さん、これまで、われわれは、務台社長、丸さんの言うことは、とことん信用してきた。しかし、今回のやり方だけは、われわれは、とうていついていけない。余分に送ってくる紙は、全部社のまわりに積んで置きますよ！』

丸山には、彼らの主張は、痛いほどわかっていた。今回の方法は、これまで務台、丸山コンビがとってきたやり方とは、まったく逆なのだ。

販売店に対しては、これまで、徹底的に自由増減させてきた。つまり、無駄な紙は、一切持たさない方法できた。読者のいない余分な紙は、たとえ一部でも二部でも、本社へ電話をかけてきて減らせ、という方針であった。そうすれば、翌月には補正され、無駄な紙は無くなる。そういう躾《しつ》けを徹底させていたのに、その逆をやらせたのだ。

丸山は、彼らに約束した。

『わかった。おれが、社長に会って話しておく』

丸山が、社に帰るや、六階の販売局長室に、務台社長が降りてきた。務台社長も、その後の動きが気になっていた。

『どうだ丸山君、うまくいってるか』

丸山販売局長は、務台社長の部屋に行こうと思っていた矢先だったので、心に思っていることを、そのままぶつけた。

『社長、これ以上あなたの言うとおりにつづけると、販売部は、崩壊します』

務台社長も、丸山の思わぬ強い言葉に驚いた。

『社長、米山君が発言したとき、わたしにひとことも発言させませんでしたけど、わたしは、まったく反対です。今回の戦いは、大阪の事情とはちがいます。どうしても、このままやりたいのでしたら、わたしを馘首《くび》にしてください。馘首にしてやってください！』

丸山は、務台社長に対してそのような言葉を使って迫ったのは、入社以来二回めのことであった。事をなすに当たり、心の奥底から正しいと思うことなら、身を捨ててかかれ、というのは、務台社長に接していて丸山が自然に学んだことであった。丸山は、いま、その捨て身の戦法を、務台に使っていた。

務台は、

『では、池川会長を呼べ』

東京読売会会長の池川勇は、読売新聞社九階の東京読売会事務所にいた。

池川は、すぐに丸山の部屋に降りてきた。

務台は、池川に訊いた。

『今回のやり方を、どう思う』

池川は、丸山販売局長とは打ち合わせをしていなかったが、同じことを言った。

『ウチの店でも、断わられた家に強引に入れつづけてみましたが、みんな読者から断わられてしまいました。持って帰ってください、と張り紙まで出す家もあります』

務台は、兵を進めてみて、退くべき、と判断すると、退き方も鮮やかであった。

『わかった。販売店への新聞代の請求を、十日に延ばせ。その間に、紙を整理しろ』

ふつうは、毎月五日に本社から販売店に新聞代を請求する。それを五日延ばして十日に請求することになった。

務台の素早い判断により、まず十二万部の余分の紙が切れ、さらに二ヵ月して、ようやく三十万部近い余分の紙が切れた」

ノンフィクション作家・魚住昭《うおずみあきら》は、『渡邉恒雄 メディアと権力』で丸山に取材して、このときの務台の丸山への怒りについて次のように書いている。

「宝石九月号が発売された直後、丸山は築地の聖路加《せいルカ》国際病院に入院中の務台に呼びつけられた。病室に入ると、務台が怒鳴った。

『おまえ、この記事は何だ！　全部取り消せっ。本屋に出回ってる雑誌を買い占めて、全部回収してこい！』

『この記事はでたらめだっ。俺は押し紙なんかしていないぞ』

務台は丸山を激しくなじった。

『でも、実際、あのときそう言ったじゃないですか。僕が止めたのに』

『嘘だ。俺は知らん。仮にあったとしても、そんなことを大下に言う必要はないじゃないか。お前は俺を貶《おとし》めて自分の名を売ろうとしたんだ』

『そうじゃないんです。あなたはわずか一週間で押し紙をやめさせた。その決断力が素晴らしいと思ったんです』

務台は、宝石編集部に全文取り消しと二回目以降の連載中止を申し入れた」

権力闘争に明け暮れるのは実像か

わたしは、務台の抗議を受けて、ただちに務台に手紙を書いた。四〇〇字詰めの原稿用紙に四〇枚近く書き、訴えた。

「務台社長の生涯はすでに個人のものではなく、歴史なのですよ」

取材したなかでの務台のいくつかのドラマを書いた。特に、いわゆる「しかばね演説」の真相について、のちにこの『新聞三国志 小説・務台光雄』という連載で描くことになる場面を書いた。引用が長くなるが、務台社長の性格をわかってもらったほうが、渡邉が務台にどう向き合っていたかを理解してもらうために役立つはずだ。

「正力社主は、ふたたび務台に顔を向けて訊いた。

『務台君、東京機械に輪転機を六台注文したというのは、本当か』

『ええ、本当です』

『それは、やめろ』

もしやめれば、読売は潰れる。務台はそう考えていたから、つい大声になった。

『それだけは、やめるわけにはいきません！　もし輪転機を新しく入れられないなら、朝刊が朝の八時か九時に配られることになる。もし読売をとっても、その時間に配られたんでは、主人は会社へ出かけていて、読みはしない。結局は、とるのをやめてしまいます』

安田副社長も、山岡総務局長も、前田工務局長も、正力社主に務台と同じ考えを訴えた。

正力にかわいがられていた小島でさえも、編集局長の立場で、朝・毎より遅い新聞がいかに意味がないかということを説明した。

二時からはじまり、すでに五時になっていた。

が、正力社主は、頑《がん》としてみんなの意見を撥《は》ねつけた。

『おれの意見に全員が反対なら、はじめに言ったとおり、全員辞めろ』

これでは、喧嘩にならない。

務台ら五人は、五時から安田副社長の部屋に集まった。

安田が、苦りきった表情で言った。

『わたしたち全員が辞め、それがきっかけになって、輪転機購入を認めてくれればいい。しかし、わたしたちが辞めれば、正力さんは、よけいに自分の意見を通す。結局、わたしたちが辞めても辞めなくても、意見を曲げないなら、わたしたちがそろって辞めることも、意味がない。残って、できるだけいい方法を考えよう』

務台が目黒の家に帰ると、友人の評論家御手洗《みたらい》辰雄《たつお》が待っていた。

務台は、御手洗といっしょに外に出かけ、食事をしながら、事情を話した。

御手洗は、即座に言った。

『務台君、輪転機を入れなけりゃあ、読売は、潰れるぞ。朝刊が九時か十時に来るなんて、夕刊と同じことだ。それは、駄目だ。きみは、なんとしても頑張らなければ駄目だ』

『いや、頑張ったけれどもね……』

『さいごまで、頑張るべきだ』

務台は、御手洗と別れ家にもどっても、自分の部屋に引きこもって考えつづけた。

〈このままだと、まちがいなく、読売は潰れてしまう。正力さんに、とことん話をしよう。毎日でもい い、話をしよう。五回か十回、いや二十回でも説得する。それでも、どうしても聞いてもらえなかったら……〉

務台は、険しい表情になった。

〈そのときは、刺しちがえる〉

務台の肚《はら》はできた。おのれの命を捨てる覚悟さえできれば、何も恐いものはなかった。正力社主とは毎日のように社で会う。短刀で、確実にひと突きできる。刺したあとは、自らも刺して自害する。ふたりが死んでしまえば輪転機は購入できる。読売が生きる。

務台は若かりし日、レプラ（ハンセン病）の疑いのあった看護婦宮崎芳野に惚れ、結婚しようと考えたとき、悩み苦しんだ。

そのはて、天啓《てんけい》のような考えが閃《ひらめ》いた。

〈彼女と結婚して、遺伝であろうと感染であろうと、もし病気が出たら、彼女を刺して、おれもいっしょに死ねばいいではないか〉

おのれの命も投げ捨てる覚悟さえできれば、肚は据わった。

務台は、そのとき以来、何事に立ち向かうときも、本心から命を賭けていた。

務台は、刺しちがえると覚悟を決めると、社員に対し、遺言を書いた。

犬死をする気はなかった。自分の志《こころざし》をみんなに遺し、実行してもらわねばならない。

ただし、務台は、正力社主に、これから何十回でも会い、可能なかぎり、わかってもらうつもりであった。

務台は、その夜はほとんど眠らず、朝早く社へ出ると、東京機械に行くことになっている山岡総務局長と前田工務局長を止めた。

それから、安田副社長に会い、険しい表情で言った。

『おれの責任において、輪転機発注は取り消さない。山岡と前田には、おれから今朝、行くなと止めておいた』

務台は、安田副社長には、刺しちがえる、とは表現しなかった。もし口に出して言えば、脅迫になる。

『おれの責任において』とだけ表現した。

が、安田副社長にも、務台のただならぬ覚悟はひしひしと伝わった。

『それは、務台さん一人ではいかん。ぼくも、責任をもって辞めるつもりでやります』

その日、務台の耳に朝日新聞の永井大三《ながいだいぞう》取締役が、東京都内の専売店主を集めて飛ばした檄《げき》の内容が入ってきた。

『読売新聞は、この秋、十二ページになったとき、三時間も遅れて配られることになる。読売を叩《たた》くのは、いまだ。向こうが、自ら潰れてくれるんだ』

務台は、その日の午後一時から、次長、百四、五十人を集め、次長会を臨時にひらいた。

務台は、彼らを前に、正力の反対意見にあえて触れず、工場拡大の必要性について力説した。

『いま読売の輪転機は十三台で、朝・毎にくらべて半分以下である。朝刊都内版の印刷時間は、両社にくらべて二倍の時間がかかる。配達時間が遅れて、読者から苦情の絶えるときがない。さらに今秋には、十二ページになることが予想される。そうなった場合、いまの輪転機では、印刷時間は両社の三倍を要する。したがって、配達の終わるのは九時、十時となる。部数が半分以下になることは、必至である。そこで本社は六台の輪転機を発注してあるが、わたしは、本社を守るために、いかなる障害があっても、これはかならず実行する』

務台は、次長たちだけでなく、正力社主の面前で訴えている気持ちで演説していた。

務台は、この次長会の様子も、終わって一時間もしないうちに正力社主に伝わると思っていた。

務台は、それを覚悟で正力に訴えるつもりで、演説しつづけた。

務台は、二時間にわたり訴え、この演説の最後を、こう結んだ。

『わたしがもし倒れたら、諸君は、わたしのしかばねを乗り越えて、諸君の手でやってくれ』

本気で正力と刺しちがえる、文字どおりしかばねになる覚悟での務台の言葉である。命が籠《こも》っていた。

務台は、正力がこの演説のことを聞くと、すぐに呼び出すにちがいない、と読んでいた。

そうしたなら、さいごの説得にかかるしかない、と覚悟は決めておいた。

『このままでは、読売は、確実に潰れます。読売会館のほうは、別のかたちで金をつくります』

話せば、わかってもらえる。務台は、そう信じていた。いや、信じたかった。

ところが、予想に反して、正力からは、呼び出しが来なかった。

正力社主も、務台の気質を知っていた。そこまで演説で言うには、相当な肚をもっている。務台が、文字どおり命がけで事に当たることは、だれよりも正力社主が知っていた。

務台は、

〈よし、それなら、おれは、読売のためにやるぞ〉

務台は、東京機械への六台の輪転機の発注に踏みきった。

このときの務台の演説は、『しかばね演説』と呼ばれ、のちのちまで語り草になっている。

このドラマを描いた手紙を出して三日後、務台から、電話があった。

「きみの手紙、感心したよ。あの手紙を、ウチの重役たちに見せて、言ったんだ。『フリーの人間は、きみたちサラリーマンと違って、これほど必死なのだ』」

務台は、きっぱりといった。

「連載をつづけてよろしい。ただし、次の回で『お詫び』を出してくれ」

連載二回目の最後に「〈お詫び〉『小説・務台光雄』の文中において、読売新聞社、並びに務台光雄に対し、一部誤解を招く表現があったことをお詫びいたします。筆者」という文を出した。


連載を再開できたものの、わたしは丸山の立場が心配であった。丸山が、わたしのために務台社長を説得してくれたからこそ、連載ができたのである。それなのに、この連載をきっかけに、務台とのあいだに亀裂《きれつ》が入ってしまった。

わたしは、危惧《きぐ》した。

〈今回のことで、丸山さんの社長の芽が消えるかもしれない。なんとか、務台さんと丸山さんとのあいだのヨリが戻ればいいが……〉

が、わたしの願いもむなしく、丸山は、務台との軋轢《あつれき》に加え、リクルート事件に関わったことで立場がさらに不利になった。ついに会社を離れた。わたしにはとうてい信じられないことだが、その原因には、追い詰められた丸山によるクーデターがあったという。

のちに書くが、そのクーデター潰しに渡邉が暗躍したとの説すらある。

渡邉のライバルの丸山が社を去った次に、やはりライバルであった氏家齊一郎もまた、務台の逆鱗《げきりん》に触れ、読売系の日本テレビを去る。

この裏にも渡邉の動きがあったといわれている。

わたしは、氏家とも親しかった。わたしが『週刊文春』の記者時代、経済記事を書くとき、よく氏家を取材し、こころよく語ってもらったものだ。

その氏家も去ったことで、わたしはひどく淋《さび》しかった。あらためて権力闘争の残酷《ざんこく》さを思い知らされた。

渡邉は、ついに平成三年（一九九一年）に読売新聞の社長の座を摑《つか》むのであった。

さらに、渡邉がらみの事件が起こった。後継と目《もく》されていた読売の内山社長が、突然渡邉によって解任されたのだ。

じつは、わたしは、内山とも親しかった。わたしは『落ちこぼれでも成功できる ニトリの経営戦記』を書いているように、似鳥昭雄《にとりあきお》社長とは親しい。ニトリがひらく花見の会をはじめ、さまざまな集まりで内山とよく飲み、語り合ったものだ。

その内山が、突然解任されたのだ。

わたしは、これらの権力闘争にからむ渡邉恒雄という人間について、あらためてその内面を探るべく筆をとることにした……。

第一章　権力を嗅ぎ分ける政治記者

戦地に持っていった哲学書と詩集

渡邉恒雄《わたなべつねお》は、大正一五年（一九二六年）五月三〇日、東京府豊多摩《とよたま》郡杉並町（のち東京都杉並区）に生まれた。

父親の平吉《へいきち》は、不動貯金銀行（戦時統合で日本貯蓄銀行となり、戦後、協和銀行となる）に勤めていた。が、彼が八歳のときの昭和九年二月三日に亡くなっている。未亡人となった母親の花《はな》は、長男の恒雄に「おまえは、しっかり勉強して偉くなっておくれよ……」と口癖のようにくり返したという。

渡邉は、小学校から中学校にかけて、将来は文学で身をたてようと志《こころざ》した。しかし、その夢ははかなくやぶれた。詩作では、まわりにとてつもない才能を持った同級生がいた。詩がだめならと書いた小説では、自己嫌悪《けんお》におそわれた。

「哲学をやろう」

そう決めたのは、中学三年生のことであった。詩や小説は一瞬のひらめきが求められる。それに対し、哲学は論理を積み重ねて結論へと導く。自分でも、究《きわ》められるかもしれない。そう思ったのだった。

渡邉は、開成中学に入学するが、当時、五年制だった中学を四年で修了した。東京高校（旧制）も、三年かかるところを戦時措置の繰り上げ卒業で、二年で出た。並の生徒ならば八年かかるものを、六年で飛び越した。

渡邉は、軍国主義者や学校体制派の級長や副級長を校庭の裏に引っ張り出し、ドスで脅《おど》かした。悪いことばかりしていたという。

東京高校の一年時の一一月、記念祭が開かれた。火を燃やして東高踊りを踊った。だんだん暗くなってくる。あらかじめ打ち合わせをしておき、闇にまぎれていっせいに校長以下に襲いかかった。みんなで高《たか》橋《はし》是清《これきよ》みたいな顔をした校長をぶん殴《なぐ》った。さらに教官、体操の教師、生徒監らを狙い撃ちした。

高校在学中に、勤労動員で日立製作所亀有工場で働いた。

渡邉は、東大で哲学をやろうと心に決めていた。

〈やがて戦争で死ぬ。それに耐えるのは哲学だ〉

渡邉は、伯父に相談に行き、哲学科へ進むと打ち明けた。が、説得された。

「バカ。銀行員と医者以外は、人間じゃない」

渡邉は、懸命に訴えた。

「この戦争は、かならず負ける。そして戦争に行ったら、かならず死ぬ。もし生きて帰ったら、医学部か経済学部に転部します。死ぬ前ぐらいは、哲学をやらせてください」

念願かなって昭和二〇年（一九四五年）四月、渡邉は東京帝国大学文学部哲学科へと進んだ。

しかし、東京は三月一〇日に米大型爆撃機B29による大空襲を受けて、わずか二週間しかたっていなかった。「本土決戦」「一億玉砕《ぎょくさい》」の言葉は、日に日に現実味を帯びていく。大学では、詰め込み授業がはじまった。一日八時間にもおよんだ。入学からわずか一ヵ月半のあいだに、三年間に必要な半分以上の単位を取得した。

五月になると、渡邉は、勤労動員で新潟県関川村へ出かけた。貧しい農家に住み込み、黙々《もくもく》と田仕事に励んだ。

六月末、東京の自宅に赤紙がきた。徴兵である。それは、死に近づいていることを意味していた。

理学、工学、医学といった理科系の学部に所属していれば、戦争遂行のために確保しておくべき人材とみなされ残ることもできた。文科系の渡邉らが、徴兵を免れようとするには、成績優秀者にあたえられる

「特別学生」という称号を得るほかなかった。しかし、文学部で選ばれるのは、たった五人のみ。渡邉は、選ばれなかった。

選ばれた同級生の一人に、今道友信《いまみちとものぶ》がいた。今道は、のちに、中世哲学、美学を専門とし、エコエティカ（生圏倫理学）を提唱する世界的な哲学者となる。渡邉は、後年、中央公論社を買収した縁で、今道と関係を深めることになる。

今道は、大正一一年一一月一九日に東京で生まれた。父親は、支店長もつとめた銀行マンだった。父親の赴任で山形県に移り住み、旧制鶴岡中学へと入学した。旧制成城高校時代には、校友会雑誌に反戦的な文章を書いて退学処分を受け、第一高等学校に入りなおした。年は四歳ほど渡邉よりも上だったが、渡邉の早道、今道の遠回りという人生の歩みが偶然にも二人を引き会わせたのである。

二人ともに師事したのは、哲学青年の愛読書『哲学以前』を書いた出隆《いでたかし》であった。

哲学には、ギリシャ語、ラテン語、ドイツ語の語学力が問われる。なかでも、ドイツ語は必須だった。渡邉は、今道の天才的とも呼べる語学力を見せつけられた。そのうえ、才もあった。渡邉がどのように頑張っても成績で二番より上になることはできなかった。今道が一番を譲ることがなかったからである。論理を積み上げさえすれば究められると進んだ哲学の道も、またむずかしい。そのことを痛感させられた。

今道も、じつは、気になる同級生が二人いたのだという。のちに日本文明批評の第一人者となる森本哲郎《もりもとてつろう》、そして、渡邉であった。ことに渡邉は、とても勉強熱心だったという。カント、ヘーゲルに関し、まだだれも読んでいないテキストや研究書を読んでいた。

渡邉は、昭和二〇年七月五日、召集令状で世田谷・三宿《みしゅく》の砲兵連隊に入隊。陸軍二等兵となった。相模湾から上陸する連合軍を迎え撃つとして、神奈川県・茅《ち》ケ崎《さき》あたりにあった部隊に配属された。古参兵からの理不尽な制裁や暴力を、何度も味わった。

部隊には砲弾がなかった。渡邉は上官に尋ねた。

「どうやって迎撃するのでありますか」

「敵が上陸してきたら、実弾が部隊に届く」

しかし、終戦まで一発の実弾も届かなかった。

渡邉は覚悟していた。

〈九九パーセントは死ぬな……〉

あと一パーセントは、とにかく脱走しよう。針の穴をくぐるような確率だが、成功したら、読もうと思ったのがカントの『実践《じっせん》理性批判』と、イギリスのロマンティシズムを代表するウィリアム・ブレイクの詩集『無垢《むく》と経験の歌』であった。

もう一冊が、英語の辞書。捕虜《ほりょ》になって米兵と話をするのには辞書がいる。そんな本、軍隊でバレたらおしまいだ。そこで、枕のワラの中に三冊を隠し背嚢《はいのう》の上にしばりつけて大事に持って歩いた。

カントの『実践理性批判』には、暗記してしまうほど魅せられていた箇所がいくつもあった。

「ここに二つの物がある。それは――我々がその物を思念すること長くかつしばしばなるにつれて、常にいや増す新たな感嘆《かんたん》と畏敬《いけい》の念をもって我々の心を余すところなく充足する、すなわち私の上なる星をちりばめた空と私の内なる道徳的法則である」

さらに定言命法《ていげんめいほう》として知られる有名な一節。

「汝《なんじ》の意志の格率が常に同時に普遍的な立法の原理として妥当し得るように行為せよ」

カント哲学は、道徳宗教といわれるように、すべてに超越した道徳的な最高の価値、普遍的な道徳法則、すなわち「道徳律」を〝神〟とする。それは理性とともに、個人の人格、一人ひとりが持っている、人間存在の拠りどころとなるものだ。それは、わたしの命をお救いくださいとか、戦争で弾が当たらないように、などというお願いをする神ではない。何のご利益もないのがカントの神。

渡邉も、神も仏も何も信じない。無宗教であった。渡邉は、いまでも、手帳に『実践理性批判』の気に入った文面を、ドイツ語と英語の両方で書いている。

ところが、渡邉は、わずか一ヵ月で敗戦を迎え、復学することができた。

反天皇制・反軍ゆえの共産党入党

渡邉の心には、天皇制と軍国主義に対する憤怒《ふんぬ》が渦巻いていた。

〈おれたちに「天皇陛下万歳」といって死ねといった連中を、生かしちゃおれん〉

大学へ戻ると、共産党だけは、「天皇制打倒」を訴えている。ほかの党は、すべて「天皇制護持」である。渡邉は、共産党に入党することに決めた。

昭和二〇年の暮れ、東京・代々木の日本共産党本部を訪れ、入党の申し込みをした。そのとき、ふと壁に目をやった。

「党員は軍隊的鉄の規律を遵守《じゅんしゅ》せよ」と貼ってあるではないか。

渡邉は、ムカついた。

〈冗談じゃない。軍隊が嫌だから、軍隊を潰《つぶ》すために来たのに、ここでも軍隊か〉

しかし、一度入党申し込みしたからには、後に引けない。

〈よし、中に入って批判していこう〉

渡邉は、日本共産党東大細胞二〇〇人を率いる指導部の一員となった。細胞とは学校や職場単位につくられた党員の末端組織の呼称である。一方で、東大「新人会」を結成、委員長に就任した。新人会は、昭和の初め、民本主義《みんぽん》の吉野作造《よしのさくぞう》を中心に民主政治を標榜《ひょうぼう》してつくられた社会主義的学生団体であった。その後、弾圧を受け、解体させられていた。

渡邉が新たに結成した同名の新人会は、単に共産主義者だけでなく、広くリベラリストの集まりであった。渡邉が頭角をあらわすのは、このときからである。

彼は、この新人会のリーダーとして活躍した。当時、この新人会で渡邉とコンビを組んでいたのが、のちに読売新聞で「政治の渡邉」「経済の氏家」として鳴らす氏家齊一郎《うじいえせいいちろう》である。二人は、この当時から仲間も知らないような秘密を共有し合ったコンビであった。

当時新人会のメンバーで、のちに経営コンサルタントの教祖的存在になる渥美俊一《あつみしゅんいち》が、生前にわたしに語った。

「当時から、渡邉さんは大の勉強家でしたね。勉強家という点は、その後、いまにいたるまで変わりませんよ。当時の仲間にとっては、彼は、憧れのホープ的存在で、その博識と斬新《ざんしん》な論理に魅了されたものです。話し方は、江戸ッ子のせいもあって、べらんめえ調で、大変親しみやすい人でした。当時の仲間たちは、たとえば氏家さんの場合、『氏家』と呼び捨てにするんです。が、渡邉さんの場合は、みんな『ツネさん』と呼んでましたね。一目置《いちもく》いていたわけです。

彼は作戦家で、ストーリーメーカーでしたよ。氏家さんも大変有能な男でしたが、どちらかといえば、実行型タイプ。それにくらべ渡邉さんは、一つの論理体系を立てて、それにもとづいて、みんなを動かしていく人でした」

当時の新人会には、そのほかに、三木武夫《みきたけお》内閣で独禁法改正の推進役をやった植木光教《うえきみつのり》（のち参議院議員、自民党両院議員総会長）、有賀敏彦《ありがとしひこ》（のち日本プレスコンクリート会長）、高橋澄（のち第一勧銀常務）、大鷹正《おおたかただし》（のち駐フランス特命全権大使）、福田宣男（のち新日鉄専務）、高丘季昭《たかおかすえあき》（のち西友会長）、若泉敬（のち京都産業大教養部教授）、藤田田《ふじたでん》（のち日本マクドナルド社長）など錚々《そうそう》たる人物がいた。渡邉ののちの人脈の基礎は、この新人会時代につくられたといっていい。

わたしは、渡邉へのインタビューで訊いた。

「権力の見方とか、いろいろな政治力学の見方のなかに、自分がかつて共産党員であった、それから転向したといった、そういう転向が人間観をつくり、ものの見方に影響したと思われますか」

渡邉は答えた。

「マルクス・レーニン主義は、当時としては勉強しなきゃいかん。いまは、そんなものは本を読まなくたって大丈夫、ケインズから読みはじめていい。当時は、マルクス、レーニンを読んで、あの唯物《ゆいぶつ》史観でものを見て分析する能力は必要だった。で、それをどう克服《こくふく》するかということだ。いまや、社会主義経済は完全に失敗してる。外交政策も何も、すべて失敗してる。しかし、地球上の半分近くを社会主義が握ってるんだから、彼らの思想を知っておく必要があった。これが第一点。

第二点は、共産党という特殊な人間集団のなかに入って、少数の人間が、たとえば東大細胞二〇〇人で、一万人の学生を動かす。そういう能力を試される。組織づくりなどの実践《じっせん》運動をやる。これは非常に役に立ってますよ。

あの時代に、そういう運動をしないのはおかしいよ。ぼくは兵隊にも行って、殺されるかもしれんというところまでいったんですから。それでそういう旧体制に対する闘志をもって、この体制を倒そうと思わないやつがいたら、おかしいよ。

そのころは、民主主義体制というのはなかった。占領軍がいただけであって、旧体制はまだ温存してたんですからね、ぼくが共産党に入ってたころは。それをどんどんとＧＨＱ（連合国軍最高司令官総司令部）の手で追放したんでしょう」

思想論争を巻き起こし、除名処分へ

ところが、渡邉は共産党への幻滅を強めていった。

「共産党というものが、じつは軍国主義、全体主義であった。党の中にもう一つの軍隊がある。自由はない、何もない、みんな教条主義者で、マルクス・レーニン、（日本共産党書記長の）徳田球一《とくだきゅういち》さんのいうことは全部真理であると、こうくるんでしょう。

それだけならいいけど、のちのことだが、昭和二二年九月のキャスリン台風で大水害が起こったときには、『これは天与の革命のチャンスだ』と手を叩いて徳田球一が喜ぶんですよ。その年の『二・一スト』の前に学生党員を集めて中央委員が演説したときには、電源を爆破しろ、とかいろいろなことといって。向こう二年間日本を暗黒にすれば、国民は飢《う》える。人民は飢えたときに、いちばん利口になる。人民が利口になったときに、初めて革命ができる。だから飢餓《きが》状態にしろということをいわれた。

これは、どう考えたっておかしいと思いますよ。ヒューマニズムもへちまもねえじゃねえか。マルクス主義のモラルは、一体どこにあるのか。モラルがなくては、人間の価値というものを理論的に割り出せない。

共産党のいう報《むく》いられることなき献身なんていう道徳論が、どこから出てくるんだ。マルクス主義に道徳哲学なんてなくて、道徳的な生活を強要するというのは、理論的におかしいじゃないかというので、ぼくは『エゴ（主体性）論争』というのを東大でおっぱじめた。マルクス主義とカントをなんとか融合できないかと考えた。それに、近代文学の同人、民主主義科学者協会の哲学部会の連中がのっかってきて、それで主体性論争というのが沸《わ》き上がるわけですよ」

昭和二二年（一九四七年）、渡邉は党内で主体性論争を提起した。「主体性を確立する」ということは、党員が自分たちの頭で考えて行動しよう、ということだが、これは「党の絶対的優位性」という共産党組織原理の根幹を揺るがしかねないものでもあった。

「この主体性論争があんまり大きくなっちゃったものだから、その根を絶たなきゃいかんと、宮本顕治《みやもとけんじ》（のち共産党書記長）は思うわけです。それで東大細胞の渡邉恒雄を消すことだという結論になって、ぼくは追われるわけですよ。

追われたときの罪状には、のちのロッキード事件と一緒で、（東大のある文京区の）本富士《もとふじ》警察署のスパイだ、河野密《こうのみつ》（のち社会党副委員長）から金をもらってたと、こうくるわけだ。河野密は、ぼくは死ぬまで会ったことなかった。会ったことのないやつから金をもらったことになってるんだから、河野密のほうがびっくりした」

日本共産党中央委員会は、こうした渡邉らの動きをプチブル主義、解党主義だと断罪した。

『日本共産党決定報告集』には次のように事実無根のことが書かれていた。三田村とは戦前の共産党で中央委員をつとめ、獄中転向した三田村四郎《みたむらしろう》のことである。

「渡邉、中村という両名の者が……第二次共産党をつくるというような妄想的な考えで三田村と会見し、そうして彼から五千円の金をもらって運動に乗り出し……ほかに河野密とかいうような日本政府から戦争犯罪人として公職追放の命令を受けた人たちとも会見しているのであります」

昭和二二年一二月、離党届を出した渡邉を除名し、東大細胞は解散処分となった。二〇〇名もの細胞を解散するのは、異例のことだった。

かつて日本共産党の衆議院議員として、一一期にわたり活躍した松本善明《まつもとぜんめい》は、東京大学法学部に在学していた時代、学内でアジ演説をふるう渡邉を目撃したことがある。

松本が共産党に入党したのは、昭和二三年の夏なので、渡邉とは東京大学の在学期間こそ重なっているが、共産党員としての活動期間は重なっていない。そのため、松本と渡邉は、あまり親しく話したことはなかった。

ただ渡邉は、共産党時代、とても活発に活動していた。そのため、学内でも非常に目立つ存在であったという。松本は、安田講堂の前で演説をやっていた渡邉の姿を覚えている。

松本によると、渡邉の演説はじつに上手かったという。ただ激しいだけの一本調子のものではなく、聞かせる内容の演説であった。

文学部や法学部、経済学部などの当時の文系の東大生であれば、みな覚えているほど渡邉の姿は有名なものであったという。

「愛する女にふられたから、山中湖に飛び込みます」

昭和二四年、東大法学部が開校以降初めてのストライキをやった。そのとき、法学部の学生共産党員の何人かが、無期停学になった。

無期停学の処分を決めるために評議会がひらかれた。当時、大学の本部は安田講堂内であった。評議会が終わったあと、学生部長の横田喜三郎《よこたきさぶろう》（のち最高裁長官）が、安田講堂から出てきた。すると、学生共産党員二〇〜三〇人が、横田学生部長を取り囲んで吊るし上げをはじめた。

そこへ三、四人の新人会の学生が来た。

「大勢で取り囲んで、ファッショみたいなことはやめろ！」

そういって輪の中に割り込んできた。そのリーダーは、渡邉であった。

そのとき一緒にいた新人会仲間の高丘季昭が語った。

「ツネさんは法学部ではなく、文学部の学生だった。が、相手が学生共産党員となると、わざわざ出ていって争ったわけです。共産党を除名された人は、共産党に対して激しい態度をとる人が多いんですが、なかでもツネさんは激しかったな。そのころから、ツネさんには、悪くいえば、ちょっとエキセントリックなところがありましたからね」


一方、渡邉は、恋には奥手であった。

応援団長をやっていた男と女性二人とで、山中湖の東大の寮に遊びにいった。女性のうち一人に渡邉は恋していた。昼間、四人が一つの部屋に集まってだべっていて、みんなで山中湖に散歩にいこうという話になった。そのとき渡邉は、「おれは残る」といった。

三人が外に出ていったあと、彼女の部屋に忍び込んだ。そこに彼女の日記帳があった。大学ノートにびっしり書いてある。

読んでみると、熱烈《ねつれつ》なる恋の日記だ。渡邉は猛烈に嫉妬《しっと》した。相手はその応援団長だとばかり思い込んだ。

〈別の男にこんな恋をして、ものすごいラブの日記を書きやがって、もうおしまいだ〉

そして遺書を書いた。

「愛する女にふられたから、山中湖に飛び込みます」

速達で投函した。相手は哲学科の出隆《いでたかし》先生だ。ところが、投函してからあらためて彼女の日記を終わりまで読んでみると、なんと、彼女の恋の相手は渡邉だった。

それで、あわてて出先生に手紙を書いた。

「彼女が愛していた男はぼくだとわかりました。自殺は取りやめます」

結局、彼女とはキスだけで別れた。彼女も処女だったし、彼もまだ童貞だった。

読売入社、武装組織への単独潜入インタビュー

渡邉は、大学を卒業し　昭和二四年（一九四九年）四月、東大大学院に進学した。大学生活のかたわら、思索社という出版社で、哲学専門誌『哲学』や総合誌『思索』の編集者となった。だが、いずれも廃刊となった。学者の道に進むには、特別研究生として大学に残る必要があるが、その枠にはすでに今道友信が決まっていた。哲学ではメシが食えない。

〈文章を書いて食える商売というと、新聞記者だ〉

大学院を中退し、新人会の仲間だった高丘季昭と一緒に読売新聞と東京新聞を受けた。二人とも両社に合格した。渡邉は、高丘にいった。

「二人が同じところに入っても、同期だから二人一緒に編集局長にはなれない。だから、成績のよかったほうに、おたがいに分かれて入ろう」

この言葉に渡邉の出世主義的、合理主義的な一面があらわれていて興味深い。

高丘は、結局、西武百貨店に進む。

渡邉は、昭和二五年（一九五〇年）一一月六月、読売新聞社に入社。

一方、学友の今道友信は、渡邉ならば、大学教授にさえもなれると思っていたらしい。それだけに、渡

邉が読売新聞に入ったことにはがっかりしたという。俗世間へと入った渡邉とは袂《たもと》を分かつとともに、それまで抱いていた親近感も切り捨てた。

渡邉は、昭和二六年（一九五一年）一月二四日、週刊誌『読売ウイークリー』の編集部に配属された。この『読売ウイークリー』時代に、共産党の「山村《さんそん》工作隊」の潜入ルポをスクープした。

山村工作隊は、一九五〇年代前半、日本共産党内の「所感派」がつくった非正規の集団である臨時中央指導部の指揮下にできた、武装闘争を志向した非公然組織だ。毛沢東《もうたくとう》の中国共産党が農村を拠点としているのにならった。

昭和二七年（一九五二年）三月二九日早朝、小河内《おごうち》ダム建設反対闘争を展開していた小河内工作隊が拠点としていた女《め》の湯《ゆ》地区の金城飯場が警官隊に包囲され、二三人の隊員が全員検挙された。

その日の昼過ぎ、高史明《コサミョン》（のち作家）ら七人は小河内村に到着し、金城飯場で昼食をとろうとしていると、警官隊が来て立ち退きを迫った。

高ら七人は、金城飯場を出て山に登り、山小屋を見つけて拠点とした。そこは湯沢地区から上った尾根付近にあった炭焼き小屋だった。四月一日には、さらに、早大などの学生十数名が小河内に到着するなど、次々に隊員が補充され三〇人を超えた。到着した学生らは村内を回り、工作隊が弾圧に負けず健在であることを示すデモンストレーションをおこなった。

渡邉は、工作隊の残存が金城飯場よりさらに山奥に拠点をつくっていると聞いて、小河内村に単独で入った。集落の駐在所に立ち寄り、情報をもらった。巡査の奥さんが止めるのも聞かず、渡邉は地下足袋《たび》を借りて、午後二時半ごろ急斜面を登り、隊員の足跡をたどって山小屋にたどり着いた。

殺気立った一七人の工作隊員に取り囲まれた。渡邉は警察のスパイと疑われた。当時、共産党は武装闘争路線を掲げていた。隊員のなかには、高に対し渡邉殺害をすすめる者もいたという。

しばらくの言い合いの末、渡邉は高を一問一答の次のインタビューに持ち込んだ。

「Q　何を食っているか
A　この村の貧民と同じものを食っている。麦七分、米三分、ミソ、ネギ、塩これだけだ。
Q　仕事は
A　聞くだけ野暮だ。革命の工作に決まっているじゃないか
Q　山村工作隊はまだあるのか
A　どの山もみんな工作隊がいる。お前はここへまぎれこんで幸せだ。向こうの山に行った日にゃもう命はない。ここの仲間はみんなおとなしんだ
Q　東京の生活を考えたことはないか
A　東京の生活が恋しいなどというのはお前たちの考えることだ。われわれは人民と共に生活しているときが一番楽しい
Q　四月になっても学校は休むのか
A　俺達はここで学問をやっているのだ。お前のしたような実践と遊離した学問はしない。四月からどうしようとこっちの勝手だよ
Q　武器は持っているか
A　そんなことはお前達が書いたんだから知ってるだろう。武器はわれわれにはいくらでもある。ほれこれだってそうだ（目の前の丸太を指さす）。われわれには何だって武器になる
Q　いつまでここに立て籠もるか
A　そんなことを答える限りではない。ここにいれば十人で百人、いや千人まではやっつけられる。バズーカ砲も戦車もここでは役に立たぬ

Q　君たちは暴力革命が成功すると思っているか
A　もちろん成功するさ。その暁にはお前など絞首刑だと言いたいが、お前など殺してもしょうがない。さっさと帰りたまえ」
渡邉は、二時間ほどのインタビューを終え下山した。

このインタビューは大スクープとして、『読売ウイークリー』でなく、四月三日の読売新聞朝刊の社会面を飾った。

「あいつはとんでもねえタマだ」

昭和二七年七月一日、渡邉は、このスクープ記事が認められ、読売新聞政治部に移った。その二年後の昭和二九年（一九五四年）一二月、党人派で当時自由党総務会長であった大野《おおの》伴睦《ばんぼく》の番記者となる。

大野伴睦は、明治二三年（一八九〇年）九月二〇日に、岐阜県山県《やまがた》郡に生まれた。戦前、戦後を通じ、生粋《きっすい》の政党人である。鳩山一郎《はとやまいちろう》派の大幹部で、のちに鳩山が死去すると、大野派を形成した。義理人情に厚く、幅広い支持者があつまった。

渡邉は、わたしに大野とのつながりについて語った。

「これははっきりおぼえてるけれども、自由党時代に、まだぼくは駆け出しですから、キャップから、おまえは大野派を持てといわれた。それで大野派を担当して、名刺を出して、品川にあった大野邸に行くわけですよ。それで、オフレコの話をされるわけです、その晩、これが一つの大きなニュースだった。ぼくは会社にあがって、兄貴分の記者に、大野伴睦がこういってた、しかしこれはオフレコだという話をした。そしたら、それが一面のトップになっちゃった。

緒方竹虎《おがたたけとら》と大野伴睦の関係に関することですよ。緒方さんが自由党の総裁になったころですがね。で、翌日行ったら、大野さんに『きみは、オフレコを破ったなッ、出てけッ』と怒鳴られた。約束事に対しては、ものすごい厳しい人だから、オフレコを破るような野郎は入れてやらん、出てけと、追い出されちゃった。

これは大変な侮辱《ぶじょく》だから、頭にぐらぐらきた。それで、キャップに電話したんだ。『先輩のおかげで、おれは書きもしないものを書いたといわれて怒鳴られて、追い出された』といったら、そのキャップが、『担当を替えるから』といった。

ぼくはうちに帰って一晩考えて、こんなことでいちいち替わったら、きりがねえじゃねえかと思った。そして一晩寝て、朝の六時ごろに起きて、八時ごろに大野邸に行ったんですよ。それで大野さんに会って、きのうの記事は、わたしが書きました、申しわけありません、今後は、かならずオフレコは守ります、失礼しましたといって、帰ろうとした。そしたら『ちょっと待て、お茶飲んでけよ』といったのをおぼえてる。それから先はおぼえてないけどね。

大野さんが、あとで、『あいつはとんでもねえタマだ、自分で書いてねえくせに、おれが書いたといってきやがった、おれの負けだ』といったというんだ。それから毎日通って、いろいろかわいがられた」

共産党くずれであった渡邉が、義理人情の、もっとも古い体質の政治家大野の懐《ふところ》に飛び込むことで、若くして、「読売にナベツネあり」といわれるまでの存在になっていく。

渡邉は、昭和三〇年（一九五五年）五月二五日、宇都宮徳馬《うつのみやとくま》夫妻の媒酌《ばいしゃく》で妻篤子と結婚した。

渡邉の尊敬する人物は、宇都宮徳馬であった。宇都宮は、渡邉と同じく日本共産党に入党経験があるものの、戦前に獄中で転向。戦後の昭和二七年には自民党から衆議院選挙に出馬し、当選した。最左派として右派ににらまれ、入閣の機会さえ奪《うば》われた一言居士《いちげんこじ》として知られていた。

渡邉は、東大新人会時代に勉強会をした仲のうえ、宇都宮が当時出版した『官僚　社会主義批判』に魅せられていたから、媒酌をお願いしたという。

なお、妻の鍋島篤子は、渡邉より四歳年下で、最初は左翼系の「新協劇団」の舞台に立っていたが、新劇では生活を支えきれず、オーディションを受けて東宝の女優となった。主演作品も一本ある。しかし肺結核を病み、吐血《とけつ》。やがて体の楽なモデルに転じ、渡邉が会ったときは、写真家木村伊兵衛《きむらいへえ》の専属モデルになっていた。

「大野派四〇人の代議士を動かせる」

渡邉は、大野とは深い関係になっていく。

党総務会長だった大野伴睦は、昭和三一年（一九五六年）一二月に石橋湛山《いしばしたんざん》内閣ができたとき、副総裁の約束があったにもかかわらず、なれなかった。大野の役職がなくなった。

「そしたら、きのうまで毎晩大野邸がぎっしりだったのが、だれもこなくなった。ぼくはそのころ結婚したばかりで、大森に住んでいた。で、品川までは自分で電車で行って、品川の駅から会社の車に乗って、大野伴睦の家はすぐですから、そこへ寄ることを日課にした。

大野邸にいろいろなお客が来るのを見てるのも、面白いですよ。そのお客との話を聞いてるうちに、いろいろと勉強になるわけですよ。国会に出かけるときは『ナベさん、乗れよ』となるわけだ。車の中で、今度は二人だけになるんです。そうすると、かなり秘密をしゃべってくれる。そのころは、新聞記者はだれも来ないんだから」

渡邉が大野派でいかに力をふるったかを語る神話的エピソードは多い。

大野派の四天王であった村上勇《むらかみいさむ》（代議士）が、振り返った。

「大野さんは、信頼している人のいうことには、特に耳を傾ける人だった。渡邉氏の進言は、ためらいなく容《い》れてました。陰の助言者的存在でした。人もうらやむ仲でした。いわれるように、単なる新聞記者ではない、側近の一人、もっとも信頼されている一人でした。それも、政策的ブレーンというより、もっとなまなましい政局の読み方とか、それへの対処の仕方、そういうことについても進言者でした。たしかに、当時から、そういう渡邉氏に対して、いろいろ批判もあったかもしれません。しかし、そういうことには、ヘッチャラでおれる人でもあった。だから、大野側から見れば、大変頼もしい味方でしたよ。敵から見れば、憎い存在だったろうねえ」

当時の大野番記者には、四段階のランクがあったといわれる。①玄関どまり、②玄関脇の書生部屋どまり、③応接間に入れる者、④奥の間まで通され目通りのかなう者。

ところが、そこまでたどり着いた記者が一礼して頭を上げると、上座に床の間を背に羽織袴《はかま》で端座《たんざ》した大野、その隣に渡邉が座っている。それを取り巻くように大野派の四天王といわれた村上勇、神田博《かんだひろし》らが座っていたという。

大野派の陣笠《じんがさ》代議士に対しても、説教をたれるのは渡邉の役であった。彼は、説教をしながら、時折振り返り、「先生、そうですね」と同意を求める。大野は、やおら「ウム……」とうなずいていたという。

渡邉は、政策的なことも、自分のほうが陣笠代議士よりは大きな力を持っていたことについて、わたしに語った。

「大野派というのは、政策もへたなんだ。政策に通じているのは水田三喜男《みずたみきお》くらいのもんで、あとは神田博とか、村上勇とか、有田二郎《ありたじろう》なんてのは、猥談《わいだん》はするが、政策論議はなんにもしないというような、その種の代議士が多かったんです、あのころは。

そのころのまったくの大野派の陣笠が、田村元《たむらはじめ》だからね。田村元、原田憲《はらだけん》なんてのがいる。のち田中派に行くけどさ。品川の家に遊びにいくとね、子どもがいるんだ。それが大野明《あきら》ですよ（のち労働大臣）。

大野派には、あんまり政策マンはいなかったんだね。ぼくは、大野伴睦の原稿を代筆したよ。『サンデー毎日』だったかな、『金権政治に抗議する』とかいう、総裁選挙で敗れたあと、池田勇人《いけだはやと》をぼろくそに書いた、総裁選挙の内幕を書いたのがある。あれは、全部ぼくが書いたんです。大野伴睦は読まないんだよ。大野さん、あなたの名前で出るんだから、原稿を読んでくれませんかといったら、きみに任したんだから、読まなくてもいいという。『ゲラくらい、見てくれませんか』『いいからきみ、出しとけよ』と、こういうんだから。

それで載ったら、原稿料が一枚一万円、三〇枚で、三〇万円ですよ。ぼくが一枚一〇〇〇円で週刊誌なんかに書いてるころですよ。そのころは、一〇〇〇円でもありがたかった。五、六枚書くと、五〇〇〇、六〇〇〇円になるんですよ。それを毎週書かしてもらえるんだから、週刊誌は、いい収入になる。いまは、読売社員のアルバイトは禁止しているが……。

それにしても、おれが書いて、大野伴睦の書いた封筒の捨てたのがあったから、それをチョキチョキっとやって持っていった。それで大野伴睦の手記になっちゃったんだから。大儲けしたね、あれは」

大野伴睦は、読売新聞の渡邉の影響でもあるまいが、朝日新聞が大嫌いであったという。

「朝日の記者が一人いると、『きみは見かけないな、どこだ』『朝日新聞です』『帰ってくれたまえ』とやる。そうすると、朝日の記者が怒るわけだ。『記者会見じゃありませんか』『ああ、いてもいい。そのかわり、おれは話さないよ。きみがいるあいだは、ほかの記者諸君が迷惑するんだ』……。

朝日に、こっぴどく書かれたことがあるんだ。さんざん書かれた、悪口を。朝日というのは、そういう新聞ですから。一説によると、大野伴睦の二号さんが朝子といった。で、奥さんが二号さんは嫌いだから、朝日新聞はとらなかったという説もある。とにかく、朝日新聞をとらないんだから。それくらい、朝日が嫌いなんだ。

しょうがないから、ぼくが、朝日の記者にいうんだ。『すまんけど、ちょっと出てくれ、これでは記者会見がすまないから、終わったら肝心《かんじん》なことは教えるから』記者会見が終わったあとで、朝日の記者に全部教えてやったんです。でも、手数がかかってしょうがないんだね。ぼくの親しいやつが朝日の大野番の記者になったんで、そいつを連れていって、大野さんに頼んだんだ。『彼は朝日新聞の記者ではあるけれども、人間的には信ずるにたるいい男だ。ひとつ、別格で入れてやってください』『きみがいいというなら、いいよ』というので、それから朝日新聞が入れるようになったんです、大野派の記者会見に」

渡邉は、大野が好きだったという。

「男のなかの男よ。一種の父性的なもの、父親像、ファーザーズ・イメージよ。ぼくは親父が八つのときに死んでるから、やっぱり親父というような感じになっちゃうんだね。いいとはいわんですよ、それは。いまの新聞記者に派閥記者になれなんてことはすすめないけど、当時のぼくは派閥記者で、大野伴睦一辺倒でね。大野伴睦というのは、ほんとに好きだったことは間違いない。

一人の人間として、あれほど完璧《かんぺき》にいいやつはいなかったと思う。中曾根《なかそね》より、はるかにいい。中曾根というのは、ある種の打算はあるし、ある種の冷たさもあるし、身も心も任せますというわけにはいかないですよ。また、そんな面倒をみてもらう必要もなければ、困っても、してくれないだろうね。大野伴睦は、そうじゃない。親子みたいになっちゃうんだから」

大野に食い込んだ渡邉は、そのために、非常に得をしたという。ありとあらゆる情報が、渡邉のもとに入ってきた。

「大野派には四〇人の代議士がいるわけですから、そいつを動かせるんだから。そうすると、ほかの派閥にいっても、河野《こうの》一郎《いちろう》でも三木《みき》武夫《たけお》でも、池田勇人でも、四〇人の派閥の一種の代弁者みたいな扱いをしてくれる。そっちから、また情報が入ってくる。拡大再生産ですよ、結果的には」

当時の政治記者には、単に取材をして報道するだけでなく、自ら仕掛けてニュースをつくっていくタイプの人間がいた。記者が政治家の会談などを設定して、それを〝特ダネ〟として報じる。それが〝大物記者〟であった。『渡邉恒雄回顧録』（以下、『回顧録』）に、そうした〝スクープ〟に抜かれる側だった渡邉の思いが語られている。

「自ら仕掛けるようになったら、たいしたもんなんだ、本当に。でも抜かれたことを知るたびに、仕掛けがあったことを後で知るたびに、駆け出しの記者としては、辛《つら》いんだな。だから当時よく思いましたよ。僕はまったく歩《ふ》にすぎない。せめて桂馬か銀になりたいとね」

渡邉は、昭和三三年（一九五八年）七月、弘文堂から、初の著作『派閥―保守党の解剖《かいぼう》』を上梓《じょうし》した。なんと、わずか一〇日間で書き上げた。さらにその半年後の昭和三四年二月には、二作目の著作『大臣』も同じく弘文堂から上梓している。

渡邉は、とにかく書くことが楽しくてしかたがなかったという。のち昭和五〇年六月に政治部長になるまで、新聞で書くだけでは足りず、『週刊新潮』『週刊現代』『アサヒ芸能』『週刊文春』など四つの週刊誌に毎週二ページずつ、匿名《とくめい》で書いていた。文藝春秋は、『週刊文春』だけでなく、『月刊文藝春秋』と両方書いていた。毎月、月給の倍くらいの収入があったという。

「中曾根と付き合っておけ」

渡邉が大野と同じく肩入れすることになる中曾根康弘《やすひろ》との関係は、どういうきっかけであったのか。

渡邉が河野派であった中曾根と親しくなったのは、読売新聞社主・正力松太郎《しょうりきまつたろう》の命令によってという。

正力は、保守合同なって自由民主党ができた昭和三〇年の総選挙で初当選。翌三一年には、科学技術庁長官、初代原子力委員長となった。

内務官僚だった中曾根は、終戦まもない昭和二二年、警視を辞して、衆議院選に出馬。三〇年一〇月には、国会の両院原子力合同委員会委員長になっている。

新しいもの好きの中曾根は、のちに、

「田中角栄《たなかかくえい》は、バイパスをつくったが、おれは、原発をつくった」

と自慢するように、早くから原子力開発に興味を示していた。原子力が縁で、中曾根は、原子力導入を推進する正力に私淑《ししゅく》していた。

正力は、渡邉を呼んでいった。

「中曾根は、優秀で将来性がある。付き合っておけ」

昭和三一年一〇月三日、鳩山首相が引退を声明したあと、岸信介《きしのぶすけ》、石井光次郎《いしいみつじろう》、石橋湛山の三人が後継総裁のポストをめぐりすさまじい争いをくり広げた。

中曾根の親分である河野一郎は、このとき、岸をかついだ。が、河野派には、岸嫌いがいてダークホース的存在として正力松太郎をかついだ。中曾根は、河野派のなかで正力をかつぐ一派にいた。

岸、石井、石橋の三人が三つ巴《どもえ》の闘いをくり広げ、ついには三人そろって倒れ、正力がその隙を縫って総裁に、という読みであった。

中曾根は、その当時からいわゆる〝ジジ殺し〟で、正力は自分を立ててくれる中曾根にすっかり惚《ほ》れ込んでしまった。結局、そのときの後継総裁争いでは、石橋が総裁になったのだが、その直前、渡邉に中曾根との連絡係をさせようと思ったのである。

が、渡邉は、中曾根に好感を持っていなかった。予算委員会で爆弾発言をする中曾根の姿を見ていて、なんともキザに思われたのである。

そのため、いかに正力のいいつけであろうと中曾根に会いには行かなかった。

すると正力が、また怒鳴った。

「おい、中曾根に会ったか」

「いえ、まだ会っていません」

「すぐにでも会え、それも、毎日会え。会ったとき出た話を、おれに報告しろ」

渡邉は、議員会館に中曾根を訪れ、初めて名刺を出して会った。

中曾根に会ってみると、予算委員会での派手な姿とはちがい、ひどく書生っぽかった。それ以後、情報交換をするようになり、親しくなっていった。

岸から大野への政権禅譲密約書

昭和三四年（一九五九年）一月一六日の夜、日比谷の帝国ホテル新館光琳《こうりん》の間で、大野らは秘密の会談を持った。岸信介、大野、大野の盟友である河野一郎、それに岸の実弟の佐藤栄作《さとうえいさく》、さらに岸、佐藤、河野らの友人である大映の永田雅一《ながたまさいち》社長、北海道炭礦《たんこう》汽船（北炭）の萩原吉太郎《はぎわらきちたろう》社長、右翼の大立て者・児《こ》玉誉士夫《だまよしお》の三人もオブザーバーとして加わった。

右翼の児玉が政界に大きな力を持てたのはなぜか。それは戦中に児玉機関として隠匿《いんとく》していた財宝を、戦後、自由党の結党資金として提供したから、といわれている。

当時、岸内閣は翌昭和三五年にくる日米安保条約改定（新安保条約）をなんとか乗り切ろうと必死だった。前年の昭和三三年一〇月、岸内閣が突然国会に提出した警職法（警察官職務執行法）改正案は、警察官の権限を強大にするものとして世論から激しい反発を受け、廃案となっていた。

その過程で、池田勇人（国務相）、三木武夫（経済企画庁長官）、灘尾弘吉《なだおひろきち》（文相）の三閣僚が、岸の責任を追及して、ついに辞表を提出していた。反主流三派の閣僚引き上げにつづいて、主流派である大野まで副総裁を辞めるようなことになれば、岸政権は崩壊を免れない。

岸、佐藤兄弟は、この席で大野に頼んだ。

「岸内閣を、救ってくれ。そうしたら安保改定直後に退陣して、必ず大野さんに政権を渡す」

児玉によると、このとき永田がいった。

「政治家諸公は、ときどき口にしたことを、実行しない癖がある。今日はひとつ、誓約書をつくっておかれてはどうか」

岸も、素直に同意した。

「そうしよう」

その部屋には墨筆がないので、秘書を呼んで、筆、硯《すずり》、墨に巻紙を取り寄せさせた。

まず、岸みずからが筆をとり、後継者に大野君を頼むという文書をしたためた。しかも、大野の次は河野、河野の次は佐藤、という政権の順序まで約束したのである。

その文面に、四人の署名がなされた。

「昭和三十四年一月十六日、萩原　永田　児玉三君立会の下に於て申合せたる件については協力一致実現を期すること　右誓約する。
昭和三十四年一月十六日
岸　信介
大野伴睦
河野一郎
佐藤栄作」

岸は、署名を終えると念を押した。

「約束は守る。ただし約束が実現するためには、あなたがたがわたしに全面的に協力することが前提である。これは、わたしとあなたがたとの約束である。もしもあなたがたがこの約束をたがえたなら、この誓約書は、その瞬間に反故《ほご》になるとご承知いただきたい」

出席者は、みな了承した。

この念書は、萩原が自分の経営する北炭の金庫に保管しておくことになった。

この帝国ホテルの会合で、大野と河野の協力を取りつけることのできた岸・佐藤兄弟は、ようやく危機を脱することができた。

大野は、この念書のことを、少数の同志に打ち合けた。同志たちは、大野に進言した。

「岸がそれほどまでにいい、固く約束するならば、総裁に立候補しなさい」

大野も、肚がまえができた。

〈政党政治家として、政権をいつまでも官僚の手に委《ゆだ》ねておくよりは、一度は純粋な党人の手で握り、理想的な政党政治の軌道に戻したい〉

戦後の政権は長らく、吉田茂《よしだしげる》、岸信介、と官僚出身の政治家（官僚派）が握ってきた。政党政治家（党人派）の政権樹立は、大野や河野ら党人派の悲願であった。

大野は、このときの申し合わせにしたがって、党内収拾に乗り出した。岸政権下の当時、党内は岸派、佐藤派、大野派、河野派の主流派と、池田派、石井派、三木派の反主流派との対立が鮮明であった。大野は反主流派の反発を抑えるために川島正次郎《かわしましょうじろう》幹事長、河野総務会長の二人を退陣させて、福田赳夫《ふくだたけお》幹事長、池田派の益谷秀次《ますたにしゅうじ》総務会長、中村梅吉《なかむらうめきち》政調会長の新執行部をつくった。石井派の坂田道太《さかたみちた》厚相、石橋派の世耕弘一《せこうこういち》経済企画庁長官、参議院佐藤派の伊能繁次郎《いのうしげじろう》防衛庁長官の三閣僚を補充入閣させた。反主流派を内閣に取り込むことで、当面の破局を回避した。

かくて岸は、一時は投げ出しかけた政権をようやく維持し、一月二四日の第六回自民党大会で、松村謙三《まつむらけんぞう》を三二〇対一六六で破り、総裁に再選することができたのである。

「不本意ながら池田君に協力を求めるほかない」

岸は、大野、河野が約束を守る限り、自分も約束は実行するつもりであったという。

しかし、この年六月の岸改造内閣の組閣および党役員改選で、河野は岸に反対する態度に出た。

内閣改造、党役員人事に臨むにあたり、岸が主眼としたのは、いかにして新安保条約の批准《ひじゅん》を円滑に実現するかであった。そのためには、党内の結束が絶対の条件であった。社会党とはどんなに話し合っても、了解を得ることは不可能であった。安保改定は、自民党だけでおこなわなければならなかった。

岸は、かねてから池田勇人、佐藤栄作、河野一郎、三木武夫の四人を、次の保守政界をになう人材と思っていたので、この人事にあたっても、できるならばこの四人の一致した協力を望んでいた。

六月二日におこなわれた参議院選挙のあいだから大野副総裁の案として「河野幹事長、池田総務会長、佐藤政調会長」が取り沙汰《ざた》されており、河野は幹事長のポストに執着していた。しかし、岸には、そんな気持ちはなかった。もちろん、河野には入閣してもらうつもりであった。

前年の昭和三三年六月に第二次岸内閣を組閣した際、実弟の佐藤栄作を蔵相に起用したことから〝岸兄弟内閣〟という批判が出ていた。それをかわすために、ほかの実力者といわれる人にも入閣してもらいたかったのだ。ただ河野、池田二人の協力を同時に取りつけることは不可能な情勢であった。二人の反目《はんもく》は凄まじく、二人が手を取り合って岸を助けるなど、とうてい期待すべくもなかった。

岸は、二人のうちどちらをとるかの決断に迫られた。その場合どちらにするのかについては、岸の肚は前から決まっていた。河野である。

〈これまでの交友関係からいって、河野さんの協力を得たい〉

岸は、最初に河野を呼んで誠心誠意、説得にかかった。もしも河野が了解すれば、池田が反主流にまわる事態は覚悟のうえである。

「幹事長に固執しないで、ぜひ入閣してほしい」

しかし、河野は拒絶した。岸にはこのときの河野の心境が、その後もいくら考えてもわからない。

岸は、河野にいった。

「きわめて遺憾《いかん》だが、きみがそういうのなら仕方がない。しかし、きみに断られた以上、わたしは池田君の説得に全力を尽くさなければならない。それは、承知してほしい」

河野は、まるで池田の動きを読んだようにいった。

「総理がどんなに池田君を説得しても、彼は承知しないと思う。もしもそういうことになったら、もう一度わたしを呼んでほしい」

困りきった岸は、児玉に頼んでいる。

「あんたから河野君を説得して、ぜひ入閣して協力してくれるようすすめてほしい。しかし河野・大野君らが、弟のことでできぬとあれば、不本意ながら池田君に協力を求めるほかない。自分は、これまでの関係からいっても、それを好まないのだけれども……」

そのときの岸の表情は、思いつめた気持ちでいっぱいのようだったという。

この頃の河野は、進退のすべてを大野に一任していた。児玉は、順序として、まず大野を説得しなければならなかった。

児玉は、赤坂の料亭「新長谷川」の一室で、大野と膝をまじえて、いきなりいった。

「オヤジ、この勝負の結果は〝トンビに油揚げ〟で終わるかもしれませんよ！」

すると大野は、まるで寝起きの悪い虎のような顔つきになった。

「トンビとは、いったいだれのことかい？」

「このままだと、苦しまぎれに、岸さんは池田と組むでしょう」

「いやあ、おれは池田のほうで逃げると思うがねー。しかしきみは、どうしろというんだ」

大野は、まだ合点《がてん》がゆかぬらしい。

児玉は、さらに補足していった。

「わたしとしては、この際、河野さんを入閣させることがいいと思う」

大野はここで、ちょっと考えていたが、「きみのいうとおりでよかろう。それなら、ぼくから河野君にいおう」と、肚を決めた。

ちょうどそのとたん、さっと襖《ふすま》が開いた。当の河野が、ツカツカ部屋に入ってきた。それまで河野は、この家の二階で自派の連中と会っていたところだった。

河野は、いきなり、池田派の動静について口を切った。

「いま入手した情報によると、池田はいくら岸に口説《くど》かれても、絶対入閣しないことに決めたそうだ」

河野は、さもありなんといった面持ちで、昂然《こうぜん》といい放った。

「ここでもし、大野・河野の両実力者が岸内閣を支持せず、池田氏が入閣しないとなったら、はたして現政府はどうなるか！」

大野は、わが意を得たりとばかり、顔をかがやかせた。が、そこは古狸《ふるだぬき》だけに、河野よりは、やや慎重さをしめした。

「そうか、そう決まったか。ともかく内閣を投げ出すかどうか、あと一日様子を見よう」

そういって、静かに膝を叩いた。

大野にせよ河野にせよ、内閣を潰さねばならぬほど岸が憎いわけではなかった。要するに、佐藤栄作への悪感情が、彼らをこうさせたのだろう。岸の実弟である佐藤は吉田茂の子飼いなので、反吉田の大野、河野とはそりが合わなかった。児玉は、そのことを、よくわかっていた。

〈岸さんは、弟のために得もしていたろうが、その反面では、ずいぶん損もしているわい〉

この後児玉は、電話で岸に、この様子をそれとなく伝え、進言した。

「明日早朝に大野氏を訪ねてゆき、直接会って話をすればいい。人情に弱い大野氏のことだ。河野入閣に、きっと骨を折ってくれるだろう」

ところが岸は、半ばあきらめたかたちであった。

「せっかくそういってくれることはありがたいが、じつのところ、馬鹿げた派閥争いには、ぼくもすっかり疲れたし、嫌にもなった。こんなことでは、おそらくだれがやってもロクな政治はできないだろう。で、明日池田君に会ってみて、どうしても嫌だといえば、もはや投げ出すほかはない。あとはみんなで、好きなふうにやればいい」

電話でのやりとりゆえ、岸の表情はよくわからなかった。が、その口ぶりから推しても、つくづく愛想《あいそ》が尽きてしまっているかのように児玉には思えた。

「例の誓約書は反故《ほご》にするしかない」

翌日の昼過ぎ、大映の永田雅一社長が帝国ホテルに借りきっている専用の部屋に、大野、河野、北炭の萩原吉太郎社長、永田社長、そして児玉の五名が集まった。

大野が、開口一番いった。

「今日岸君が、池田を午後に呼ぶことになっている。が、たぶん池田は、その要求に応じないだろう」

つづいて河野も、大野と同じ意味のことをしゃべった。

児玉は、大野の顔を見ながら、しみじみ感じないではいられなかった。

〈狡賢《ずるがしこ》いヤツばかりいるいまの政界で、なんてまあ、人のいいオヤジだろう〉

そしてまた、つくづく思った。

〈河野さんという人も、ふだんはあれほど頭の切れる人なのに、いったん自分のこととなると、こうも感覚が鈍ってくるものか〉

児玉は、いつまでも黙《だま》っているわけにはいかないので、意見を述べた。

「池田がよほどの馬鹿でない限り、いちおうは岸さんに注文をつけておき、しかるのち必ず入閣するだろう。結局、この勝負は池田氏の思うツボであり、トンビに油揚げでしょう」

だが、大野も河野も、児玉の説には不服のようで、代わる代わるいう。

「きみはそういうが、池田君も政治家としての面子《メンツ》上、そんなことはやるまい」

しかし児玉は、心のなかで思っていた。

〈いまの政治家に、面子とかプライドというものがあるなら、血で血を洗うような派閥抗争は起こるまい〉

児玉はいった。

「でも、池田がもし入閣に応じたらどうします⁉」

大野は、憮然《ぶぜん》たる面持《おもも》ちになった。

「うーむ、その場合か。そのときはまあ、われわれは党内野党の立場を堅持《けんじ》し、是々非々《ぜぜひひ》主義でゆくまでのことだ」

そういう問答をくり返している最中、外部からの電話で、いよいよ池田が入閣に決まったとの連絡が入った。

部屋の空気が、とっさに緊張した。大野も河野も、さっと顔つきが変わった。たがいに無言のまま顔を見合わせた。

結果は、池田が通産相、益谷秀次が副総理で入閣、佐藤蔵相は、留任となった。なお、河野とともに、三木武夫も入閣要請を拒絶した。党三役は、幹事長が川島正次郎、総務会長が石井光次郎、政調会長が船田中《ふなだなか》となった。

岸は、この体制で安保改定に取り組むことになった。池田、益谷らが入閣したといっても、これらの人たちが心からの主流派とはいいきれなかった。河野とは、袂《たもと》を分かったような格好になったが、河野を完全な敵には追い込みたくなかった。またそういう気にもなれなかった。このような情勢になったため、大野副総裁の比重が高まることは避けられなかった。

が、河野がさらに、倒閣の動きまで見せるようになると、岸は決心した。

〈理由はともかく、これは明らかに約束違反だ。例の誓約書は、反故にするしかない〉

結果として〝誓約書の有効期間〟は、半年足らずでしかなかった。

岸は、苦々しく思った。

〈政局の舞台裏における一場の茶番劇にすぎなかった〉

ただし、これはあくまで岸の思いにすぎない。大野側はなお、この密約は生きていると思い込みつづけていた。大野は、誓約書は、公《おおやけ》にすれば、政権を私議したとの非難を受けることを知っていた。だから最後まで、こんな約束のあることを公表したりはしなかった。

中曾根を初入閣させた渡邉の手引き

この六月の内閣改造では、河野派の中曾根康弘が初入閣した。渡邉と中曾根の関係が、とことん親しくなるきっかけはこのときからだという。

中曾根は、このとき入閣したかった。当時四一歳。三〇代で大臣になれなかった。しかし、昭和二二年衆議院初当選組の田中角栄は、三九歳で大臣をやっている。田中への対抗意識がある。そこで渡邉が一計を案じ、「金龍」という赤坂の料亭で、大野伴睦と中曾根を会わせた。党副総裁の大野は河野派の組閣窓口だった。

ところが、大野は部屋に入ってくるやいなや、まくしたてはじめた。

「おい、中曾根。きさまは造船疑獄《ぎごく》のときに予算委員会で、『大野伴睦は賄賂《わいろ》をもらっている。政治生命を懸けていう』とかいったたな。あのときの恨《うら》みをおれは忘れていないぞ」

造船疑獄は昭和二八年から翌年にかけて起こった、海運・造船会社と政府・与党とのあいだの贈収賄《ぞうしゅうわい》をめぐる疑獄事件である。多数の自由党政治家が取り調べを受けたが、党幹事長だった佐藤栄作は法相の指揮権発動によって逮捕要求を免れた。

渡邉は、頭を抱え込んだ。

〈これはメチャメチャになるな〉

これではまずいので、渡邉はいった。

「ときに副総裁、あなたは竹を割ったような性格ですよね。過去のことなどグズグズいわない。そういうところがいいところだといわれてきたではないですか。造船疑獄事件のとき、中曾根は野党である改進党にいたんです。野党時代の発言を恨んで、いま返そうというのは、大野副総裁らしくないじゃないですか」

すると、大野はケロリとしていった。

「うん、それもそうだ。うん、わかった。ところで中曾根君。きみは宰相《さいしょう》の相をしている」

これには、渡邉はびっくりした。

そこで渡邉が大野にいった。

「中曾根は河野派で、組閣への窓口がなく運動できずに困っている。副総裁は河野派の推薦権も持っていますよね。なんとか中曾根入閣を推進してくれませんかね」

大野は引き受けた。

「そうだな、よし、きみを入閣させる」

こうして中曾根は科学技術庁長官になる。

「岸の後継総裁は大野と決まっているのだ」

岸総理の安保改定に反対する学生や労働者によって、いわゆる「安保闘争」（六〇年安保）が盛り上がっていた。昭和三五年（一九六〇年）六月一五日、全学連（全日本学生自治会総連合）主流派は、国会突入をはかり、警官隊と衝突。夕刻、石井一昌《いしいかずまさ》率いる右翼「維新行動隊」一三〇人が、トラックで国会裏側をデモ行進中の全学連や新劇人会議に突っ込み、双方で三〇人近い負傷者を出した。

この六月一五日夜の国会デモで、警視庁調べによると、警官三八六人、学生四九五人が重軽傷を負った。警官隊は催涙《さいるい》ガスを使用し、バリケード代わりに並べた一五台のトラックが炎上した。

一五日の夜、椎名悦三郎《しいなえつさぶろう》官房長官と、産経新聞から出向していた椎名の秘書官福本邦雄《ふくもとくにお》（のちフジインターナショナルアート会長）は、赤坂の料亭で新聞記者と懇談していた。そこに、懇意の朝日新聞記者から電話が入った。

「東大文学部四年生の樺美智子《かんばみちこ》が、デモに巻き込まれて殺された」

部屋に緊張が走った。日本共産党指導者の福本和夫《かずお》を父に持ち左翼の心情にくわしい福本は、椎名にいった。

「デモは、死人が出ると、いっそうエキサイトしてコントロールが利かなくなる。まして、死んだのが東大の女子学生となると、もっと激烈になるのは必至です。至急、深夜の臨時閣議を招集して、内閣として哀悼《あいとう》の意を表すると同時に、対応を協議すべきです」

福本は、その場でただちに「樺美智子の死を悼《いた》む」という文章をみずから書いた。椎名に、それを渡していった。

「これを政府声明として発表し、まず遺憾の意を表しておいたほうがいい、と思います」

「よし、わかった」

福本は、筆者にそのことを直接語ったが、当時読売新聞の記者であった渡邉恒雄はそれを否定している。渡邉は『君命も受けざる所あり—私の履歴書』（以下、『私の履歴書』）で、福本は元新聞記者とはいえ経済畑だったから政治声明の類は得意ではないとしている。

「書いてくれ」

福本は渡邉にそう頼んだという。

渡邉は福本の采配《さいはい》で官邸の裏にあった官房長官官舎に駆け込んで政府声明を書き、草案は閣議の承認を経て発表されたという。

立場はどうであれ騒動のなかで女子学生が亡くなったのだから、彼女の遺族に弔意《ちょうい》を表すとの文言を入れていたのだが、そのくだりだけは閣議で削除されたという。

その翌日、臨時閣議でアイゼンハワー米大統領の訪日延期要請が決定した。

日米新安保条約の批准《ひじゅん》書交換の終わった六月二三日、岸総理は、臨時閣議を開いて、辞意を表明した。

「岸退陣」を受けて、話し合いで後継総裁を決めようとした「五者会談」も「八者会談」も、まとまりのつかないまま日が経った。「五者」というのは、益谷秀次副総理、佐藤栄作蔵相、川島正次郎幹事長、松野鶴平《まつのつるへい》参議院議長、重宗雄三《しげむねゆうぞう》参議院議員会長の五人。「八者」というのは、それに総裁候補の名乗りをあげた池田勇人通産相、大野伴睦副総裁、石井光次郎総務会長の三人を加えたメンバーである。

どう考えても、この会談で「岸後継」を一本にまとめることは無理で、結局は公選によらざるをえまいという形勢であった。投票日近くなって、岸内閣で外相をつとめた藤山愛一郎《ふじやまあいいちろう》も立候補に名乗りを上げた。

そのころ、総理官邸の官房長官室に、渡邉恒雄が飛び込んできた。

椎名の秘書官福本から筆者が聞いたところ、渡邉はいったという。

「おれは、内密のことを知っている。じつは、岸の後継総裁は、大野副総裁と決まっているのだ」

福本は、渡邉に訊《き》いた。

「どういう根拠から、そういうのか」

「岸と大野とのあいだには、密約が交わされているんだ。児玉誉士夫、萩原吉太郎、永田雅一の立ち会いのもとで、大野に渡す、という誓約が交わされているんだ。そういうわけだから、椎名さんにも、大野と親しくするようにいってくれ」

福本は、初めて耳にすることで、椎名官房長官に、その密約について確認した。

「うーん、あるかもしれんな……」

椎名は認め、福本に胸の内を打ち明けた。

「岸派内では、川島（正次郎）もおれも、大野を担ぐほうにまわる。赤城《あかぎ》（宗徳《むねのり》）は、池田を担ぐことになる」

福本はいった。

「貧乏クジを引くことになりますね」

椎名は、溜め息まじりにいった。

「たしかに大勢は、池田に向かうだろう。しかし、親分が、大野に約束手形を書いている以上、子分としては、それを落とさないわけにはいくまい」

「児玉というのはすげえ野郎だなと思ったね」

渡邉は、右翼の大立て者児玉誉士夫を意識したきっかけについてこう語った。

「(昭和二八年〔一九五三年〕一月二〇日)鳩山一郎・広川弘禅《ひろかわこうぜん》会談の記事だ。これは、朝日、毎日が抜いて、読売が抜かれるんだから、壮烈《そうれつ》な特オチですよ。鳩山も広川も、新聞に書かれたけれども、おれは会ってないと、全部否定するんですよ。ぼくは朝刊を見て、鳩山さんのうちにすっとんで行った。そしたら鳩山さんが、『いや、朝日、毎日がガセネタを書いてね、アッハッハ』ときた。こっちは純情だから、ほんとに会ってませんと、社に報告したんだ」

第四次吉田茂政権下の当時、吉田の力もそろそろ弱体化が見えてきていた。吉田自由党の幹部である広川と、同じ自由党内でも吉田のライバルである鳩山が秘密裡《り》に会談するということは、広川の謀反《むほん》を示唆《しさ》する重要な出来事だった。当時、鳩山の番記者をしていた渡邉のみごとな特オチであった。

「ところが、二日後に読売が抜き返すんだ。その二日後の読売の朝刊トップに、鳩山と広川が会ってる現場写真が出た。そこに並んでたのが、三木武吉《みきぶきち》(反吉田の鳩山派幹部)、河野一郎、それに右翼の大物児玉誉士夫と三浦義一《みうらぎいち》ですよ。その写真で、吉田が広川を罷免《ひめん》する。

その写真はどこから手に入れたかといったら、読売の社会部のある記者だといった。その社会部のある記者は、どこから手に入れたか。児玉誉士夫という男だということだった。ぼくは児玉誉士夫なんて全然知らなかった。それで、児玉というのはすげえ野郎だな、と思ったね。

いや、すげえやつだと思ったけど、まだなんにも付き合いはないわけです」

児玉と直接知り合ったのは、大野伴睦の家に出入りしているときだという。大野伴睦と児玉が非常に親しく、大野の家に年中児玉が来るため、「あの坊主頭はだれだ」「あれが児玉誉士夫だ」ということになったという。

「そうしてるうちに、帝国ホテルでの証文になるんです、政権授受の。それで大野伴睦さんに、その証文をなんとか見る方法はありませんかといった。証文があるということは、ぼくは大野さんにこっそり聞いた。『じつは、証文がある。だからおれは総理になれるんだ』というんだから、あの人が。でも、現物を見てないし、動かん証拠をほしい。

まず、その証文はどこにあるんですかと訊いたら、児玉君のところに行きたまえといわれた。だけど、おれは児玉誉士夫は知らない。右翼の相当の親分だと思ってるから、気持悪いという感じもあった。じゃあ、おれが紹介してあげるというんで、とにかく初めて等々力《とどろき》の児玉邸に行った。そのときに、ミノックスといったか、スパイの使うちっちゃいカメラを持っていったんです。

児玉邸で、この写真を撮らしてくれといったんです。そしたら『ああ、いいですよ』というんだ。びっくりしてね。ところが、部屋の中だから暗いんだ。これは写らないと思って、すいませんけど、庭で撮らしてくれませんかといって、庭で、証文を下において、太陽の光で撮ったのをおぼえてる。が、発表はしない、という約束だった。児玉は、ぼくのことを大野伴睦から聞いてたそうです。

その証文を撮ったものをぼくは持ってたんだけれども、大野伴睦は、口が軽くてね。最初は、きみだけだといって教えてくれたのが、いつの間にか、大野派三羽ガラスとか四天王とかいうのがまわりにいたんですよ。そいつらに、みんないいはじめて広がっちゃったわけです。そういう密約というのは、表に出した瞬間に効力はなくなるんです。それなのに、大野伴睦は最後まで信じてたんだから、お粗末ですよ」

一方、当の大野は、岸、佐藤兄弟との帝国ホテル「光琳の間」での誓約書が、先の内閣改造での河野の造反で、だいぶ怪しくなったことは感じていた。が、なお岸、佐藤を信じていた。

「まさか、おれの敵にまわることはあるまい」

また、この手形を表へ出せば「政権を私議した」と世論の非難を受けるだろう。したがって、これを決め手としようとは思わなかった。

しかも、党総裁公選となればカネがいる。だが、大野には財界とのつながりがない。したがって、カネがない。しかし、逆手というものがある。大野は甘く考えた。

「財界とのつながりのないおれは、財界の紐《ひも》付きではない。政治をおこなうのに財界から制約を受けない。財界にしばられずにすむから、庶民大衆のための政治ができる。それは、逆に大衆の支持を得ることができる」

岸の失政は、第一にアイゼンハワー訪日延期で国際信用を落とし、第二に、安保闘争で国民大衆と政府与党のあいだに大きな溝をつくったことにある。そのため世情は重苦しく、治安は乱れきった。

この重苦しさを払いのけ、国民と血の通った政治への道を開くには、官僚権力主義ではだめだ。それは、政策以前の問題である。庶民とともに生きる政治感覚が必要なのである。官僚政治家のように財政上の計数や外国語は得意ではないが、不肖《ふしょう》伴睦には大衆政治家としての五〇年の経験がある、と自負していた。

また、国際信用の回復には、この年の秋に予定される総選挙に勝つことである。大野には、総選挙で大衆の人気をわかし、勝利するという自信もあった。それゆえ、大野は、金力がなくとも、広く党内の支持を得られるものと見込んで、七月の総裁選に立候補した。

ポスト岸の総裁選に暗躍する児玉

大野は、総裁選立候補の準備運動のため毎夜遅くなって帰宅しては、家人、お手伝いさんたちの迷惑になると思って、国会の近くにある赤坂のホテルニュージャパンの六階に一室を借り、秘書の山下勇と二人で泊まり込んでいた。

児玉の著書『悪政・銃声・乱世』によると、児玉は、ポスト岸に大野を担ぐために暗躍している。

「ここでの大きな問題は、岸前総裁がこの四者（池田、大野、石井、藤山）のうち、一体だれを支持するか、ということであり、新総裁になるならないの、成否のカギの一つは、岸さんが握っているとも言えるのだった。

そして、いま一つのカギは、大磯《おおいそ》の隠居、吉田（茂）さんの掌中《しょうちゅう》にもあったわけだ。すなわち吉田さんとしては、秘蔵っ子の池田氏を推したいのは当然で、それゆえにこそ岸さんに池田氏支持を説き、あるいは石井光次郎氏をして――池田氏擁立《ようりつ》――を促がしたのだが、皮肉にもこれらは見事に失敗した。

岸前総裁としては、おなじ党内において四者が実力行使にうったえてまで争うことよりも、むしろ話し合いによって一本にしぼることが穏当であり、かつ妥当《だとう》であると考えたようであった」

児玉は、まず出馬を表明している池田・大野・石井の三候補がうまく話し合えるよう、斡旋《あっせん》してほしいと昵懇《じっこん》な川島幹事長から一任された。

このとき、岸は、川島に頼んだ。

「周囲の関係で、自分は表向き大野君を支持することはできないが、きみがぼくの気持ちをくんで、努めて大野君の期待に添えるよう、骨を折ってほしい」

川島は、児玉に頼んだ。

「岸さんは非常に苦しい立場にあるから、この際、河野君は表面上、大野君と袂《たもと》を分かっている格好でいてくれるよう、あんたから河野君を説得してもらいたい」

反池田が強い河野と大野がつながっていると禅譲しにくいというのだ。

児玉は、さっそく河野に会い、説得にかかった。河野は、生一本《きいっぽん》の短気な性格にかかわらず、案外素直に納得してくれ、投票がすむまでその態度を崩さなかった。

岸の内意を受けた川島は、そんなことはおくびにも出さず、三候補者のあいだをまめまめしく説いてまわった。

しかし、池田、石井が、大野に譲るわけはない。かといって、川島が、いまさら大野を説いて辞退させることもできない。結局のところ、三者の話し合いは不首尾に終わった。一切が振り出しに戻った。

形勢不利と見た大野は、児玉に頼んだ。

「帝国ホテルにおける誓約書もあることゆえ、ひとつ、岸君に会ってあんたから、腹蔵ない考えを質《ただ》してはもらえまいか」

児玉は、ただちに赤坂の料亭「新長谷川」で岸に会った。岸の意中を、確かめた。

岸は、次から次の厄介《やっかい》な問題に、身も心もすっかり憔悴《しょうすい》しきった格好で、頭をかかえるように苦しんでいた。

「もちろん最後までよく尽くしてくれた大野君には、ぼくも非常に感謝している。恩にも着ている。したがって、岸個人としては、あくまでも大野君を支持したい気持ちに変わりがない。だが、党内事情やぼくの周囲の空気からいうと、池田君の存在を無視するわけにいかない。できれば大野君のほうから池田君に会って、うまく円満に了解をとりつけてほしいと思う。斡旋役の川島君は、半ばサジを投げているようだが、自分から見るとまだ、話し合いの余地はあると思える。そう短兵急《たんぺいきゅう》でなく、いま少々ぼくに考えさせてほしい」

いくぶんの含みをもたせた挨拶《あいさつ》であった。

児玉は、直感した。

〈岸さんのこの言葉は、いわゆる遁辞《とんじ》に類したものでなく、本当の肚と思える。この場合、岸さんだけを口説くことはさして難事ではない。しかし、その背後に、佐藤さんがひかえていたのでは、ひとり岸さんだけを動かしても、どうにもならない〉

そこそこに見切りをつけて、ありのままのことを大野に伝えた。


一方、渡邉は、総裁選に立候補した大野についてこう語った。

「多少裸の王様になったんですよ、総裁選挙に出て。子分たちが、みんないい情報ばっかり持ってくるんだ。ぼく一人が、『あなたは、勝てっこない』といった。川島（正次郎）はこうやってあなたを裏切ってる。それを、あなたは裏切ってないと思ってる。空《から》証文をあなたは信用してる。岸は、あの証文を実行しようとしないんだ。

ぼくは岸に会ってるが、岸は証文を揶揄《やゆ》するんだ。あの口調で、こういったんです。『わたしの心境はデシュよ、白さも白し、富士の白雪デシュよ。皮肉をいうわけじゃありまシェンけどね……』」

昭和三一年（一九五六年）一二月、保守合同して自由民主党となった後、初の総裁選を迎えたときのことだ。立候補したのは岸、石井光次郎、石橋湛山の三人。過半数を制する者がいないため、各派入り乱れての熾烈な闘いとなった。それまでだれも見たことのないほど巨額の実弾が飛び交ったという。

このとき、大野は四〇票の派閥票を抱えながら、支持を明らかにしていなかった。大野のところに来た岸は、土下座同様に協力をたのんだ。だが、大野は、「ぼくの心境は、白さも白し、富士の白雪だ」といって帰す。「まったく白紙」という意味だった。

「それで岸は七票差で破れ、総理の座は石橋にいっちゃうんですよ。岸には、あのときの恨みがある。ぼくは、次は譲るということを証文に書いた。けれども、これが反故になったということを大野さんにいったわけですよ、心証として。

するると、『大野派三羽ガラス』の一人といわれた村上勇が、あなたは新聞記者じゃないか、新聞記者に政治家がほんとのことをいうか。おれは同じ日に岸さんに会ってるんだ、岸は約束を守るといったんだと……。大野さんは、自分にとってこころよいほうをとった」

一夜明けた大どんでん返し

七月一一日、帝国ホテルの例の永田の部屋で、大野、河野、川島、永田、萩原に、児玉をまじえた六人が会合した。ところが、その席で、急に河野の口から、意表をついた提案があったという。

「石井派の立場を考慮して、党の総裁と内閣の首班をはっきり分離させ、総裁公選で勝った後、そのいずれかの椅子を石井氏に渡すようにしてはどうか！」

総理、総裁の分離（総・総分離）案に、当の大野は、万事がおおまかな性格ゆえ、いとも易々《やすやす》と河野案に応じた。

「それも一つの考えだネ。いや、将来そのほうがいいかもしれん。自分はむろん賛成する」

総裁公選も大詰めにきた七月一二日の午後、例により帝国ホテルの永田の部屋では、大野、河野に永田、萩原、児玉も加わり、額を集めて協議し合った。

そこへ突然、大野派の参謀《さんぼう》、水田三喜男が飛び込んできた。顔色を変えて、いい放った。

「ここで総・総分離なぞ出されては、われわれ大野派は総崩れになってしまいます。いくら大野先生が納得されたにせよ、自分たちは反対です！」

水田の話が終わるか終わらぬうちに、河野が憤然《ふんぜん》と、怒号するように喚《わめ》いた。

「水田君、この場合、大野派だけで勝負が決まるものではないぞ！　石井派にせよ、おれの派の春秋会にしろ、必死になって協力しているのだ。大野派の都合ばかり考えてはだめだ。しっかりしてくれッ」

当の大野は、さすがにこれは困った、という表情で、水田に目配せすると、やにわに立ち上がり、戻っていった。

大野と水田が去った後、河野は、いつものぶっきらぼうな口調でこぼした。

「あいつら、勝手なことばかりいって、始末に負えぬ」

児玉は、しきりに河野をなだめた。

「いまあなたが腹を立てては、元も子もなくなる。ともかく大野さんのため、最後まで我慢《がまん》し努力してもらわねば」

河野も、すぐ冷静にかえった。

「それはそうだ。要するに明日が勝負なんだから、今日は早く家へ戻って、ゆっくり寝ることにしよう」

そうつぶやいて、帝国ホテルを出ていった。

その翌日の早朝、夜のしらじら明ける頃、大野から児玉に電話があった。

「ホテルニュージャパンの事務所まで、至急きてほしい」

児玉は、瞼《まぶた》をこすりながら駆けつけた。

すでに、河野のほか、永田、萩原も集まっていた。が、大野は、いかにも疲れきった様子で、しかも何事か思いつめたふうの、深刻で悲痛な面持ちだった。

大野は、一座を見渡しながら、昨夜来の経過を、くわしく説明した。

「ゆうべ真夜中に、石井派が使者を寄こした。その使者がいう。『石井派の相当数が、にわかに池田方に寝返ってしまった。こんな具合では、いくら連携して選挙に臨んでも、とうてい勝ち目はなさそうだ。したがって、石井派のことは、あてにしないように』

そこで自分も思案のすえ、『ではわれわれの側のみんなとよく相談をしてみて、もし自分が候補を辞退したうえ、石井一本の線でいくとした場合、石井君として勝算があるのか？』と訊いたら、『そうしてもらえば、こちら側だけでもまず、七〇人ぐらいはまとまるだろう』との返事だった。

自分はかねがね、党総裁は、いわゆる官僚出の者でなく、政党生え抜きの人物がなることが念願で、この際、自分を捨てて、石井君を推したいと考えておる」

大野は、みんなを見渡すといった。

「で、どうじゃろう。ここはひとつ、そういうことで、了承してもらえまいか！」

こういい終わると、大野は、拳《こぶし》でそっと、瞼をふいた。

たった一晩のうちに、歯車がどこでどう食い違ったのか。まるでキツネにでもだまされたような感じで、永田も萩原も、ただただ唖然《あぜん》として顔を見合わせた。

児玉は、思わず怒鳴った。

「馬鹿馬鹿しいにもほどがある。一晩のうちに何十人が寝返ったかしらんが、それがもし事実としたら、オヤジが降りて石井が出たところで、寝返った連中が、いまさら池田に投じる票を、石井にまわすわけはあるまい。要するに、これは総・総分離の河野案にからませた石井派の、狡猾卑怯《こうかつひきょう》な作戦にちがいない。こうなったら、金権選挙の醜悪《しゅうあく》な舞台裏を、そっくりそのまま国民に知らしめ、このような泥まみれ糞まみれの公選には応じられないことを力説し、総裁公選そのものを拒否し、くつがえすべきではないのか」

そばにいた永田、萩原も、児玉と同じ意見のようだった。後からやってきた川島正次郎も、大野が降り、石井一本にしぼることは反対だったようである。

　児玉は思った。

〈一晩のうちに起こったこのドンデン返しの裏には、もちろんそれ相当のカネがバラ撒かれているだろう。その一方で、大野派の幹部である水田、村上（勇）の両氏らが、石井派のこけおどしに、まんまとひっかかったのではあるまいか？　それにもう一つは、伴睦老自身が、あまりのわずらわしさに疲れきり、石井派の手のうちを見破るだけの、精神的余裕に欠けていただろうことも原因しているようだ〉

　だが、児玉には、別の考えがあった。思いきって、爆弾的意見を述べた。

「いまさら、どうのこうのといってみてもはじまらない。いっそこの場合、大野、河野の両派は、決然と自民党を脱党し、連合で第二の保守勢力をつくってはどうか！　いまのような金権と闇取引の状態では、自民党はやがて世間から見放され、完全に信頼をなくすに決まっている。このドロ沼を浄化するには、現在のままだと〝百年河清《かせい》を俟《ま》つ〟も同様である。たとえ少数党であろうと、おたがいが自覚し自重し、その気になって保守党革新に当たれば、必ずしも実現できなくはなかろうし、国民一般もきっと、これを支持してくれるはずである」

　この児玉の提案は、両派の有力者たちにとって、奇想天外な考えであったのであろう。いずれも眼をパチクリさせ、しばしば声も出なかった。

　児玉の鬱憤《うっぷん》はなかなかおさまらず、大野派の幹部村上勇に向かってののしった。

「あんたは、キンタマがあるのか！　オヤジのクビが一夜のうちにすっ飛んでしまっても、なお石井のなめくじ野郎を担ぐつもりなのか！」

　はては河野にまで、さんざん毒づいたのだった。

　その河野は、これまた強く主張して譲らなかった。

「せっかく石井のほうで、七〇人くらいは勢ぞろいさせてみるというのだから、石井一本で勝負しても、いいのではないか！」

こんなわけで、児玉のせっかくの提案もついに容れられなかった。

七月一三日、途中立候補しようとしていた松村謙三も、大野とともに立候補を降りた。

大野は、記者会見で、憤然《ふんぜん》と心境を述べた。

「岸総理は、政権譲渡の約束を破った。わたしは、党人派結集のため、大死一番《だいしいちばん》、立候補をやめる」

これに対し、党人派の河野、三木、松村派は「石井支持」に傾斜し、党内は官僚派と党人派の争いになっていった。

一日延びた七月一四日、午前一〇時から自民党大会が開かれ、総裁選挙がおこなわれた。

投票の結果は、池田二四六票、石井一九六票、藤山四九票であった。

だれも過半数の票を獲得できなかったので、一位の池田と二位の石井とで決選投票がおこなわれた。

決戦投票では、池田三〇二票、石井一九四票であった。こうして池田政権が誕生した。

なお、この日、総理官邸で池田総裁当選の祝賀会が開かれた。岸も出席し、その後、官邸の食堂から出ようとした。そのとき、右翼崩れの荒牧退助に襲われ、股《もも》を刺された。

真相は謎だが、一説には、大野副総裁への政権禅譲の密約が反故にされたことに対する大野陣営の恨みではないか、との見方も出た。

「池田の下で副総裁になりなさい、ごねてはいけない」

渡邉恒雄がわたしに語ったところによると、渡邉は、大野が結局敗れた後、大野にいっている。

「あなたは、だまされましたね」

「ちくしょう」

大野はそう怒った後、渡邉にいった。

「しかし、人間は、だますよりだまされたほうがいいな」

渡邉は、その言葉で、大野を決定的に好きになったという。

渡邉は、大野が総裁選に敗れたのちの反応について語った。

「負けてみたら、渡邉のいうのは正しかった、あの茶坊主の村上勇がいってきたのは、全部間違いだったということがわかる。そのときに、ぼくのことを、『渡邉君に対する恩義は、忘れない。おれが死んでも、おれの家族がきみの恩に報《むく》いる』と、大幹部の前でいった。大変な信用ですよ」

大野は、池田勇人とあれだけ喧嘩《けんか》しておきながら、二人はパッと手を握り、派閥の力関係が逆転した。

それは渡邉がやった、といわれている。渡邉はわたしにあっさり認めた。

「ああ、ぼくなんだ。それは簡単な話なんだ。おれは、大野さんにいった。『総裁選挙にあなたが負けたけれども、あなたは味方と思った岸、佐藤にだまされた。しかし、池田とは、あなたは闘ったけれども、約束は何もなかった。池田には一つもだまされてない。だましたやつよりは、闘ったやつと手を握ったほうが、いいじゃありませんか」といったら、それも一つの理屈《りくつ》だな、ということだった。

それで、『池田の下で副総裁になりなさい、こういうときにごねてはいけない、負けたんだから、敵の下であっさり協力するんです』『わかった、大平《おおひら》（正芳《まさよし》）君のところにいって副総裁をとってきてくれ』というので、それでぼくは大平に談判にいった。大平はびっくりした。『大野先生は、受けてくださるんですか』と、こんなもんだよ」

大平正芳は池田の側近で、このとき官房長官として初の入閣を果たしていた。

「記者会見で、大野さんはいったよ。『池田君は、一年生議員で、大蔵大臣になるときに党内が反対だった。そのときおれは幹事長で、池田君を大蔵大臣に任命するのをまとめてやったんだ。それを多として池田君は、当時は酒のないころだったが、燗酒《かんざけ》をポットに入れて、折詰一つ持っては、おれのうちによくきたんだ。だから池田の下で副総裁なんかやらん』

新聞記者は、みんなだまされてる。こっちは副総裁の交渉をしてるんだから。受けないといってるというから、大平だってびっくりして、ほんとに受けてくれるのかと、こうなるわけでしょう。最後に、池田と直談判して、昭和三六年七月、大野副総裁ができるわけだ。

大野伴睦は、もうおれは副総裁が柄にあってるんだ、総理、総裁を狙ったのは間違いだった、と思う。野心を捨てた大野伴睦は強いですよ。その絶頂期の大野伴睦が、ぼくを全面的に信頼してくれたんだから、政治記者としては、こんな面白いことはない。あのころはいまと違って、『右向け』と伴睦がいうと、四〇人の代議士が右を向くし、『左向け』といったら、左を向いちゃうんだからね」

大野は、昭和三七年（一九六二年）一月一日、弘文堂から『大野伴睦回想録』を出版している。その大部分は、渡邉が代筆している、といわれている。この話は、伝説化さえしている。

渡邉はそのことについても語った。

「あのなかの一部分ね。全部じゃないです。あれは全部口述して、ある人間が書き直した。しかし、なかにはまったくぼくの筆のがあるわけ」

「『大野伴睦回想録』の出版記念会を椿山荘《ちんざんそう》でやったら、当時総理大臣だった池田勇人がやってきた。池田の悪口も書いてあるんですが、いいことも書いてあった。池田は挨拶で、この本の何十何頁にこういうことが書いてあった、まさにそのとおりだとかいって、大野伴睦をたたえた。そしたらあとで大野伴睦が

『おい、おれの回想録に、あんなものを書いたのか』といった。それほど大野伴睦というのは肚がでかいというか、スケールがちょっと違ったよ、あの人は」

スカルノのスキャンダル潰しに動く

なお、渡邉と児玉のつながりはどうであったのか。渡邉は、のちに児玉との黒いつながりを緒方克行《おがたかつゆき》の『権力の陰謀』という本で暴かれたとき、児玉とのつながりについてこう弁明している。

「児玉という人は、池田内閣のころまでは自民党をリモコンする力があったわけだから、ぼくら政治記者にとっては取材対象だった。ぼくも昭和三五年の総裁選について、岸、大野氏らが交わした秘密文書の取材合戦で児玉邸に行って写しを見せてもらったりしたことがある」

しかし、児玉とはすでにもっと深いつながりがあったという証言者がいる。

「インドネシアのスカルノ（大統領）が来日していた。そのスカルノに関するニュースネタを、ある筋から入手した。週刊誌の記者としてさっそくそれをもとに取材してゆくと、スカルノ・スキャンダルが出てきた。わたしが入手したネタは、じつはスカルノが来日して飛行機のタラップを降りたときから向こう二週間、いつ、どこで、だれと会ったか、というリストなんです。会うべきはずでない人が、会っていたりしているわけです。

ところが、取材を進めていくと、読売新聞の渡邉恒雄と名乗って電話があった。『話があるから』といわれ、赤坂の乃木坂にあるリキマンションに行ってみると、一階の何号室だったかは忘れましたが、その一室にナベツネさんが、一人でいましたよ。インドネシアの利権には児玉も眼をつけていましたから、児玉としてもあまりスカルノのスキャンダルを暴かれたくない。そのため、渡邉を使って止めようとしたんじゃないですか」

渡邉は、証言者と名刺を交換し合い、

「スカルノを取材なさっているようですね」

といいながら、のちにデヴィ・スカルノ夫人となる女性、根本七保子《ねもとなおこ》の写真をさりげなく見せた。当時、東日貿易の久保正雄《くぼまさお》がデヴィをスカルノの第三夫人にしようとしていた。渡邉は、デヴィのほうへ取材の鋒先《ほこさき》を向けようとして、デヴィの写真を見せたのであろう。

しかし、証言者は、『来日スカルノの爪跡《つめあと》』ということで特集を組むつもりであった。取材をやめる気のないことを知った渡邉は、「きみがそんなことをしていたら、日本の外交に打撃を与えることになるぞ」といった。

結局、その記事は、外務省が社のトップと話をつけて、記事にはならなかった。超大物政治家まで動いたといわれている。

「彼の眼は新聞記者の眼じゃなく、派閥の眼なんです」

読売新聞の政治記者として渡邉の先輩であった磯部忠男《いそべただお》は、渡邉は典型的な派閥記者だったという。

「彼の意見は、完全に大野派の意見でしたからね。政局を見る眼も、新聞記者の眼じゃなく、派閥の眼なんです。派閥の思惑で政局を見る。どうしても歪《ゆが》んで見えるわけです。そういう点で、政治記者としては、わたしは彼は落第だと思いますね。けっして有能な記者だったとは思えません。現場を離れて論説委員長になった後のほうが、彼の才能がよく生かされていると思いますね」

番記者というのは、担当の代議士と親しくならないと取材ができない。しかし、親しくなりすぎると、記者としては逸脱することになる。そのバランスがむずかしい。渡邉は、そういうバランスがどうのこうのという次元ではなかった。立派というか、みごとなくらい逸脱していたという。

その逸脱の例として、磯部は、昭和三九年（一九六四年）、池田勇人が三選に立候補したときのことをあげる。

池田の対抗馬は、佐藤栄作と藤山愛一郎。この二人のあいだには、第一回の投票で決まらなかった場合は、得票が多かったほうを立てて、決選投票にのぞむという約束があった。この二人がトップになるということは、まずありえない。いわゆる二、三位連合の約束であった。

当時の情勢は、池田支持が大野派、河野派、石井派、三木派。佐藤支持は福田派であった。一般的な見方では、五〇票以上の差で池田が勝つと見られていた。

しかし、磯部は予想外の接戦になるだろうと見ていた。

実際、三木、石井派には合わせて二〇人くらいの忍者といわれる佐藤支持派がいた。また、大野派のなかにも、七人くらい忍者になる可能性の人間がいた。大野派の倉石忠雄《くらいしただお》は、「もう池田ではだめだ。佐藤に切り替えなくては……」といい、ほかの六人と暗黙のうちに佐藤支持に動いていた。

その直前の昭和三九年五月二九日に死んだ大野伴睦の遺言が「池田支持」ということで、大野派はその線で動いていた。大野派というのは、大変に義理人情を重んじる派閥であった。そういうなかでは、倉石など表だって佐藤支持には動けなかったわけである。

当時政党キャップであった磯部は、入ってくる情報を分析し、〝伯仲〟の予想の紙面をつくった。他紙は大差で池田勝利の予想であった。〝伯仲〟の見方は、読売の中でも少数派であった。磯部は、二〇票以上の差がもし開いたら、辞表を出す覚悟であった。

その紙面に、河野番の記者と、大野番の渡邉恒雄が憤然と抗議してきた。

渡邉は、「こんな紙面をつくられちゃ、仕事ができない！」と食ってかかった。

「最低五〇票の差は開く！」

磯部には、渡邉が紙面に抗議をしてきたのは、池田支持の大野派のなかで都合が悪いということにちがいないと思った。

さて、池田と佐藤の争いは、九票差で池田の勝利に終わった。結局、磯部の〝伯仲〟予想が当たり、渡邉の〝大差〟予想が外れた。

磯部は、渡邉が、あまりに派閥の思惑で情勢を見すぎた結果と思った。

ただし、渡邉は、のちにこのとき自分も一一票差以内と予想したといい張っている。あくまで磯部が自分と大野を結びつけすぎるための記憶ちがい、と主張している。

渡邉の動きは、ことごとく大野派のための動きとまわりには映っていた。

渡邉は『回顧録』でこんなふうに語っている。

「僕は、新聞記者というものは権力の内部に入り政治権力がいかなるもので、どういうふうに動くのかを知らなければならないと思うんだ。中に入らなければ、事実は書けない。外から見ていても、書けるものじゃないんだ」

「彼は権力志向人間なんですよ」

この当時、東大新人会の渡邉の昔の仲間たちのあいだでは、「渡邉は変節した」という裏切り論も出た。

その声に対し、渡邉は渥美俊一《あつみしゅんいち》にいった。渥美は渡邉の新人会の仲間で、渡邉や氏家と同じく読売新聞社に入社。経営技術担当記者となった。昭和三七年にチェーンストア経営研究団体ペガサスクラブを設立、主宰となる。翌年には、読売の社員でありながら、チェーンストア経営専門コンサルティング機関である日本リテイリングセンターを設立していた。

「おれは、大野派の代弁者のようにいわれているが、けっしてそうじゃないんだ。日本の経済的政治的復興のために、特に経済の確立のためには、やはり保守党を動かすしかない。その場合、よくもわるくも、保守党を支えている派閥を、前向きに活用しているのは大野しかいない。だから、おれは、その大野のよさを前向きに生かしたいんだ」

渡邉にとって、大野伴睦や大野派、あるいはのちに中曾根などに肩入れをするのは、あくまで手段であって最終目的ではないという。

渥美によると、渡邉はこれまで、時の絶対権力ではなく、つねにその対抗勢力を応援している。大野や河野を通じて、主流であった吉田茂や佐藤栄作に対抗してきた。そのことで、世の中の動きに、彼なりの主張を織り込んできた。彼は、一貫した生き方を貫いているという。

しかし一方、読売新聞社員のなかには「要は、彼は東大卒に多い典型的な権力志向人間なんですよ」という見方もある。学生時代も社会に出てからも、渡邉に一貫しているのは、自己中心主義の権力志向だというのである。

たしかに、渡邉は異常にその傾向が強いのかもしれない。彼は、何事においてもナンバー2的存在に甘んじることを潔《いさぎよ》しとしない。主従の従として、従属的存在であることなど耐えられない。

そのような渡邉にとって、保守本流の政治家たちの参謀になることは、従の立場に立たされる可能性が強い。それより、大野や中曾根のような保守本流から外れた立場にある政治家の参謀役として暗躍するほうが、主導権を握れる。そう考えていたのではあるまいか。

名門出版社をしゃぶり尽くす渡邉、児玉、中曾根

渡邉は、大野を通じて人脈を広げていく。そのなかの一人が、児玉誉士夫である。その児玉とより深いつながりを持つようになるのが、これまでベールに包まれてきた弘文堂との関わりにおいてであった。

弘文堂は、かつては「東の岩波」「西の弘文堂」と謳《うた》われた、アカデミズム出版社の名門であった。明治三〇年からある老舗《しにせ》で、本社は京都にあり、経済学者・河上肇《かわかみはじめ》の『貧乏物語』や東洋史学者・内藤湖南《こなん》の『支那学《しなが》』、哲学者・田辺元《たなべはじめ》の『西洋哲学叢書《そうしょ》』などのアカデミズムの名著を出していた。戦後も「アテネ文庫」を出し好評を博していた。のちに弘文堂は東京の神田駿河台《するがだい》に本社を移した。

昭和三〇年ごろ、二代目社長の八坂浅太郎《やさかあさたろう》が、それまでの木造の社屋を鉄筋ビルに建てかえた。その三〇〇〇万円近い建築資金を、東海興業から借りた。東海興業は、冷蔵倉庫建設のパイオニアで、のちにロッキード事件のとき児玉誉士夫関連の企業として噂にのぼった会社である。

ところが、弘文堂は建築資金を東海興業に返済できなかった。このことから、魑魅魍魎《ちみもうりょう》たちが暗躍をはじめる。

当時、弘文堂の営業宣伝を担当していた早武忠良《はやたけただよし》・暁《あかつき》印書館代表取締役が、わたしに内情を打ち明けた。

「東海興業は弘文堂に金を貸しつける際に、ビルの権利はもちろん、八坂社長の持っている弘文堂の株式まで担保に取っていたわけです。つまり、売渡条件付の担保ですね。そのため、昭和三六年ごろまで、弘文堂と東海興業とのあいだにビルの権利をめぐるゴタゴタがつづきましてね。どういうわけかヤクザのM会なんかも乗り出してきまして、東海興業が弘文堂を完全に乗っ取ろうとしたわけです」

一時は、弘文堂ビルも株式も、完全に東海興業の手に渡ってしまった。

しかし、弘文堂に中村正光《なかむらまさみつ》という社員がいた。じつは、東大新人会時代、渡邉とともに反党分子として日本共産党東大細胞を除名された人物である。中村は、読売の有力な政治記者であった渡邉に相談を持ちかけた。渡邉は、昭和三三年九月、中村の世話で弘文堂から大野伴睦の推薦文つきの『派閥』を処女出版していた。弘文堂とは、浅からぬ縁であった。

渡邉から、中曾根に話が持ち込まれた。中曾根は、なぜか児玉に相談を持ちかける。

そのいきさつを、昭和四二年の「大橋富重事件《おおはしとみしげじけん》」裁判で児玉が証言している。この大橋富重も、弘文堂に深くからむことになるので、まず、大橋事件とはいかなるものかを簡単に説明しておこう。

昭和三六年ごろから、京成電鉄の株を、田中角栄の刎頸《ふんけい》の友である小佐野賢治《おさのけんじ》国際興業社主が買い占めにかかった。相手が小佐野と知り、苦りきった京成電鉄社長の川崎千春《かわさきちはる》が、同社の不動産先買いのダミーである興亜建設社長の大橋に、小佐野の株を買収するように依頼した。ところが、大橋は六〇〇万株も買い占めている小佐野に、逆に欲しくもない土地や株券を高値で買わされる。役者が一枚も二枚も上だったわけである。

頭を抱えた川崎社長は、最後の頼みとして児玉に仲介を頼む。ただし、大橋は、京成電鉄の株式売買問題をめぐって手形詐欺《さぎ》などに問われる。一審では、懲役《ちょうえき》六年、二審では、四年六ヵ月をいい渡される。

さて、昭和四二年（一九六七年）四月一二日の第一八回公判で、児玉が弘文堂のいきさつについて非常に興味深い証言をしている。

「――大橋を知っているか。

児玉『三十六、七年ごろ、政界の中曾根さんの紹介で知った』

――どんな紹介か。

児玉『弘文堂という出版社を中曾根さんが私になんとか助けて欲しいと話があった。ところが資金不足で二千万円ぐらい集めねばならない。中曾根さんは「友人の大橋にも金を出してもらう」といい、初めて会った。そのときわたしが三百万円から五百万円、大橋君に株をもってもらうことになった』」

四十三年十一月十一日の第五十八回公判でも、児玉は弘文堂についてさらにくわしく証言している。

「――前回の証言で中曾根代議士の肝《きも》いりで、弘文堂を助けるときに大橋が金を出したということを述べたね。

児玉『はい』

――その際の金額だが、もう少し出した記憶はないか。

児玉『株券で二度くらい、計七百万円ぐらいというふうに記憶している。（中略）中曾根さんから大橋の紹介を受けたのは、弘文堂救済のためで、お金が足りない。ぼくにも金を出してくれということで、わたしも協力し、金を出そうといった晩に、赤坂の料亭で中曾根さんから「若い実業家から金を出させるから今晩紹介する」というので、それが最初の紹介だったと思う』」

赤坂の料亭というのは、「金龍」のことである。大橋は、河野一郎派の春秋会に出入りしていて、中曾根とは、二八年ごろからの知り合いであった。資金面の援助までしていた。

大橋の証言によると、その席には、渡邉恒雄もいた。中曾根は、しきりに児玉を「先生」と呼び持ち上げていたという。

大橋は、数日後に七〇〇万円を都合したという。

のち中曾根は、昭和五二年四月一三日におこなわれた衆議院ロッキード問題調査特別委員会の証人喚問《かんもん》を受けた。が、児玉との〝黒い仲〟は全面的に否定。「節度は守ってきた」と弁解につとめたが、はたしてこれが節度ある付き合いであったといえるだろうか。

かくして弘文堂に児玉が乗り込むことによって、M会をバックにした東海興業も手を引くことになった。かわって、児玉を中心とした錚々《そうそう》たるメンバーが株主に名を連ねる。

大橋富重　一三万七〇〇〇株
北海道炭礦汽船　一〇万株
東京スタヂアム　六万株
東日貿易　六万株
児玉誉士夫　四万株
中曾根康弘　二万株
渡邉恒雄　二万株

北海道炭礦汽船は、児玉、河野一郎と深いつながりのあった萩原吉太郎の経営する会社である。東京スタヂアムも、やはり児玉、河野一郎とつながりの深い大映社長の永田雅一の経営する会社である。萩原も永田も、岸が大野、河野に次期総裁を譲るという密約を交わした席に、大野、河野の後見人として、児玉とともに同席していた人物である。東日貿易は、デヴィ夫人をインドネシア大統領スカルノに世話したといわれている、政商・久保正雄の経営する会社である。

このメンバーを見ると、わずか資本金二三〇〇万円の、それも京大、東大に食い込んだアカデミズムの出版社の株主の顔ぶれとはだれも想像すまい。政財界を股《また》にかけるフィクサーがズラリそろう。

代表には、渡邉昭男《あきお》が据《す》えられた。渡邉恒雄の実弟である。渡邉恒雄は、読売新聞社の社員である。いくらなんでも弘文堂の社長にはなれない。代わりに、実弟を据えたのであろう。

かつて弘文堂の編集部長であった西谷能雄《にしたによしお》未来社社長が、嘆《なげ》いた。

「渡邉さんが社長になってからの弘文堂は、きわものというか、やたらとジャーナリスティックなものの出版が目につくようになった。以前の弘文堂が持っていたアカデミックな風格というものは、すっかり失われてしまいましたね。戦前からの学者や執筆者も、弘文堂からつぎつぎに離れてしまった……」

さて、企画書捺印欄に名を連ねた中曾根康弘、渡邉恒雄、児玉誉士夫は弘文堂をどのように利用したのか。

渡邉恒雄は、最初の著書『派閥』につづき、『大臣』『党首と政党―そのリーダーシップの研究』、それに『政界入門』『大統領になる方法』の共訳まで出している。

中曾根も、『二十一世紀への階段』、渡邉恒雄との共訳『政界入門―現代アメリカの政治技術』、昭和三八年に『南極―人間と科学』、三九年に『党首の争い―英国保守党の主導権抗争』と矢継ぎ早に自分の本を出版している。

昭和三六年に中曾根は首相公選論をぶち上げる。翌年、この中曾根を応援するように弘文堂からは吉村正編『首相公選論』が出版されたのである。

児玉も、弘文堂に乗り込んだ年の三六年、さっそく川端龍子《かわばたりゅうし》装丁の『悪政・銃声・乱世―風雲四十年の記録』を出版している。三人とも、弘文堂を巧妙に利用している。

中曾根と渡邉は、いわゆる〝弘文堂時代〟にさかんに勉強会をひらいている。中曾根が弘文堂から渡邉との共訳『政界入門―現代アメリカの政治技術』を出したのも、この勉強会の結果である。このころ渡邉は、ケネディの大統領への道を描いたセオドア・ホワイトの『大統領になる方法』を訳しているが、中曾根の政治哲学の原型は、この『大統領になる方法』のケネディの考え方から学び取ったものと考えられている。いわく、

「一つの政策、一つの政治行動で賛否を決める場合、その内容によって決めるのではなく、賛成したほうが大統領になる近道かどうかの判断による」

風見鶏、目立ちたがり屋の中曾根が、このケネディの一言に感動する姿が、眼に浮かぶようである。

「弟は弘文堂の腐れ縁を断ち切ろうと努力したんだ」

わたしは、渡邉に訊いた。

「弘文堂というのは、どういう経緯で最初に渡邉さんに話が持ち込まれて、弟さんにということだったんですか」

渡邉は答えた。

「そうじゃなくて、あれは弘文堂のいろいろなお家騒動があって、いま死んじゃったけど、井上巌三《いのうえげんぞう》という人がいて、これは高碕達之助《たかさきたつのすけ》（通商産業大臣、初代経済企画庁長官）の秘書だったんですよ。その秘書が、前の経営者から、事実上弘文堂を乗っ取った。

それからもう一つは、東海興業という土建屋の中西小一《なかにしこいち》とかいう人が、弘文堂の発注を受けて、弘文堂ビルをつくるんですよ、御茶ノ水の駅前に。そしたら、不況で支払いができなくなって、ビルも株券も、担保に取られちゃった。そこで中西の会社になるか、井上の会社になるかという段階になった。井上は高碕達之助の子分、中西も高碕達之助に頭が上がらない。そこで高碕達之助と中曾根の関係が出てくるわけだ。そのころ、中西は児玉誉士夫と親しかった。ぼくの本をあそこで出してましたから、そういう関係で、中西さん、井上さんに会って頼んであげようといった。

ぼくは、中西さんにいったんだ。弘文堂というのは高級な出版社なんだし、その高級な出版社を土建会社が乗っ取ったって、本なんか出せないじゃありませんか、無条件で返してくれませんか。その代わり、ビルは差し上げます、ということで、差し上げちゃった。で、四階か五階建てか忘れたけど、そのビルのてっぺんにプレハブで、一階継ぎ足したんですよ。そこに弘文堂は引っ越した。

そのときに、児玉誉士夫にも頼んだのかな。あれは中西と親しかったから、株を手放すようにといってね。それで口をきいてくれたのかもしれない。おれだけの力でそうなったとも思わないんでね。で、中曾根の本もたしか出してたんで、中曾根も、あの本屋を潰すのはもったいない、なんとかもりたてようじゃないかという。ぼくも文筆で食っていこうと思うから、一つくらいは親しい本屋に貸しをつくっておいてもいいと思って、増資の資金を一〇万円くらい出したのかな。いまの金で一〇〇万円くらいを、何人かで集まって出した。

児玉誉士夫は、その前から自分の回想録をいい本屋から出したいといってたんで、じゃあ、あの弘文堂から出したらどうですかということになって、児玉誉士夫も、弘文堂に非常に関心を持つわけです。それで弘文堂がいちおう復活する。

ぼくの弟は、地方財務協会の出版課長みたいなことをやってたんです。で、出版のノウハウを知ってるというので、専務かなんかで入った。そうしてるうちに、社長になった。いまは、弟が死んだので、後輩が社長をやってるわけです」

大橋富重との関わりについても語った。

「大橋は、児玉の家来で、大野伴睦のところにも出入りしてたんだ。大橋というのは、当時、大野さんもその周辺もあんな詐欺《さぎ》師だとは思わなかったね。朝六時に起きて、夜六時にうちに帰るという、非常に実直な青年実業家だったんだ、ぼくらの知ってる大橋は。裏で何やってるのか、全然わからない。

大野伴睦は、あんなまじめな青年はいないといって、大橋君、大橋君だった。そのころは、まったくまじめな青年実業家でさ、自分の子どもの学校の先生の本を出してやってくれとかいってきて、出してやったんだ。そのつながりだけですよ。ほかは、なんにもない」

児玉が少し援助するということで、八〇〇〇万円出したといわれていることについても語った。

「それは、増資の株だろうと思う。児玉も、おれのほうでも増資に応ずるとかいって、株は多少やったってどうってことない、五〇パーセント取らなきゃいいんだから、それで児玉のところでいくつかやったのがあるんです。そのなかに大橋がはいっていたかどうか、おぼえてない。とにかく、本を出してやったことは事実です。数学かなんかの本ですよ。

弘文堂は、老舗ですよ。法律学だって、有斐閣《ゆうひかく》か弘文堂かといったんだから。宇都宮徳馬が事情を知らないで弘文堂を買おうとして話を持ちかけた。が、児玉がらみの会社とわかり、あわてて手を引いたという」

渡邉は、弘文堂の経営にたずさわった弟の昭男について弁明した。

「一言いっておきたいんだがね。弟の昭男は、その後、弘文堂の過去の腐れ縁を絶ち切ろうと、それは努力したんだ。大学教授たちを執筆陣に頼むには、やはり株主に児玉の名があっては警戒されますからね。それで、いったん解散して、児玉、中曾根の株をゼロにしてしまった。

それから再建し、軌道に乗せて弟は社長の座を後輩に譲り、身を引いたんだ。弘文堂は、いまや、アカデミックな出版社としてみごとによみがえっていますよ。昭和六〇年には、中小出版社の二〇〇〇社でつくっている社団法人『出版梓会《あずさ》』が年に一社選んであたえる出版文化賞をとっている。平成元年には、『遺伝管理社会』で、毎日出版文化賞もとっている。土居健郎《どいたけお》の『甘えの構造』という大ベストセラーを出したのも、弘文堂なんだ」

なお、昭和五八年五月一八日、弘文堂の社長であった渡邉昭男の葬儀がおこなわれた。その席に、かつて株主であった中曾根だけでなく、後藤田正晴《ごとうだまさはる》官房長官まで出席した。出席者たちは、あらためて渡邉恒雄の力を知った……といっている。

第二章　社内抗争の勝利と代償

日韓交渉の中にいた新聞記者

自民党の党人派といわれた大野伴睦《おおのばんぼく》の番記者になり、それ以降、保守政界と強いつながりを持つようになった渡邉は、早くから頭角をあらわした。外務省クラブに所属していたときには、日韓国交正常化が最大の問題とされていたが、そこで大スクープを連発した。

日韓基本条約は昭和四〇年（一九六五年）に調印されるが、日韓国交正常化交渉はそこにいたるまでの一四年にわたって断続的につづけられていた。

昭和三六年（一九六一年）五月、韓国で軍事クーデターが起こり、七月には朴正熙《パクチョンヒ》政権が誕生。一一月、朴議長が来日して池田《いけだ》首相との会談で日韓交渉の「早期妥結」が合意される。

国交正常化に向け、多くの自民党有力者らが政府とは別に水面下で韓国側にアプローチをはじめるなか、渡邉は、大野の意向にしたがい密使役として活躍した。ＫＣＩＡ（韓国中央情報部）の初代部長だった金《キム》鍾泌《ジョンピル》と連絡をとり合い、党副総裁である大野と朴の会談を実現させた。

それほど密接なつながりを持っていた渡邉だからこそ、大スクープを取り放題だったのである。

児玉誉士夫《こだまよしお》は、渡邉の活躍を、『生ぐさ太公望』でこう書いている。

「韓国はその年の三十七年十二月中に、日韓国交回復の条約がまとまらないと、間もなく行われる朴大統領の選挙に響くという逼迫《ひっぱく》した情勢にあった。自分は大野先生を説得して自分と共に韓国に渡ってもらった。行ってみると、日本政府の腹がきまらんため、韓国の情勢は想像以上に逼迫している。これは自分一人だけではだめだと思ったので、大野先生とごく親しい読売新聞の渡邉恒雄さんにありのままの事情を連絡して、応援にきてもらった。そこで、大野先生と渡邉さんが、早々に金鍾泌氏や、そのほか

韓国の最高首脳部の人々との会談になった。そのとき、自分は大野先生に、

『これは、先生がアジアの将来を考えれば腹をきめて決定してしまうことです。先生がこちらで決めたことを、日本に帰って自民党政府が承知しないようなら、先生と河野先生が一緒に自民党を脱党されることです。お二人で脱党となると、いかに官僚主義の池田でも手をあげてしまいますよ。要するに先生が韓国に対して、日本の約束手形を切ってしまえばことはかたづきます』

と話すと、しばらく、じっと考えていた大野先生は、

『よしやろう』と決心された」

が、渡邉の『回顧録』によると、かなり異なる。日韓国交正常化交渉は、韓国が求めた対日請求権の扱いが最大の争点であった。李承晩《イスンマン》政権のころは、日本側が植民地支配にはよい面があったと主張する一方、韓国側にも「反日アレルギー」が強力に存在して、話し合いはまったく進まなかった。

朴政権になり、経済再建のためになるべく早く、たくさんの賠償《ばいしょう》金がほしい、という韓国側の思惑が明確になり、ようやく話し合いが進むようになった。

「朴正熙を含め何回か韓国の要人が来日し、『請求権─政府借款《しゃっかん》─民間経済協力』という三段階に分け、『賠償』の名称を使わない処理方式＝『日韓方式』と言われたんだけど、これを土台にして国交正常化の条約を結ぼうということになった。ところが金額がなかなか決まらない。

そして金鍾泌の来日だ。後の首相だけど、当時は中央情報部部長として実権を持っていた」

昭和三七年（一九六二年）一一月、金鍾泌が来日した。金の来日はマスコミでも大きく扱われ、各社とも争ってインタビューを取ろうとした。読売は最後のほうの取材になったが、渡邉は一時間ほど金と二人だけで話ができた。

「それは鮮烈《せんれつ》だったよ。僕の『「日本の三六年におよぶ植民地支配を謝罪せよ」と韓国人は盛んに言わ

れますが、あなたはどう思いますか』との問いに、『三六年間、我々のおじいさんやおばあさんたちは互いにいがみ合いましたが、子や孫である我々までがいがみ合うことはないじゃありませんか。私は水に流します』と答えたんだからさ。

これは、韓国政府要人としては、えらい大胆《だいたん》な発言だなと思った。僕は本当にびっくりしたし、金鍾泌はすごいなと思った」

金の発言に感動した渡邉は、大野伴睦を金鍾泌と会わせることに成功する。

じつは大野は韓国が嫌いであった。終戦直後の占領下、韓国人の暴力団による不法行為に手を焼いた自由党は、その取締に関する決議案を提出し可決された。その趣旨演説に立った大野は韓国人から憎まれ、地元の岐阜でピストルを持った韓国人の暴漢に襲われたことがあったのだ。そのときは、そばにいた若い芸者が身を挺《てい》して大野を守り、大野は前歯を二本折られただけですんだという。

渡邉は金鍾泌の滞日中に大野との会見をセットした。金と会った大野は韓国嫌いを捨てて、「あれはいい男だ」と金に一目惚れした。大野は金から韓国に招待され、渡邉は読売の韓国駐在記者を使って一二月の大野訪韓の手はずをととのえた。

「ソウルでは、朴正熙とも会談したんだけれど、具体的な問題については、国務総理だった丁一権《チョンイルグォン》、金鍾泌と会談をする。この訪韓中に僕たちに『大平・金合意メモ』が知らされ、この確認が行われた」

「大平・金合意メモ」とは金の来日中に、外相の大平正芳《おおひらまさよし》と交わされた対日請求権の合意メモだ。鉛筆の走り書きに、おたがいがサインして交換したメモだったが、そこには「無償三億ドル、有償二億ドル、民間経済協力一億ドル」で金銭合意したという内容が記されていた。このときまで、メモの存在はまったく表に出ていなかった。

大野の訪韓はこの合意メモを確認するものとなり、渡邉もその交渉に関わることになった。

「僕は全部の会談に同席したよ。難しい話になると大野伴睦はわからないからね。たとえば、丁一権、金鍾泌と会談すると、こんなことがある。韓国側が、例の『3・2・1』の割合を『「3・2・3」になりませんか』と聞く。僕も小声で『だめです』と言う。そうしたら大野伴睦が、僕に小声で『「3・2・3」になららんか』と言う。そうしたら大野伴睦は韓国側に『いや、だめです』と言うわけだ（笑）」

渡邉は一二月一五日付の読売朝刊一面に、この合意メモを報じた。読売の大スクープであった。

「大野伴睦に『国家機密だから絶対内緒にしてくださいよ』と言ったにもかかわらず、帰国して数日で、こともあろうに朝日新聞の記者に教えちゃったんだ。（笑）

それで、朝日に漏れたことがわかったその日のうちに、僕は記事を書いて、翌日の朝刊に全部出しましたよ。敵が裏付け取材をする余裕がないうちにね。そして、それが特ダネになるわけだ」

大野伴睦の死

渡邉をよく知るベテラン記者によると、渡邉は韓国情報についてじつに巧妙に振る舞ったという。

渡邉が摑《つか》んだ貴重な情報を独り占めせず、朝日新聞、毎日新聞、ＮＨＫの三社だけには、こっそり教えてやるのだ。ところが、教えてもらったのはいいものの、朝日、毎日、ＮＨＫはその情報が真実なのか、嘘なのか、韓国側から確認する術《すべ》を持っていない。結局、裏をとることができずにいる三社を尻目に、渡邉の読売だけがどんどん記事を書いていくことになる。

ところが、ある通信社には、情報を流さなかった。

渡邉の言い分はこうだ。

「おまえのところには、教えない。共産党かもしれないからな」

その通信社の外信部の記者の一人は、自分の通信社が共産党といわれてもピンとこなかった。

〈まあ、教えないっていうなら、教えてもらわないでいいや……〉

渡邉からの情報は、一切その記者のもとへ入ってくることはなかった。が、渡邉に批判的な他社の記者が、その記者にこっそり教えてくれるのだ。

「おい、渡邉がこういう情報、持ってきたぞ」

だからといって、その記者が記事にすることはない。そのおかげで、渡邉に抜かれっぱなしのその記者は、キャップから怒鳴られつづけた。

「なにやってんだ！」

その記者も、いい返した。

「しょうがないじゃないか。読売の渡邉が仕切って、ウチの社には教えないっていうんだから」

事情を説明しながら、ふとその記者は渡邉がいっていた自分の通信社は共産党と決めつけるのが気になった。

実際、朝鮮総聯《そうれん》（在日本朝鮮人総聯合会）に外務省での記者会見内容が流れていた。

渡邉は、直接、その記者に「おまえのところから情報が総聯に漏《も》れているぞ」とは話さず、外務省の報道官に告げ口したようである。あるとき、報道官がその記者を訪ねてきた。

「おたくの社の記者が、朝鮮総聯にうちの記者会見の内容を逐一《ちくいち》教えているらしいじゃないか」

その記者には覚えがない。

「そんなことはないよ。もし、情報を流すようなことをする人間がわが社にいたら、そいつをぶん殴ってやる」

そういい放ったものの、その記者は確信が持てない。本格的に調べてみることにした。

渡邉は彼の通信社の社会部にいる記者が外務省の記者会見内容を朝鮮総聯に流していると疑っているようである。しかし、本当は、渡邉の疑っている記者でなく、別の記者が朝鮮総聯とつながっており、総聯の人間が訪ねてきたときに悪気なく会見の内容を話していたのである。

真相が判明したことで、その記者は報道官に事実を伝えたうえで、頼んだ。

「調べたら違うことがわかったぞ。渡邉さんに、そうじゃないぞと伝えてくれ」

結局、この話はこれで終わることになる。

日韓国交正常化の報道は、このように渡邉の独壇場《どくだんじょう》だった。

その記者は、そんな渡邉のことを感心しながらも、頭を下げてまで渡邉から情報をもらうことなどする気もなく、ただ黙《だま》っていた。

〈だれが、渡邉に頭なんか下げるか。あいつは、性悪《しょうわる》なヤツだ〉

大野伴睦は、昭和三九年（一九六四年）五月二九日に死んだ。

そのとき、大野の愛人が、分骨を願った。かつて岐阜で暴漢に襲われた大野を身を挺して守ったあの芸者である。が、こういう話は遺族にはいい出しにくい。

そこで、その女性は、大野と深いつながりがあった渡邉に頼んだ。渡邉は、彼女が大野を愛し、最後まで尽くしたことを知っていたので、引き受けた。

が、渡邉も遺族にいい出すことはできない。渡邉は、大野が荼毘《だび》に付《ふ》されるときを狙うしかなかった。

いよいよ、大野の骨が出され、遺族が長い箸《はし》で摘《つま》み、骨壺《こつつぼ》に入れはじめた。遺族が入れ終わって立ち去るのを、渡邉は待ちつづけた。ところが、遺族は最後までその場を離れない。

渡邉は、意を決して、遺族がよそ見した瞬間に、右手で骨をつかんだ。素早くポケットに入れた。遺族から離れると、車を飛ばし、デパートに向かった。

デパートに駆けこむや、デパートガールに訊いた。

「骨壷を売っている売場は、どこだ」

「ウチでは、売っておりません」

「困ったな……それに似たものはないか」

デパートガールは、しばらく考えて答えた。

「宝石箱なら、それに近いと思いますけど」

「そうか、ありがとう。宝石箱は、どこの階で売っている？」

渡邉は、宝石箱の売場に走り、買った。車の中でお骨を高級ハンカチに包み、宝石箱に大野の遺骨をおさめた。

大野の愛人は、渡邉の大胆さに感謝し、涙を流したという。このエピソードは、渡邉の意外にやさしい一面をのぞかせている。

なお、渡邉本人も、このときに拾ったお骨のかけらをこっそりもらい、自宅に祀《まつ》ってあるという。

九《く》頭竜《ずりゅう》ダム事件の闇にからむ

児玉、中曾根《なかそね》、渡邉と同じメンバーのからむ「九《く》頭竜《ずりゅう》ダム事件」が起こる。そしてこの事件もまた、弘文堂と深く関わっていた。

電源開発（政府の特殊会社。電発）が計画した九頭竜川ダムの建設をめぐり、第一工区は指名競争入札でおこなわれた。四一億円の最高額で入札した鹿島建設が落札した。すると、国会で、〝政界のマッチポンプ〟といわれた田中彰治《たなかしょうじ》衆議院決算委員が、池田勇人《はやと》首相への政治献金を約束した鹿島建設と電源開発が結託しておこなった可能性がある、と追及。元首相秘書官中林恭夫が謎の死を遂げる。石川達三《いしかわたつぞう》が小説『金環蝕《きんかんしょく》』で描いている。

ここに、中曾根、渡邉、児玉らがからんでいくいきさつに触れる。

日本産銅という鉱山会社を経営していた緒方克行《おがたかつゆき》は、電源開発が福井県大野市の九頭竜川に建設するダムの底に会社が沈むことになるので、昭和三九年春、電発に対し、五億四〇〇〇万円の補償を要求した。ところが、電発はまったくとりあげてくれない。

緒方は、大野伴睦や地元代議士に頼んだが、埒《らち》があかない。最後に、児玉に会い、訴える。場所は、世田谷区等々力《とどろき》にある児玉邸の一室。三九年一二月暮れのことであった。

のち昭和五一年に出版される緒方克行の著書『権力の陰謀』によると、その一週間後、児玉は、緒方の話を聞き終わるといった。

「『書類その他、よく調べてみた。内容も了解できたので、何とか調停してあげましょう。すでに、この問題に携わるメンバーも決めてあります。中曾根さんを中心として、読売政治部記者の渡邉恒雄君、同じ経済部の氏家齊一郎《うじいえせいいちろう》君に働いてもらいます。ま、しばらく成り行きを見てください』」

翌日、児玉から緒方に連絡が入った。

「補償はとってやる。資金一〇〇〇万円を持ってこい」

押しつまっての現金一〇〇〇万円に緒方は泣いたが、とにかく一二月二七日に児玉邸に一〇〇〇万円を届けにいった。そこには、渡邉恒雄と、いま一人、読売新聞経済部の氏家齊一郎が座っていた、とは緒方の証言である。

さて、児玉に緒方の件で動くよう頼まれた渡邉は、中曾根を補佐して政治工作に当たった。氏家は、経済記者として親しい仲にある大堀弘《おおほりひろむ》電発副総裁との交渉に当たることになった。

この事件を、当時『正論新聞』の三田和夫《みたかずお》社長がスクープした。

「当時、緒方から聞いたところによると、児玉は現金を数えてからいったそうです。

『この中の三〇〇万円は、この男の関係している出版社の株の代金にするからな』

この男というのは渡邉のことで、出版社というのは、弘文堂のことです」

つまり、児玉はフィクサーとして暗躍した金を、弘文堂に流そうとしたという。

緒方は、中曾根のこの事件での役割を、『権力の陰謀』で、こう書いている。

「中曾根康弘代議士は、赤坂のリキマンション内の事務所に数度にわたって大堀副総裁を呼び、補償解決の見通しについて話し合った。児玉の前では弁明しようとはしなかった副総裁だったが、中曾根代議士の前では巧妙な言いまわしで牽制《けんせい》をはかったという。（中略）この牽制に中曾根代議士はひっかかってしまった。（中略）

『中曾根はどうしても消極的でだめだ。なんとか解決にもっていかなければ、あなたがかわいそうだ』と憤慨《ふんがい》しながら、私を元気づけ、活動してくれたのは渡邉記者である。

彼は敏腕の売れっ子政治記者で多忙な身だった。交渉の経過を聞くために私が渡邉宅へ電話を入れるのは深夜になる。それでも彼は迷惑がらずに応対し、同僚の氏家記者と連絡を取り合って話をしだいに具体的に煮つめていってくれた」

その後、児玉の工作はうまく運ぶかに見えた。ところが、児玉が頼りにしていた中曾根の親分でもあった河野《こうの》一郎《いちろう》が、昭和四〇年（一九六五年）七月八日に急死。事態は一転する。

「土用にしてはしのぎよい日だった。私はひさしぶりに等々力の児玉邸を訪れ、風通しのよいひろびろ

とした二階座敷にとおされた。小一時間もたったころ、

『やあ、お待たせした』

　といいながら和服姿の児玉氏が入ってきた。あとに調停工作のスタッフがつづく。正面に児玉氏、それに並んで中曾根代議士、左右に渡邉、氏家両記者という席順ですわった。児玉氏は重い口調で切り出した。

『約半年以上、この補償問題の解決に努力してきた。ここにおられる中曾根代議士、渡邉、氏家両君にも協力して頂いた。しかし、今日にいたってもなお、解決の日の目が出てこない。詳しい事情はあえて言いません。まことに残念な結果だが、どうか速やかに裁判をはじめて闘って欲しい』

　これが児玉氏の下した最終結論だった。

『それから、あなたからお預かりした一千万円だが、ここに現金を用意しましたから、お返しする』

　札束を取り出すと、私のほうへ押しやった。予感はやはり的中した。最後の頼みの綱もプッツリ切れたのだった。その札束は手の切れるような新しさで、拓殖銀行の帯封がされていることだけを、奇妙にはっきり見てとっていた。中曾根代議士は一言も発せず、腕組みしたまま天井を見上げていた。二人の記者もまた、押し黙ったままだった」

　読売OBの三田は、この事件に児玉だけでなく中曾根、渡邉、氏家までからんでいたことを緒方から聞き、昭和四二年（一九六七年）夏、取材に動いた。

「読売本社にわざわざ出かけていって編集局長の原四《はらし》郎《ろう》に会っていったんだ。『二人の記者がとんでもない事件にからんでいるぞ』あとで、さっそく渡邉から電話が入りましてね。

『中曾根は、いずれ総理になる男だ。一度、彼と会ってくれ』

中曾根や自分が傷つきたくないと思ったのでしょう。なにしろその事件は、その後次々に登場する中曾

根に関わる疑惑の、いわば原点のような事件ですからね。さっそく中曾根と会いました。そのとき、中曾根はしきりに弁解していましたよ。『緒方という人に会った記憶はない。児玉さんに頼まれて、電発の補償のことを調べたことは記憶している。しかし、電発側の話では、緒方という人はあまりタチのよくない人ということだったので、わたしはすぐ手を引いた』

それから、わたしのところの新聞を見て、

『この新聞は面白い新聞ですね。わたしの選挙区の連中にも読ませたいから少し大量に購読したい』なんて、いいましたよ。あとで、秘書が来て、五〇〇部一年分を予約していきました。それっきりです」

この事件は、結局『正論新聞』昭和四二年八月一日号で暴かれることになるわけだが、中曾根の名は出ても、渡邉、氏家の名は「読売新聞政治部のW記者、経済部のU記者」とイニシャルでしか出なかった。その後、この事件は闇の底に沈み、昭和五一年のロッキード事件で蒸し返されるまで問題にされることはなかった。

九頭竜川ダム事件は弘文堂と少しつながるが、渡邉が本当に動いたのか、と渡邉に訊いた。渡邉は、全否定した。

「九頭竜事件なんてのは、弘文堂と何の関係もないんだ。見たことも、聞いたこともない。どうしてああいうふうにでっち上げられたのかというと、緒方克行という人がいて、児玉のところに、おれの土地がダムのために埋没《まいぼつ》するんだといってきた。あのころは、左翼だの右翼だの、住民パワーがいろいろやって、だいたいたい住民はかわいそうなのに、やたらめったらに埋めちまうんだという事件が多かったんです。そういう事件なんだといって、児玉がぼくに持ち込んできた。

とでね。

ぼくと氏家と中曾根のいるところかなんかで話をして、そういう事件がある、悪いのは電発だというこ
ぼくは当時九頭竜川なんて、どこを流れてるかも知らないし、電発なんかだれも知らない。で、中曾根さんが、大堀という電発の副総裁を知ってるから、訊いてみましょうと、こういった。氏家も、調べてあげようと、こうなった。おれは何も知らねえわけだからね。

そして中曾根はまず最初に、大堀から、『緒方というのは質《たち》のわるいやつだから、あんたはこんなものに触ってはいかん」と釘を刺された。それで中曾根は、蒸発ですよ。中曾根は、あんなもので引っ張り出されるのは迷惑だと思うよ。

それから今度は、児玉誉士夫からぼくに電話がかかってきた。中曾根さんはだめだというけど、もうちょっと調べてくれんかというんで、氏家に調べさした。すると、六億とか四億とかいう大金を、補償金でよこせという話だった。緒方が銅山かなんかを持ってるんですよ。その銅山が埋没《まいぼつ》するというんで、そのへんの地主から運動費を掻《か》き集めたらしい。で、運動費をみんなつかってしまって、最後に児玉誉士夫のところにたどり着いて泣きついたらしい。

ところが氏家がよく調べたら、あんなもの、一〇〇〇万円の価値もない。これはだめだ、断れ、こんなものは新聞記事にならないんだというわけです。要するに、新聞記事にしてくれという話なんだから、これは。埋没する哀れな住民と、巨大企業・電発の横暴という、こういうお涙頂戴《ちょうだい》の話なんだ。その間、児玉誉士夫は、緒方なんかと盛んに会ってたらしい。こっちはそんなことは知らないですよ。緒方と会ったのは、こっちは一度か二度しかねえんだから。

その間、氏家がキューバかなんかに行って、一ヵ月くらいブランクになる。おれは全然電発も知らないし、現場も見てないし、わからないから、ほっぽり出してた。そしたら緒方から何度か電話があったんで、

いま氏家がいないからわからないといった。氏家が帰ってきて、そういう話だというから、児玉にいったんだ。

結論は、文句あるなら、緒方が自分で正しいと思うなら、緒方が電発に対して訴訟《そしょう》を起こしたらいいじゃないかと、児玉誉士夫にそういったんだ。あなたが口をきいて、顔で解決すべき問題じゃありません。これは、行政とか新聞とかの出る問題ではない。それより、訴訟を起こしなさい。裁判所で争うべき問題なんだといったら、児玉誉士夫も、そうですかと、しぶしぶ『じゃあ、わたしも手を引きますから』と、こういってた」

「原チンめ、社会部を使っておれのケツを洗ってやがる」

ところが、『正論新聞』に渡邉、氏家がW、Uのイニシャルで書かれる二年前、読売新聞社内でこの事件が一度噂になったことがある。

『言論時代社』という政界情報誌社長の倉地武雄が、決算委員会で「九頭竜川ダム事件」追及の最中、しかも証人に切り替えられる前夜の四月九日、麴町《こうじまち》の麴町マンション内の事務所で殺害されているのが見つかった。

四月一〇日の夜、渡邉の自宅を訪ねてきた政治部の後輩がいったん辞した後、またすぐに戻ってきた。顔が強張《こわば》っている。

「渡邉さん、社会部の記者が渡邉さんを張り込んでいます」

倉地は九頭竜ダムをめぐる池田政権への巨額不正献金疑惑を報じ、その直後に謎の死を遂げていた。よりにもよって、渡邉が倉地殺害の犯人との情報が警視庁に流れ、それを知った社会部が動いているのだという。なぜそんなとんでもないことになったのか。

渡邉は翌日、警視庁に出向いて幹部に抗議した。そこで思いもかけない事実を知った。「犯人は現場になったマンションのオーナーの渡邉」といいふらしたのは、政治部の先輩で政治評論家の戸川《とがわ》猪佐武《いさむ》だった。戸川はあるスキャンダルで読売を退社していたが、渡邉をその事件の密告者だと思って恨《うら》んでいたとも考えられるという。

渡邉は麴町マンションのオーナーなどではなく、だいぶ離れた五番町マンションの一区画の住人であって、倉地とは面識もなかったのに、戸川は何をどう勘違いしたのか。渡邉を犯人だと読売の友人に吹き込んだ。それをまた信じて、原四郎編集局長にまで伝えた社会部記者もいた。

「犯人は、だれか……」

「『九頭竜川ダム事件』の背後には、もっと大物もからんでいるのではあるまいか……」

読売新聞社会部の記者たちは、色めきたって取材をはじめた。ところが、である。当時読売の「七社会」（警視庁クラブ名）担当であった記者が語る。

「取材先で、逆にいわれましてね。『熱心に追うのもいいが、てめえのところのWも困った問題になるんじゃないのかね……』。初め何のことかわからなかったが、どうやら『九頭竜川ダム事件』に、児玉と一緒にからんでいる、とわかり、デスクに報告しました。デスクも『おい、社へ出たらそのことはしゃべるなよ』と口止めしました。

しかし社会部出身で当時編集局長であった原四郎の耳に、そのことが入った。原四郎の耳に入ったことをナベツネが嗅《か》ぎつけるや、『原チンめ、社会部を使って、おれのケツを洗ってやがる……』と怒り狂ったらしい。ナベツネの社会部への憎しみは、そのときからはじまったわけです。

しかし原四郎は当時の実力者。ナベツネは、わざわざ原四郎のところに出かけていき、『下落合に親代々の土地があり、財産的にはなんらやましいところはありません』と、財産公開して懸命に火の粉を払ったそうです」

それから二週間後、倉地の息子の犯行とわかり、渡邉への疑いは当然のことながら消えたが、あらぬ疑いを社会部が鵜呑《うの》みにした背景には、渡邉と社会部との因縁《いんねん》めいた確執があったという。

「渡邉、きさま殺してやる」

かつての読売新聞社は、伝統的に社会部の勢力が強かった。原四郎や長谷川実雄《はせがわじつお》などである。彼らは〝読売社会部帝国〟と呼ばれていた。

彼らは、有力政治家や児玉誉士夫などと付き合いのある渡邉恒雄に批判的であった。

原四郎を頂点とする〝読売社会部帝国〟の最初の蹉跌《さてつ》が、昭和三二年（一九五七年）一〇月に起きた社会部T記者の逮捕だった。T記者は売春防止法をめぐる汚職事件を取材していた。そして検察から入手した資料をもとに「宇都宮徳馬《うつのみやとくま》、福田篤泰《ふくだとくやす》両代議士が売春業者から賄賂《わいろ》を受け取った疑いが濃厚。両人の召喚必至」とスクープする。

ところが、これは検察内部の派閥《はばつ》対立を背景に、読売に漏れる情報の出どころをつかむため意図的に流された偽《にせ》情報だった。

T記者は偽情報に乗せられ、情報源も割り出された。その間の事情については伊藤栄樹《いとうしげき》が検事総長を退任してから著《あらわ》した『秋霜烈日《しゅうそうれつじつ》』という回想録の中に書き残している。

宇都宮は「事実無根」として名誉毀損《きそん》で告訴した。社会部は懸命に裏付けをとろうとするが、もともと偽情報であったため状況を好転させることはできず、T記者は名誉毀損容疑で逮捕された。この種の問題では異例なことだが、社会面トップに取り消し記事が載り、社会部は完敗する。

渡邉は、宇都宮とは東大新人会のころから付き合いがあり、渡邉たち夫婦の媒酌人《ばいしゃくにん》でもあった。渡邉は、宇都宮の名前が新聞で報じられた直後から「あんな金持ちが業者からはした金をもらうはずがない」と思っていたし、人柄からしても汚職とは無縁のはずだった。

渡邉は事件の最中、何度か宇都宮を自宅に訪ねて話を聞いた。もちろん、宇都宮は無実を訴《うった》える。渡邉は信じた。

ところが組織の誇りと自信を失うかどうかの瀬戸際《せとぎわ》に立たされて焦《あせ》る社会部にとっては、渡邉が宇都宮と組んで裏で何かやっているように映ったのだろう。彼らは渡邉に対する憎悪《ぞうお》さえ隠さなくなった。

社会部長以下が処分を受け、T記者は懲戒《ちょうかい》休職となった。会社ですれ違ったT記者は、

「渡邉、きさま殺してやる」

と凄《すご》んだ。が、渡邉は、自分が恨まれる理由は何もなかったという。

しかしこの事件以来、社会部は何かにつけて渡邉を目の敵《かたき》にするようになった。その決着がつくまでには長い歳月を要する。

社会部が渡邉に敵愾《てきがい》心を抱いたもう一つの理由は、渡邉が政治部内で力をつけ、いつか〝社会部帝国〟を脅《おびや》かす存在になるのではないかと考えたためだったという。

渡邉は、社会部と闘ったが、その社会部をどのように見ていたのか。

「昔のいわゆる〝社会部帝国〟といわれたころは、センセーショナリズムで、そういっちゃ悪いけど、いまの週刊誌さんのおやりになっているような社会面をつくればよかった。名誉毀損の告訴状を山と積んでもかまわない。とにかく三割ほんとのことがあれば、でかくやっちまう。そういうのがしばしばあって、

訴訟をおこされて、事実賠償金を払ったこともあるんだから。

宇都宮が完勝したあの事件で、ぼくは社会部に狙われたんだ、宇都宮徳馬がぼくの仲人だという理由で。だからあいつが内通したんだろうと、こうなった。それ、渡邉を潰しちまえという、そこに根があるんですから。だけど、あれはガセネタなんだ。だから敗訴になる。新聞社が警察に手入れされるなんて、みっともいいことじゃないですよ。そういう体質があった。

しかし、いまはそういうことは許されませんよ。あのころは、宇都宮を別件でやれといって、周辺を洗うんだ。選挙違反か女関係があるだろう、それで叩けという、そういうやり方はよくないよ。まるでブラックジャーナリズムだ」

政治部内の反渡邉派を追放

渡邉は、社会部だけでなく、政治部内の反渡邉派からも睨《にら》まれていた。当時の政治部内では、渡邉派と反渡邉派による派閥争いが絶えなかった。政治部内の派閥抗争に神経を遣っていたため、その足の引っぱり合いを社会部に悪用されては……と必死だったわけである。

当時を知る読売新聞の政治記者が語る。

「四〇人足らずの政治部のなかが、何派、何派と分かれている。政変のときなど、真夜中に大喧嘩《おおげんか》。怒鳴り合う声、湯呑みの割れる音が響く。自民党の派閥間の抗争が、そっくり持ち込まれるわけです。政権が替わると、政治部の人事もそっくり変わる。彼らにとっては死活問題なわけです。

ナベツネは、なかでも渡邉派づくりに異常なほどの情熱を燃やしていました。政治部長のことも、次長であるナベツネが『おれの派から出してるんだ』とうそぶいていましたからね」

渡邉は、自宅である千代田区五番町一二番地六の「五番町マンション」２Ａ号室に部下を集め、「土曜会」という会を主催していた。親しい政治部の後輩たちに声をかけて、毎週土曜日に英語の勉強会を開くのだ。渡邉の雇った外国人講師のレッスンが終わると、妻の篤子がつくったおにぎりやサンドイッチを食べながら、酒を飲むこともあった。この集まりが派閥と見なされて、社内で問題視されていた。

当時政治部キャップであった磯部《いそべ》忠男《ただお》が、政治部の若手記者を呼ぶと、ＡもいないＢもいないなどということがよくあった。

「みんな、どこへ姿を消したんだ！」

調べてみると、英語の勉強会ということで渡邉のマンションに呼ばれて集まっていたという。

政治部の記者が語る。

「そこで、ボスのナベツネがパイプをくゆらせ政談をぶつわけですよ。勉強会はあくまで建て前で、派閥づくりなわけです。その会に加わる人間の面倒見は、すこぶるいい。ナベツネは、意外と単純な哲学の持ち主で、その会に来たやつは味方、来ないやつは敵、と色分けしていった」

結局、そのときは、圧力をかけられた中村建五《なかむらけんご》政治部長から「土曜の英語の勉強会をやめてくれ」と頼まれて、解散になったという。

政治部の記者がつづける。

「渡邉は、いよいよ政治部内で全権を握れそうになるや、反渡邉派の追い出しにかかった。自分で人事の図面を書いて、自分の息のかかった政治部長を使い邪魔《じゃま》者を追い出したわけです」

渡邉は、中村政治部長と相談し、人事異動をおこない、磯部忠男を中心とする反渡邉派を政治部内から一掃することに成功した。

本当は、反渡邉派というより、渡邉の独断が目立つのでなんとかしなくては……という批判派が、派閥というより、ゆるやかな連合体を結成していたにすぎない、といわれる。

渡邉の追い出し作戦により、磯部は新聞監査委員会という姥捨《うば》て山的な部署に飛ばされた。ほかにも二人、現場から閑職《かんしょく》に飛ばされた。

渡邉自身は、デスクにあがるようなキャリアになっても、自民党平河クラブ（記者クラブの一つ）のキャップをつづけていた。

渡邉は、新聞記者の仕事とは取材をして書くものだと考えていた。仲間の記者からあがってきた原稿を右から左へと処理するデスクワークをやるのは耐えられず、取材現場にいたかった。

「渡邉さんは力のある人なんだな」

政治評論家でかつて三木武夫《みきたけお》内閣で総理秘書官をつとめた中村慶一郎《なかむらけいいちろう》は、総理秘書官になる前に、読売新聞政治部の記者だった。中村と渡邉恒雄は、五〇年近くの長い付き合いである。

中村は、昭和九年六月二九日に、東京都の中野で生まれた。早稲田大学政治経済学部を卒業した昭和三二年の春に読売新聞社に入社した。昭和二五年に入社した渡邉恒雄の七年後輩にあたる。

中村の入社当時、すでに渡邉は、大野伴睦をはじめとする有力政治家に食い込んで特ダネを連発する読売新聞政治部の看板記者であった。

大手の新聞社ではどこも共通の習慣であるが、入社したばかりの記者は、まず地方の支局から記者生活をスタートすることになる。そこで数年間をかけて、先輩記者から取材の仕方や取材相手との人間関係のつくり方、基本的な原稿の書き方など、新聞記者としてのノウハウを叩《たた》き込まれる。いわば、記者として一人前になるための修業期間のようなものである。

ほとんどの記者たちが数年の修業期間を経ると、東京や大阪などの大都市の部署に配属される。中村も、最初は岩手県の盛岡支局に配属された。盛岡で、三年あまりの日々を過ごし、それから昭和三五年になって、東京に戻ってきた。

東京に戻った中村は、比較的時間の融通がきく地方部の内勤の記者をやっていた。だが中村には、もともと政治部に行きたいという希望があった。その後、有力な政治家の動きや政界の動向を伝える政治部の重要性が高まっていき、政治部を増員することになった。

昭和四一年、中村は念願かなって政治部の配属になった。すでに年齢は三二歳。政治部に初めて配属される年齢としては、遅いくらいであった。

中村は、新たな配属先である政治部で渡邉恒雄に出会うことになった。

渡邉は、このころ、自民党を担当する平河クラブのキャップをつとめていた。政治記者としては、他社はもちろん、政治家からも注目される有名な存在であった。著作も『派閥』『大臣』『党首と政党』などを執筆し、もっとも政治記者として脂《あぶら》の乗っている時期であった。政治記者として駆け出しだった中村は、富士山を仰ぎ見るような思いで、渡邉を眺《なが》め、その著書をバイブルのごとく読んで勉強をしていた。

中村が渡邉の知遇《ちぐう》を得るのは、労働省の記者クラブに配属になったころだ。きっかけは、中村の執筆した一つの記事であった。

あるとき、中村は、労働団体の再編成などについての解説記事を紙面に執筆した。中村の署名入りであった。当時は、署名入りの記事を書くと報奨として三〇〇〇円ほどもらえる制度があった。消費者物価指数を基準に、現在の金額に換算すると一万二〇〇〇円ほどになる。三〇〇〇円の臨時収入自体もありがたかったが、なにより中村にはたくさん記事を書こうという意欲がみなぎっていた。

中村の署名入りの記事が朝刊に掲載された日、中村のつとめる労働省の記者クラブに一本の電話が入った。平河クラブのキャップをつとめる渡邉恒雄からの電話だった。

渡邉からの電話と聞き、中村は、緊張の面《おも》持ちで受話器を取った。

「はい、中村です」

「平河の渡邉だけど、今日のきみの書いた記事を読んだよ。とても参考になったよ」

中村は、突然の渡邉からの電話にさらなる緊張と驚きを隠せなかった。

「ハ、ハイッ、ありがとうございます」

恐縮する中村を気にすることもなく、渡邉は話をつづけた。

「この調子で頑張れよ。おれ、いま平河のキャップだから、いずれ平河におまえを取ってやるよ」

政権与党である自民党の動きを担当する平河クラブは、政治部のなかでも官邸クラブと並び、主要な記者クラブだ。中村もいつか担当するチャンスがあれば行ってみたい、と思っていた。渡邉の唐突な誘いに、自然と中村の声もはずんでいた。

「ありがとうございます。そのときは、よろしくお願いします」

渡邉からの突然の電話から数ヵ月がたち、部内の異動の時期がやってきた。中村が労働省を担当してからすでに一〇ヵ月ほどが過ぎていた。

〈渡邉さんはあんなふうにいっていたけれども、本当に平河に引っ張ってくれるのかな……〉

電話での突然の話だったこともあり、中村には半信半疑なところもあった。もしかしたら、中村のモチベーションを上げるための渡邉流の人心掌握《しょうあく》術の可能性もありうる。そもそも、一キャップに記者の配置換えをする権限があるものだろうか。

だが、渡邉の電話での発言は、ブラフではなかった。部内の異動の発表を聞くと、中村は平河クラブに配置されることになっていた。キャップの渡邉が本当に中村を引っ張ってくれたのだ。

〈本当に引っ張ってくれたのか。渡邉さんは力のある人なんだな〉

平河クラブに異動になった中村は、まずキャップの渡邉に挨拶にいった。

「平河に呼んでいただいてありがとうございます」

渡邉は、中村が来ることを待ちかねていたかのように、笑顔を浮かべていった。

「おれのいったとおりになったろ。平河でも、労働省のときのようにいい記事をたくさん書けよ」

「わかりました。頑張ります」

「それと、きみには、三木派を担当してもらうつもりだから、しっかり頼むぞ」

「了解しました」

三木派を担当するにあたって、中村は、渡邉からいくつかアドバイスを受けた。

「中村、いいか。三木武夫が佐藤栄作《さとうえいさく》にチャレンジするために、総裁選に出るかもしれないんだ。三木のこれからの動きをよく注意して見ておけよ」

その当時の政界では、昭和四三年一一月の総裁選で三選をめざす現職の佐藤栄作総理に対して、三木が挑戦するかどうかが話題になっていた。

政治部を牛耳《ぎゅうじ》り、部長を操るキャップ

中村がキャップの渡邉のもと、その薫陶《くんとう》を受けたのは、約二年間だった。

渡邉は、政治のこと以外には、特別の関心事もなく、ひたすらニュースを追い求めて動きまわり、どの記者よりも何倍も熱心に勉強していた。

中村は、偉大な先輩である渡邉のすべてを吸収しようと、その取材方法だけでなく、人脈のつくり方や

新聞のスクラップの編集方法、パイプのふかし方まで、ありとあらゆるものを盗もうと試みていた。

当時、読売の平河クラブには、キャップの渡邉も含めて七〜八人ほどの記者が所属していた。

毎週土曜日の晩になると、渡邉は、平河クラブの記者たちを引き連れて、六本木の焼肉店や、有楽町の大衆ふぐ料理店などに繰り出した。もちろん、中村もお相伴《しょうばん》にあずかり、渡邉にたびたびご馳走《ちそう》になった。

多忙な日々を送る若手の記者たちにとっては、週に一回の楽しみでもあり、また、渡邉から政治記者としての仕事の仕方などについてアドバイスを受ける勉強と研鑽《けんさん》の場でもあった。

親分肌の渡邉は、自分になついてくる後輩たちの面倒見もよかった。焼肉店に行けば、注文の仕方も豪快で、上ロースや上ミノなどの高級な肉も、気前よく人数分どんどん注文していった。

あるとき、毎週のように渡邉におごってもらう日々がつづき申し訳なく思っていた中村は、酒席で渡邉にお礼をいったことがあった。

「毎週のようにキャップにご馳走になってばかりで、申し訳ないですよ」

すると、渡邉が笑顔でいった。

「なにをいってるんだ。ふだん、きみたちがおれのところに持ってきてくれるメモを使って、おれは内職の原稿をたくさん書いてるんだ。その原稿料でおごってるんだから、気にすることはない。どんどん食ってくれ」

いまでこそ記者の副業は禁止されているが、当時渡邉は、週刊誌などをはじめとするさまざまな媒体《ばいたい》にアルバイトの原稿を書いていた。その記事を執筆する際に、中村ら部下たちのあげるメモを活用していたのだ。中村たちは、渡邉の言葉を聞き、恐縮せずに安心して食べるようになった。

渡邉は、中村たち後輩記者との食事の席で、政局の裏側や政府が成立させようと目論《もくろ》む法案の意味などについて話をした。

あるとき、渡邉が、いつものように中村たち後輩記者に質問をした。

「おまえたち、日本の内閣制度は何年からはじまっているか知っているか？」

すると、だれも答えられない。だが、中村は正解を知っていた。

「伊藤博文《いとうひろぶみ》が初代総理大臣に就任した明治一八年からですよね」

渡邉は感心したようにいった。

「中村君は、ちゃんと勉強してるな。えらいな」

中村は、ちょうど渡邉の著作で勉強していたときだったので、運よく渡邉に認められる機会にめぐり合うことができた。

渡邉が平河クラブのキャップとして政治部を牛耳《ぎゅうじ》っているときの政治部長の中村建五は、渡邉のロボットのようであった。週一回、国会記者会館でおこなわれる政治部の部会で、中村慶一郎は、そのロボットぶりを目撃したことがあった。

部内異動の人事を発表する中村建五部長が手に持ったメモを下に見ながら、「官邸キャップ△△、官邸の次席キャップ××」などと発表していく。

そのメモに書かれている字を見たら、どうやら悪筆で有名な渡邉の字であった。知っている人が見れば一発でわかるミミズの這《は》うような字で書かれたメモを中村部長は読み上げていた。

中村慶一郎を平河クラブに引っ張るだけの力のあった渡邉にしてみれば、部内の異動を自分の思うままにするくらい朝飯前であったろう。

佐藤政権と対立する読売新聞

中村が三木派を担当していた時代は、佐藤栄作が長期政権を担っていた。現在では、自民党ベッタリなどと批判される渡邉だが、当時は、反佐藤の論陣を紙面上で張っていた。

そのため、読売の政治面には、渡邉が執筆した政権批判の記事が連日紙面をにぎわせていた。読売新聞が反佐藤だったのは、のちに編集局長や副社長兼編集主幹となる原四郎の佐藤嫌いの影響もあったが、渡邉自身も昔から党人派の大野伴睦の影響を受けて、官僚派の佐藤に対していい印象を持っていなかった。

また、読売新聞社自体が大手町の国有地払い下げをめぐって、佐藤政権と対立していた。

特に、渡邉は、紙面で政治資金に関する改革をやるべきだと主張していた。

だが、佐藤総理は、あまり熱心に取り組もうとはしていなかった。「魚を叩いて、かまぼこにして板につけて流してしまえばいい」と冗談でいうほど先送りにしたままだった。

政治改革に真剣に取り組まない政権の態度に業《ごう》を煮やした渡邉は、毎週のようにこの問題について健筆をふるった。

このころ、渡邉が執筆した記事に対して、佐藤の側近の一人でのちに総理大臣となる福田《ふくだ》赳夫《たけお》が編集局長に電話をかけてきて、まくし立てたこともあった。

「今朝の反佐藤の記事は、なんだ。渡邉恒雄が書いたことは知っているぞ」

政治部内の福田や佐藤に近い記者の密告であった。

また、このころ、渡邉の性格をあらわす一つの事件が起こった。

昭和四三年（一九六八年）二月、第二次佐藤栄作内閣で農林大臣をつとめる倉石忠雄《くらいしただお》が記者会見で「こんなばかばかしい憲法を持っている日本は（アメリカの）メカケみたいなもので自立する根拠がない」と発言し、問題になった。

当時の自民党の総務会長は、佐藤派五奉行の一人で朝日新聞ＯＢでもある橋本登美三郎《はしもととみさぶろう》だった。

橋本は、院内クラブで記者会見をひらいた。中村もその記者会見に参加し、前方の席に座り、橋本の話に耳を傾けていた。

橋本は、会見のなかで倉石の発言をなんとかフォローしようとした。

「倉石君が何かいったと新聞には出ていたけど、おれが聞いてみたら、そんなことといってないといってるよ」

すると、後ろのほうから大きな声が飛んだ。

「ちょっと待った！」

どこか聞き覚えのある声が記者クラブの部屋に鳴り響いた。中村は、思わず後ろを振り向いた。声の主は、やはり渡邉恒雄であった。渡邉が額に青筋を立てながら、橋本の無責任な発言に怒っているのが中村の座っている位置からでもよくわかった。

中村や記者たちの視線を集めた渡邉は、パイプをくゆらせながら、演説のつづきをぶった。

「橋本さん。あんたも、かつては朝日新聞にいて新聞記者をしていたのだから、わかるだろう。おれたちだって、ちゃんと取材をして見てきたことや聞いてきたことを書いてるんだよ。あんただって、わかっているんだろ。さっきの発言を訂正しない限り、この部屋から出ていかせないぞ」

橋本は、渡邉の発言に驚き、目を丸くしていた。

中村は政権与党の幹部相手に一歩も譲らない渡邉の剣幕を見て、思った。

〈いや、凄《すご》い人がいるもんだな〉

結局、倉石忠雄は、この発言がもとで、辞任に追い込まれた。

国有地払い下げをめぐる産経とのバトル

渡邉も力をふるう読売新聞の国有地払い下げ問題に触れておこう。

わたしが『新聞三国志 小説・務台光雄《むたいみつお》』を連載するとき務台から訊《き》いたところによると、昭和三六年（一九六一年）、務台の耳に、大蔵省にくわしい経済部の記者から思わぬ情報が入ったという。

「大手町にある産経新聞社に隣接する一八五六坪の国有地を、政府が払い下げることが決まった。一二〇〇坪は、国有財産局が持ち、残りの六五六坪を、関東財務局が使っている。大蔵省の話では、地上の庁舎は四二年の秋に移転し、土地は民間に払い下げるそうです」

「本当か」

「まちがいありません」

務台の胸は、はずんだ。

七年前も、東京駅近くの国有地五〇〇〇坪が払い下げられると聞き、手に入れようとした。が、そのときは正力《しょうりき》社主の反対に遭《あ》い、頓挫《とんざ》した。

読売会館は、昭和三二年にすでに建ち、デパートも、当初の阪急の予定からそごうにかわり、すでに入っていた。

ただし、銀座三丁目の読売本社は六〇〇坪しかなく、手狭でどうしようもなくなっている。八トントラックが大きな新聞用紙の巻き紙を運び社のビルに入るが、狭すぎてトラックの車体の半分が、道路に突き出てしまう。

一台のトラックがようやく出ていくと、また次のトラックが入ってくる。並木通りは、一日の半分は通行止めになる。築地署の管轄《かんかつ》ゆえに、何十本もの電話が築地署にかかる。

「新聞社だから、警察は黙《だま》っているのか！」

ビルの表のほうからは、刷った新聞を載せた発送トラックが出る。発送トラックが出るときには、通行人に怪我《けが》をさせないよう発送部員が列をつくって通行止めをする。今度は、読売新聞が道路を遮断《しゃだん》し、通行人が通れない、と苦情がくる。もはや、新しい土地へ移るしかない。

務台は、山岡常務、佐々木芳雄総務局長に払い下げ申請の手続きをとらせた。

ところが、山岡常務が、けわしい表情で報告してきた。

「務台さん、ウチは、四九番目でしたよ」

「一番目は、どこだ」

「産経です」

「産経？　産経は、昭和二七年に、千百数十坪の土地を坪七万円で払い下げを受けているじゃないか。三〇年にも、さらに七百数十坪を一一万円くらいの値で買っているはずだ。それを、また欲しがるなんて、欲が深すぎる」

産経前社長の前田久吉《まえだひさきち》は、池田内閣時代、参議院の大蔵委員をやり、じつに抜け目のない人物であった。政府の払い下げ情報をだれよりも早く摑み、いの一番に申請していたのである。

しかし、務台はあきらめなかった。時の大蔵大臣は、田中角栄《たなかかくえい》であった。

〈なんとしてでも、新社屋を建てる土地を手に入れてみせる〉

昭和三八年一月、大蔵省の省議で国有地は読売への払い下げに決まった。しかし、産経の前田久吉と、前田から昭和三三年に社長を引き継いでいた水野成夫《みずのしげお》の二人が、国民協会を中心にした財界の有力者と池田勇人総理を動かし、田中大蔵大臣に迫り、読売の封じ込めを狙っていた。

一方、務台は田中と池田に直談判《じかだんぱん》して、読売に払い下げるという言質《げんち》を取っていた。

昭和三九年一一月、池田総理に代わり、佐藤栄作が総理になった。昭和四〇年六月の内閣改造で、大蔵大臣は、田中から福田赳夫に代わった。

その日、新しく大蔵大臣に就任した福田が記者会見を終えたあと、大臣室に読売新聞の酒井記者を呼んでいった。

「じつは、田中から、細かい引き継ぎはないけど、一つだけ引き継ぎ事項があるといわれた。それが、読売の土地の問題だ」

福田は、顔をけわしくさせ、溜め息まじりにいった。

「佐藤総理が、つくづくいっていたよ。ベトナム問題より、読売の土地の問題のほうが、面倒だよって」

務台は、酒井記者から福田の話を聞き、安堵《あんど》した。

〈福田にそこまで話が伝わっているなら、もう大丈夫だろう〉

しかし、そこに務台の油断があった。

産経の水野は、日本タイムズと時事通信の幹部を呼び、巻き返しに出たのである。産経一社では、読売へ払い下げの省議決定を覆《くつがえ》すことは不可能と見たのであった。

水野は、共産党中央委員として活躍したのち転向し、小林中《こばやしあたる》、永野《ながの》重雄《しげお》、桜田武《さくらだたけし》とともに「財界四天王」といわれるまでにのし上がっていた。財界人事にも、大きな発言力を持っていた。異色の経歴で、なかなかの策の持ち主である。

水野は、誘い込んだ。

「みなさんの社との三社合同で、読売の手に落ちそうな土地を、申請しなおしましょう」

三社合同なら、政府に対しても強い力となる。

水野は、つり上がった愛嬌《あいきょう》のある三角形の眉《まゆ》を、いっそうつり上げていった。

「財界の根まわしは、わたしがやる。政府に圧力をかけ、かならずや逆転してみせる」

昭和四〇年一二月、水野から産経新聞社長の座を譲り受け社長になっていた稲葉《いなば》秀三《ひでぞう》は、業界紙の社長十数人を呼んで、豪語した。

「読売がもらおうとしている土地は、産経がもらう。もし産経によこさなかったら、財界からの政治資金を止める」


翌四一年の八月一〇日、読売新聞の軽井沢の通信員から、務台に電話が入った。

「大変です！　産経の水野が、小林中を連れて、佐藤総理の別荘を訪ねています」

務台は、察した。

〈これは、放っておけぬ……〉

釣りの名手が、少しでも竿《さお》がピクリと動けば、手応えを感じるようなものである。

務台は、電話を切ると、すぐに行動に移った。佐藤総理と親しい中村建五政治部長を連れ、軽井沢の佐藤総理の別荘に車を走らせた。夜の九時過ぎ、軽井沢に着いた。

落葉松《からまつ》に囲まれた丘にある万平《まんぺい》ホテルへ泊まり、中村政治部長に命じた。

「大津秘書官を訪ね、おれが佐藤総理に会いたくて軽井沢に来ていることを告げろ」

務台は、大津秘書官を訪ね、大津正秘書官とは懇意であった。

中村部長は、佐藤の別荘を訪ねた。だが、総理から会いたくないといわれてしまった。これまで佐藤総理が務台に会いたくない、という態度を示したことは一度もなかった。

無理して会っても、いい方向に進むとは思えない。かえって、無理して会うことによって、両者の関係がこじれる。そう考えた務台は、その日は一度東京へ引き揚げて仕切り直しとなった。

佐藤総理に迫る務台の気迫

じつは、務台は、当初、政治部で佐藤派を担当していた磯部忠男を使い、情報を集めていた。しかし、交渉ははかどらない。

そのため、磯部に代わったのが、渡邉とその盟友の経済部の氏家齊一郎だったという。

二人は大蔵省や政界の情報を集めて、務台に報告した。その情報のなかには、佐藤首相が昭和四一年一二月に大蔵大臣に就任していた水田三喜男《みずたみきお》に、

「読売の土地の件は、きみの在任中に解決するな。できるだけ引き延ばせ」

と指示をした、というものまであった。

昭和四一年（一九六六年）の一二月二九日の午後一時、務台は、小林與三次《こばやしよそじ》と一緒に佐藤総理を、総理官邸に訪ねた。

小林は、正力松太郎の娘婿《むすめむこ》で、大正二年七月二三日、富山県大門町に正力家の土建資材を運ぶイカダ舟の船頭小林助次郎の三男として生まれる。東大法学部卒業後、自治省に入る。昭和三三年自治事務次官、三八年住宅金融公庫副総裁を経て、昭和四〇年八月に読売に入社。このとき代表取締役副社長であった。

会談は、とげとげしい空気のなかで進められた。佐藤総理は、大きな眼で務台を睨《にら》みつけるように見ていった。

「いよいよ、読売新聞は、佐藤内閣と対決の肚《はら》を固めたわけだな」

じつは、そのとき、読売新聞は、一面に、『総選挙にかける』という「黒い霧」の審判ものの連載物を載せていた。「黒い霧」とは松本清張《まつもとせいちょう》の小説『日本の黒い霧』に由来した言葉である。昭和四一年八月、自民党・田中彰治代議士の逮捕にはじまり、共和製糖不正融資事件など政界の一連の不祥事は「政界の黒い霧」といわれ、国民の政治不信を招いた。佐藤総理の力は低下し、一二月二七日、衆議院は「黒い霧解散」に追い込まれていた。

読売の連載では「歓迎されぬ首相の応援」という題で、総理が地方へ行くと、人気が悪いので、かえって自民党の得票が減る、というような記事が載っていた。そのほかにも、佐藤総理に批判的な記事が載っていた。

務台たちが黙《だま》っていると、佐藤総理は、読売内部の人事についても触れた。

「今度、記者クラブのキャップも、代わったようだね」

読売のことは、隅々《すみずみ》まで知り尽くしているんだよ、ということを知らせようという肚らしい。

佐藤総理にとって、それらの言葉は、次の言葉をいうための布石《ふせき》であった。しかし、務台も小林も、佐藤総理の言葉は受け流した。

務台は、首相官邸の中庭に眼をやりながらいった。

「佐藤さん、今日は、のどかな日だ。まるで彼岸《ひがん》のようじゃないですか。こういう日だから、難しい話はしないで、ひとつ、談笑裡《り》に話をしましょうや」

佐藤総理は、大きな眼をぎろりと剝《む》いて、務台を睨みつけた。

「務台さんな、談笑裡に、というけどな。脅迫《きょうはく》された者が、脅迫した者と、談笑裡に話ができますか」

いよいよ来なすったな、と務台は思った。が、務台は、わざと空とぼけてみせた。

「総理、それは何のことですか。さっぱりわかりませんね」

佐藤総理は、けわしい表情のまま、いった。

「務台さん、笑っているけど、あなた、社の部長会をやって、二時間以上も話をしている」

「ああ、話しましたよ。部長会の連中は、みんな読売新聞のことを心配している。話をするのは、当然でしょう」

務台は、一二月二二日の部長会で、読売新聞の土地問題について話した。

いつもは、部長会は、銀座のすきやき屋「遊ふき利」でひらく。が、女中のいるところで経過説明をして外部に漏《も》れると、今後の作戦に支障をきたす。今回の部長会に限り、本社の会議室でひらいた。

佐藤総理は、自分の地獄耳を誇るかのようにいった。

「務台さんね、あなたは、わたしが何も知らんと思っているかもしれんが、読売の部長のなかには、わたしに好意を抱いている者が、何人もいるんだ。何十人とはいわない。が、何人かはいるんだ」

務台は、笑顔のままいった。

「ほお、それは大したもんですね」

「笑いごとじゃない。読売の情勢は、みんなわたしのところに入ってきますよ」

「そうですか。それは意外なもんですね。どんな話ですか」

「それは、あんたの胸に聞いてみたらわかるだろう」

冷静で鳴る佐藤総理が、しだいに興奮してきた。

務台は、笑顔ながら、心の中で思っていた。

〈ますます、火に油を注いでやれ〉

務台はいった。

「それにしても、脅迫されたなどということは、何のことかわかりませんね」

佐藤総理は、テーブルを叩《たた》かんばかりにしていった。

「きみは、部長会で、佐藤内閣と一戦交える、とはっきりいっているじゃないか」

「ああ、そのことですか。たしかに、いいましたよ」

「そうか、それを認めるなら、話は早い。読売は、たしかに、五〇〇万の読者を持つ大新聞かもしれない。しかし、あくまで、民間の一企業だよ。わたしは、日本の総理だよ。総選挙をやって、国会で手続きを踏んだ、合法的な総理だ」

政界の団十郎とまでいわれた整った佐藤総理の顔がゆがみ、紅潮している。

「民間の会社が喧嘩《けんか》を売るんなら、受けて立とうじゃないか」

佐藤総理は、いっそう声を大きくしていった。

「務台さんが、あの部長会の話を取り消さない限りは、わたしは、今後、務台さんとは、お会いしませんよ。もっとも、土地問題以外の話なら、天下の読売のトップとして、お会いしますよ。しかし、土地の問題に関しては、お会いしませんよ。元の白紙に戻りますよ」

そこまで笑顔で聞いていた務台は、いよいよ攻めに出ることにした。

三つ子の魂百まで、ではないが、小学校五年生のころ、担任の服部先生が、務台をこう評した。

「務台君は、先に相手をなぐっておいて、あとで理屈《りくつ》をいう」

務台の性格を見抜いていた。いまもまた、務台は同じ手に出ようとしていた。

務台は、右手の拳《こぶし》を固め、すさまじい勢いでテーブルを叩いた。

「なにをいうのか！」

務台は、ソファから身を乗り出して迫った。

「きみは、なんだ！　土地の問題は、あんたのところの二階で、奥さんと同席しているところで約束したんだ。きみのいわんとすることはな、それを、ここで白紙に戻そうというのか！」

務台は、いくら相手が佐藤総理であろうと、「きみ」呼ばわりした。

そばに座っていた小林も、驚いていた。前もって打ち合わせておいた芝居ではない。

務台は、佐藤総理を睨みつけていった。

「おかしいじゃないか！　天下の総理が、約束しておいてそれを反古《ほご》にし、今度は、脅迫したとは、何事だ」

佐藤総理は、務台が突然の逆襲に出たので、度肝《どぎも》を抜かれた表情になっていた。

務台は、さらに攻撃に出た。

「きみな、脅迫といっているが、脅迫されるような悪いことをしているのか。おれは、いろいろ好き嫌いはあるが、世の中でいちばん嫌いなのは、脅迫だ。脅迫というやつは、金が欲しいか、地位が欲しいか、名誉が欲しいか、何か欲しいんだ。あれほど、卑屈《ひくつ》なやり方はない。おれがきみを脅迫したかしないかは、確かめる必要がある。部長会の話が、ちゃんと二本も録音してある。そのテープを、ここに持ってこさせろ。それを、ここで一緒に聞こうじゃないか」

務台は、部長会では、頭の中で原稿を書きながら、慎重にしゃべっている。さらに、佐藤総理の耳に入ることを前提としてしゃべっている。あとで脅迫と見做《みな》されるようなことは、しゃべっていない。務台は、自信をもって佐藤総理に迫ることができた。

「もしそのテープを聞いて、脅迫しているなら、そのときには、読売の土地の問題を、無効にしたまえ。ただし……」

務台は、さらに攻めた。

「きみだけでは、だめだよ。ともかく、そこまでいうんだから、検事総長、警視総監を呼びたまえ」

警視総監や、検事総長をその場に呼べるわけがない。務台は、より現実的な話に戻した。

「一歩譲る。警視庁は、刑事部長でいい。検察庁は、検事正でもいい。その二人立ち会いのうえで、もしおれの発言が脅迫になるというなら、おれをぶち込め！　このまま、おれは刑務所へ行く。二年でも、三年でも、おれを脅迫罪でぶち込め！」

佐藤総理は、黙ったまま考えつづけていた。

重苦しい沈黙が、つづく。

五分はたったであろうか。佐藤総理は、ようやく口を開いた。

「務台さん、ぼくが悪かった。あなたとは、長いあいだの付き合いで、友人関係でいる。ほかの者だったら、こんなことはいわない。あんたとの友人関係で、友だちのつもりでいったんだ。気にするな」

しかし、務台は、それでも攻撃の手をゆるめようとはしなかった。

「冗談いっちゃいけない。一度脅迫といっておいて、気にするな、ではすまん。よし、一歩、譲っていい、読売新聞の一面に謝罪広告を出してもらおう」

佐藤総理はいった。

「務台さん、わたしとあなたの関係は、総理と読売新聞の関係ではない。あなたとは友だちだからこそいったんだ。勘弁してくれよ。いままでいったことは、すべて取り消す」

「では、読売にやる、といわれたことは、まちがいないんですね」

「まちがいない」

務台は、思いを遂げればそれでよかった。

「それなら、わかりました」

佐藤総理も、さすがに七年七ヵ月も総理をつとめるだけの人物である。忍耐力も、思慮も、常人とはスケールがちがっていた。

務台も、詫《わ》びた。

「佐藤さん、あんたが友だちづきあいといったけど、おれもな、一国の総理に対して、非常に失礼なことをいった。おれも、あんたと友だちである、というつもりでいった。暴言は、謝る」

「いや、おれも悪いんだ」

佐藤総理は、最後にいった。

「今日は、暮れの二九日だ。これから、選挙もある。いますぐにというわけにはいかんよ。ただし、選挙が終われば、かならず読売に渡す」

佐藤総理は、務台と小林に握手した。

「おれは優秀だから政治部長になって当たり前」

わたしは、渡邉に、この国有地の払い下げ問題では、根回しとか、どういう力を発揮したか訊いた。

「なんにも、力なんか発揮しないですよ。あれは、務台さんと佐藤総理との喧嘩のなかで、読売が勝っていくわけです。

政治的には、ほとんど関係ないことでね。ほとんど同じ面積の隣の産経が、ここは坪二〇〇万強ですが、産経は七万くらいで払い下げです。それから追加分を十何万くらいで払い下げて、とにかく非常に安い値段で、うちと同じくらいのものを隣に持ってるわけです。

それで産経の水野成夫が、隣にもっと立派なものを建てられたら産経がみすぼらしくなるから、隣に建てさせないと、こういったんだから、産経のほうが理不尽なんだ。

田中角栄が大蔵大臣のときに、読売に払い下げるということを、いっぺん認可してるんだから。それを佐藤が途中で引っくり返して潰すんです、水野に頼まれて。それはおかしいじゃないかと、務台さんが怒ったわけだ。その喧嘩ですからね。

で、水野はそのときに、田中角栄のスキャンダルを『週刊サンケイ』で徹底的にやるぞといって、佐藤を脅《おど》かした。それを聞いてた住友銀行の堀田庄三《ほったしょうぞう》さんやなんかが、あれじゃあ恐喝《きょうかつ》じゃないか、もう水野の味方はできないといったという話を聞いたことがある。

それで水野の味方が、みんな読売の味方に変わっていくんですよ。その財界人のなかの一人か二人が、国有財産審議会に入ったんじゃないですか。それはだれだったか、ぼくはちょっとおぼえはない。氏家がくわしいです。

この土地の価格の評価なんかの問題は、大蔵省は隠してるわけだ。大蔵省は高く売りたいし、こっちは適正な値段で買いたい。いろいろな売買の秘密書類があるんですが、それをかっぱらってきた。そういうことはやったよ。そういう書類やなんかをかっぱらってきたりしたけど、たいしたことはない。務台さんの小間使いです。

この土地について、そんな重要な働きはしていない。ぼくは『不動産屋』とまでいわれたけどね。あいつは土地を買って出世したんだなんていわれたけれども、ぼくは、政治記者として優秀だから政治部長になったと思ってるからね。

だって、ぼくみたいに特ダネ取ったやつは、政治記者で、前にも後にもいないんだから。特ダネの本数でいったら、一〇本以上特賞というのがあるんだ。金鵄勲章《きんしくんしょう》みたいなもんですよ。たいがい、一生に一本か二本なんだから。だから、おれは政治部長になって当たり前」

ワシントン支局長という左遷《させん》人事

昭和四二年（一九六七年）の秋、渡邉は、政治部内で磯部ら反渡邉派の一掃に成功した直後、中村建五政治部長からいわれた。

「すぐに、編集局長のところに行ってくれ」

渡邉は、ただちに原四郎編集局長のもとに向かった。社会部出身の原は、渡邉を敵視する〝読売社会部帝国〟のボスであった。

渡邉を別室に呼び入れると、原はいった。

「ワシントンに支局長として赴任してくれないか」

ワシントン支局長といえば、外報部の最重要ポストだ。抜擢《ばってき》人事ともいえる。が、実態は違った。東京から厄介《やっかい》な渡邉をワシントンに左遷《させん》させるのが目的だ。

渡邉は、務台に重用《ちょうよう》されていた。社会部出身の原は、「渡邉を残しておいたら、将来読売を握ってしまいかねない」という危惧《きぐ》を抱いているようであった。

原はつづけた。

「きみは政治部内の抗争で勝った。だが、そんなことばかりやっていたら、人間が小さくなるぞ。一度外に出て、もう一回りさらに大きい人間になって帰ってこい。そうすれば将来もさらに開けるだろう」

すなわち、喧嘩両成敗で、勝ったほうも飛ばすということであった。

渡邉は、原から二時間あまりの説得を受けた後に、答えた。

「わかりました。ワシントンに行きます」

左遷の人事であることはわかっていた。が、渡邉自身、国際政治の舞台であるワシントンで、ホワイトハウスの動きやアメリカの大統領選挙などについて取材をしてみたかった。渡邉は以前から思っていた。

〈海外にいつか行くなら、ワシントンだろう。アメリカ政治を生《なま》で見てみたい〉

一生に一度はワシントン特派員をやりたいと思っていたら、一特派員でなくて、支局長にするという。ワシントン支局長の椅子は、外報部の最大の持ち株だ。それを政治部の記者に任せるというのだ。これ以上の名誉はない。

渡邉は、そのときの心境をわたしにこう語った。

「それはそうだろうな。ぼくを、田舎《いなか》の、仙台の支局長にしようという動きがあったというけれども、原さんはそんなことはできなかったんでしょう。原さんはまた、ぼくを好きじゃなかっただろうけれども、当時は、この野郎は、いちばんうるせえ野郎だと思っていたらしい。だけど、ぼくの能力は買ってくれてたんだ。原さんの発案で、ワシントン支局長にしてくれたんだからね」

こうして渡邉のワシントン支局赴任が決まった。だが、実際に赴任するのは、渡邉が務台の命を受けて動いていた国有地の払い下げ交渉が一段落してからであった。そのため、赴任の話が出てから一〇ヵ月近くを経てからの異動になった。

渡邉は、その間、四三年一月一日に政治部次長に、五月一〇日に外報部次長に就任した。

「ワシントン行きの餞別《せんべつ》に、あの土地を払い下げますよ」

昭和四二年の秋に、ワシントンへの異動が決まってから、渡邉は、佐藤総理の秘書官の楠田實《くすだみのる》から電話を受けた。

「渡邉さん、明日午前八時に佐藤の自宅に来てくれませんか?」

渡邉は思った。

〈いつも、紙面で政権批判ばかりしているこのおれに、何の用があるのだろう〉

そう思った渡邉は楠田の提案を断った。

「朝八時に行ったって、その後、九時から閣議があるから話している時間はほんの少ししかないじゃないか」

それから一週間が過ぎ、ふたたび楠田から渡邉のもとに電話があった。

「午前一〇時で妥協《だきょう》してくれないか。会談時間は無制限でいいから」

激務の総理大臣が時間は無制限などということはめったにない。渡邉は二つ返事で了解した。

「わかりました。一〇時ですね」

楠田からの電話の直後、もう一本の電話があった。佐藤内閣で官房長官をつとめる木村俊夫《きむらとしお》からであった。

「渡邉さん、佐藤家に行くそうですが、あなたから土地の問題は一切いわないでください。あの問題をいうと、佐藤はすぐカーッとなって怒るから」

渡邉が佐藤のもとに行くと、佐藤がおもむろに口を開いた。

「渡邉君、大手町の土地の問題はどうなっていますか?」

渡邉は、さすがに何をいうかと思った。

〈自分で「読売にはやらん」といったくせに〉

が、静かに答えた。

「こじれたままで、一進一退です」

渡邉が佐藤の意図をはかるかのように沈黙すると、佐藤が口を開いた。

「あなたのワシントン行きの餞別《せんべつ》に、あの土地を払い下げますよ」

渡邉はびっくりした。肚の中で思った。

〈こんなありがたい「餞別」はない〉

国有地を「餞別」として払い下げるなどということは、それがユーモアにしろ表沙汰《ざた》になれば大問題だ。佐藤総理は、そんなことは百も承知で、渡邉を使って通知したわけである。

佐藤は、激しくいい合った務台に直接いうのが面倒で、渡邉をあいだに立てて伝言させたかったようであった。同時に渡邉の顔を立ててやろうという配慮も見せたのだった。

佐藤はまた、こんな話もした。自分は池田勇人から「天下を取ろうと思うなら、自分の味方や子分を犠《ぎ》牲《せい》にしても、何度も入閣して行政経験を重ねることだ。そうしなければ、総理大臣にはなれない」といわれた。佐藤はそれを実行し、佐藤派の子分を犠牲にして、大蔵大臣や通産大臣にくり返し就いた。それで天下が取れた。

その話の最後に、こうつけ加えた。

「どうだろう、この話を中曾根君に話してくれないか」

渡邉はその後、中曾根にこの話を伝えたという。

それまでずっと反佐藤で、佐藤内閣を批判しつづけてきた中曾根は、この年一一月の内閣改造で、運輸大臣として入閣する。このときの変わり身の早さから、中曾根はその後「風見鶏」といわれるようになった。

渡邉はこのとき、佐藤と二時間ほど会談した。政局や政策、日米関係など話題は多岐《たき》におよんだ。渡邉は、このときの会談で、自分の中の反佐藤感情が和《やわ》らいだという。

渡邉は、この会談のあと、務台のところに飛んでいって報告した。

こうして国有地の読売への払い下げが決まり、昭和四三年三月に、国有財産審議会が読売の申請を正式に承認した。九月一四日、正式に決定した。

その後、渡邉は、国有地の払い下げ価格をめぐる交渉で、大蔵省側の言い値が正当かどうかを調べる仕事を命じられていたので、それが一段落してからワシントンに赴任していった。


昭和四三年（一九六八年）九月二〇日、渡邉は、読売新聞社のワシントン支局に赴任し、一二月にワシントン支局長に就任した。

渡邉がワシントンに向かうときに、務台は空港まで、一記者の渡邉を送りに来たという。異例のことではないかと渡邉に訊いた。

「異例ですよ。空前絶後」

――どうしてだろうと判断したか。

「たえず務台さんに会って、いろいろな話をしたからね」

――それは、国有地のめどがついた後か。

「後かもしれないな……」

――不動産云々をいっているわけではないけれども、やはり頼りになる男という発想はあっただろう。務台さんが気に入ったのは、どこだと思うか。

「ほんとのことをいうからだろうな。そうたくさん、なんだかんだやってるわけじゃないけどね。たとえば問題によって、法律解釈と官庁の談判とかがあるでしょう。そういうときは、多少便利だったかもしらんね」

渡邉のこのワシントン行きは、読売新聞内でどんどん出世していくとばかり思っていた渡邉をよく知るベテラン記者には意外な人事であり、驚きの人事だった。

その記者は、渡邉がワシントン支局へ異動となったことで、てっきり出世街道から外れたと思っていたという。

昭和四四年八月二九日に、大手町に読売新聞の新社屋を建てるための地鎮祭がおこなわれた。

正力松太郎社主は、熱海の国立病院に肝不全《かんふぜん》で入院していた。が、念願の社屋が建つのなら、と最後の力をふりしぼって出席し、自ら鍬《くわ》入れをした。

アメリカでも貪欲《どんよく》に勉強し、猛然と働く

当初、単身赴任を覚悟していた渡邉だったが、篤子夫人の希望もあり、二ヵ月後に妻子を呼び寄せた。

渡邉は、このワシントン支局中、旧知の木内昭胤《きうちあきたね》とより縁を深めている。

木内昭胤は、外交官をつとめる木内良胤《よしたね》の長男として、昭和二年に東京都に生まれた。渡邉の一歳下にあたる。木内の祖父の木内重四郎《じゅうしろう》は、東京帝国大学卒業後、官界に入り、のちには、貴族院議員や京都府知事を歴任している。

重四郎の妻の磯路は、三菱財閥の創始者である岩崎弥太郎《いわさきやたろう》の次女であった。そのため、木内昭胤は、岩崎弥太郎の曽孫《ひまご》にあたる。ちなみに、昭胤の次男の孝胤《たかたね》は、現在は維新の党の衆議院議員である。

木内昭胤は、旧制第一高等学校、東京大学法学部を卒業したのち、昭和二六年に外務省に入省した。外

務省勤務時代には、吉田茂《よしだしげる》元総理にも可愛がられ、近年ドラマのモデルにもなった白洲次郎《しらすじろう》とも親交があった。のち田中角栄内閣時代には、外務省出身の総理秘書官をつとめる。もともと渡邉が外務省の担当をしていたこともあり、記者と官僚として親交を結んでいた木内と渡邉であった。

木内と渡邉は、ワシントンでは、さまざまな情報交換をしていた。食事を共にする機会も多かった。住んでいる場所自体は近くはなかったが、車で行ける範囲であった。木内の妻もまじえて、家族ぐるみでの付き合いが三年半ほどつづいた。

日本にいるときから英語の勉強をしていた渡邉だったが、実際にはあまり得意ではなかった。読み書きはできたが、話すのは積極的ではなかったという。しかし、非常に熱心な勉強家であることは、その仕事ぶりや貪欲《どんよく》さから木内にも伝わってきた。

渡邉は、アメリカで発行されている多くの新聞はもちろん、『アトランティック』や『フォーリン・アフェアーズ』『ニューヨーカー』などさまざまな雑誌を読み、アメリカの政治だけでなく、社会や経済、文化などを猛然と勉強していた。

渡邉は「歯磨きからロケットまで何でも書く」と公言し、あらゆることを書いていた。

妻の篤子も、非常に人柄のいい好人物で聡明な美人であった。木内によると、渡邉の息子は、奥さん似だという。渡邉のような気性《きしょう》の激しいタイプではなく、妻に似た温厚な性格だったという。

いまだに週刊誌などでワンマンと批判されている渡邉だが、木内から見て、ワシントン支局長時代も、激しい気性の持ち主だったという。当時も、渡邉は、朝日新聞の特派員とスクープ合戦で火花を散らしていたという。日本国内で政治部記者としておこなっていたことをワシントンに持ち込んでいるようなものであった。

渡邉は、勉強熱心なだけでなく、職場環境の改善についての視点も当時から持っていた。木内によると、渡邉は、ワシントンの日本大使館の福利厚生の制度についても調べていたという。理由は、自分たちワシントン支局の待遇《たいぐう》改善のためであった。

大使館員の待遇を調べて、読売新聞社のワシントン支局と比較して、その問題点を会社に訴え、支局の勤務環境の向上をはかっていた。渡邉には、そういった面倒見のよさがあった。

木内は、そのことを知り、思った。

〈一般の記者は、そこまではやらないだろう。渡邉さんは、気性は激しいところがあるけど、親分肌で、しかも細かいところに気づく気配りの気持ちもあるんだな〉

渡邉たちが住んだのは、バージニア州アーリントン郡にある二階建ての長屋だった。

当時のワシントン支局には、支局長の渡邉のほかに、経済、外報、社会部出身の記者がそれぞれ一人とアシスタントが一人という陣容だった。

渡邉は、外報部からの評判が悪く、赴任当初から孤立することが多かった。ワシントン支局長は、外報部でいちばんいいポストだ。そのポストが政治部出身の渡邉のものになったのでは面白くない。外報部長と全デスクが反渡邉で固まり、渡邉の原稿がボツにされることも多かった。

渡邉はそういった嫌がらせにもめげず、支局の改革を進めていった。

渡邉が赴任したとき、ワシントンに支局を置く日本の各新聞社のなかで、読売新聞だけが夜勤をしていなかった。それでは、夜中に大事件が発生した場合、時差の関係で、読売だけが特オチする可能性がある。

そこで、渡邉は、他社と同じように夜勤のシフトを組もうとした。

が、社会部出身の記者がこの渡邉の方針に反発を示し、拒否をした。その記者が渡邉と社会部の確執を知っていたからなのかはわからない。が、渡邉も、その記者に対して強硬姿勢に出た。

「夜勤をしないなら、出勤停止を命じる」

結局、このときは、この記者がほかの支局員の説得を受けて、夜勤につくようになった。渡邉は同時に、土日にもだれかが支局にいて、不測の事態に対応できる態勢もととのえた。

渡邉は、ホワイトハウスでひらかれる報道官の記者会見には毎回出た。記者会見は、当時は、新聞係秘書といった報道官の狭い部屋でおこなわれていた。記者クラブに所属する全社から記者が押しかけたため、部屋には椅子を置く余裕はなく、全員が立ったままで質疑応答をするしかなかった。

日本の新聞社には、電話も原稿を書くスペースもなかった。急ぎの電話には、ホワイトハウスの外の公衆電話を探すか、走って支局に戻った。

渡邉がワシントンにいたのは、ジョンソン政権末期からニクソン政権までだが、ニクソン政権になると、ケネディ大統領が使っていたホワイトハウス内の室内プールを潰して、記者クラブを拡張した。

この拡張によって、日本の新聞社も、一社に一台の割合で壁掛け電話が使えるようになった。

復権に向け手紙を日に六、七通書く執念

しかし、ワシントン支局長として日本を離れた渡邉の心中はおだやかでなかったらしい。約束の二年を過ぎても帰国の辞令は出ない。ズルズルと赴任期間が延びていく……。

当時ワシントンで渡邉に会った記者が語った。

「政治部の部下たちが、ワシントンに仕事に来て、自分のことについては口をつぐんで話さないが、仲間の動きについてはしゃべる。Aが寝返った。次に来た部下が、またBが寝返った、と話していく。ナベツ

ネは、しまいには、忠誠を尽くすのは三人か、いや福富達《ふくとみとおる》と常盤恭一《ときわきょういち》の二人だけかもしれない。いや、福富もここにきて寝返ったと聞いている、と悩み、打ち明けました。『なんとか早く本社へ帰りたい。帰ったら……』といってました」

「渡邉派」の解体が進んでいた。渡邉は当時の原四郎編集局長が自分の帰国を認めないのだという話を聞いて、小林與三次副社長に早く帰してくれるよう手紙を書いた。

小林は原編集局長に話をしたが「うん」とはいわない。特派員の人事権は編集局長が握っているから、小林でさえ、それ以上はどうしようもなかった。

ただし、それでふさぎ込まないところは、並の記者とはちがう。

渡邉は、猛烈に仕事をし、かつ海を隔《へだ》てていながら、可能な限り復権のため努力した。

ワシントンの渡邉のマンションの一階と二階には、それぞれテレックスが入っていた。支局で仕事をして帰り、自宅でなお仕事に励んでいた。おそらく、世界中の特派員を探しても、渡邉のような仕事師はいないであろうという。

バスルームの洗面所のそばには、肝臓の薬をはじめ、三〇種類を超える薬が置かれていた。もしワシントン支局長として仕事に負けたら、渡邉の社内での生命は今度こそ終わりである。追いつめられていた。

当時ワシントン支局を訪ねた記者が語る。

「眠れないんだよ。二、三時間しか眠れないんだよ……、とぼくに打ち明けましたね。

驚いたのは、それだけの仕事をこなしながら、なお毎日六、七通の手紙を日本に向けて熱心に書いているんです。原四郎の後に、やはり社会部出身の鷲見重蔵が編集局長になっていたんですが、彼にもせっせと書いていました。のちのち自分が不利な立場に追いこまれると困るので、絶えずそうしてコンタクトをとっていたわけです。その執念《しゅうねん》たるや、凄《すさ》まじいものでしたね」

なお渡邉は、中曾根にもせっせと手紙を書き、中曾根からも手紙が頻繁《ひんぱん》にきていた。七通くらい、彼も見せてもらったという。

中曾根も、渡邉を参謀として頼りにしていたのであろう。

渡邉は、おのれの復権のために着々と手を打つと同時に、さらに遠大な計画を立てていた。読売社主の正力松太郎が「読売には社会面さえあればいい」といい、それまで社会部帝国主義とまでいわれて絶大な力をふるっていた社会部を、政治部、経済部、外報部のいわゆる〝硬派連合〟によって打ち崩そう……と考えていた。

渡邉は、当時ロンドン支局長であった水上健也《みずかみけんや》に目をつけた。外務部記者が語った。

「ナベツネは、それまで水上と親しくもなかったのに電話を入れ、『おれたちで硬派連合をしっかり組み、社会部を切り崩そう』と働きかけた。そのときは、水上より有力な次期外報部長候補がいたが、ナベツネは水上と手を組んだわけです」

外報部からさまざまな嫌がらせを受けた渡邉だったが、昭和四四年（一九六九年）八月に、ロンドン支局長であった水上健也が外報部長に就任すると、反渡邉の空気は一変し、渡邉の原稿が紙面に頻繁《ひんぱん》に掲載されるようになっていった。

渡邉は、昭和四五年（一九七〇年）七月三〇日から「ホワイトハウス・続これがアメリカだ」という全一四回もの連載を朝刊一面に書いた。昭和四六年七月には、このときの資料を元に『ホワイトハウスの内幕―アメリカの権力政治』を出版。その後、加筆し、昭和四八年七月、『ウォーターゲート事件の背景』も出版している。

米政府の本音を伝える沖縄返還交渉スクープ

渡邉は、政治部の記者時代に外務省の記者クラブを担当していたこともあった。そのときには、東京のアメリカ大使館の若手の外交官たちとも、意識的に会っていたという。

彼らはのちに、米国務省の東アジア・太平洋局日本部長をつとめることになるリチャード・ボズウェル・フィンや、アルバート・セリグマンや、ウィリアム・タリー・ブリアーらで、家族ぐるみの付き合いをしていた渡邉にとって有力な情報源でもあった。

なかでも、リチャード・ボズウェル・フィンは、渡邉がワシントン支局に赴任した翌年の昭和四四年一月から昭和四五年七月にかけて、東アジア・太平洋局日本部長のポストに就任した。そのため、ワシントンでも渡邉とフィンは、日本以上に親交を深めることになった。

渡邉は妻の篤子とともに、フィンの家に招待され、渡邉の家にもフィン夫妻を招待する家族ぐるみの付き合いをするようになっていった。

アメリカで重要なニュースをとれるかどうかは、情報源となりうる重要人物たちといかに家族ぐるみの関係を結べるかにかかっている。渡邉の妻の篤子は、近郊の日本食料品店からしゃぶしゃぶ用の肉を手に入れて、たびたび来客にしゃぶしゃぶを振る舞うようになった。渡邉家のしゃぶしゃぶは、ワシントンの日本人社会で一躍有名になったという。

木内によると、当時のワシントン大使館には、木内のほかにのちに駐イタリア大使や国際交流基金の理事長などを歴任する浅尾《あさお》新一郎《しんいちろう》も、一等書記官として赴任していた。ちなみに、現在衆議院議員の浅尾慶《けい》一郎《いちろう》は、浅尾新一郎の息子である。

木内昭胤も浅尾新一郎も、大使館在任中に何度か渡邉家に招待されて、しゃぶしゃぶをご馳走になったという。木内ら大使館の職員と渡邉ら在留特派員のあいだには、多くの交流の場があった。また、当時は、現在と異なり、ワシントンに滞在する日本人の数も少なかった。

当時の日本の主要な外交案件は、ベトナム戦争や大統領選挙での対応、沖縄返還交渉や日米繊維交渉などであった。

なかでも、佐藤栄作が政治生命を懸けて取り組んでいた沖縄返還交渉は、最重要課題であった。木内ら大使館員たちも、渡邉をはじめとする各紙の特派員たちと情報交換を頻繁におこなっていた。

木内や渡邉がワシントンに滞在していた四年間は、さまざまな歴史的な事件が起きた時代でもあった。アメリカでは、ベトナム戦争の泥沼化やアフリカ系アメリカ人の公民権運動などで、社会の大きな変化が起きていた。

木内がワシントンに赴任した直後の昭和四三年（一九六八年）四月四日には、アフリカ系アメリカ人の公民権運動の指導者であるマーティン・ルーサー・キングの暗殺事件が起きた。キングは、遊説活動中のテネシー州メンフィスで白人男性のジェームズ・アール・レイによって射殺されたのだ。

この日、キングの暗殺を受けて、アメリカ国内の多くの都市で、アフリカ系アメリカ人による暴動が巻き起こった。ワシントンでも、戒厳令が敷かれて、外出が禁止されたという。

木内たちは、大使館の車だったために移動することができたが、街は非常に緊張に包まれていた。

また、同年一一月の大統領選挙には、現職の民主党のリンドン・ジョンソン大統領は出馬しなかった。本来、現職が有利のはずのアメリカ大統領選挙においては珍しいことであった。

この大統領選挙で、共和党の大統領候補のリチャード・ニクソンが民主党の大統領候補のヒューバート・ハンフリー副大統領をやぶって当選したのも、木内たちにとって事件であった。

渡邉の『私の履歴書』によると、そのころ日米関係の最大の懸案は沖縄返還だった。沖縄の返還自体は時間の問題ではあったが、どのような条件で返還されるのかが焦点《しょうてん》になっていた。佐藤首相は世論や沖縄の人々の動向などを見極めながら、落としどころを探っている。

駐米大使の下田武三《しもだたけぞう》は「核付き・基地の自由使用でなければ米国は納得しないだろう」という見解をくり返し述べていた。「核付き」というのは沖縄にある核兵器を認める、あるいは持ち込みを容認するということだ。

下田が政府の意向を受けて、泥をかぶる覚悟で最悪の見通しを示す一方、佐藤首相は国会で「核抜き・基地使用本土並みの条件で米国と折衝《せっしょう》する」と語っていた。返還の条件について、はたして米国はどう考えているのか。だれもが知りたいことだった。

昭和四四年四月一二日の夜、渡邉のアパートには米国務省日本部長になっていたフィン夫妻、のちにフランス大使になる日本大使館一等書記官の木内昭胤夫妻、同じく一等書記官でイタリア大使や国際交流基金理事長になる浅尾新一郎夫妻がやってきて夕食を共にしていた。話題が沖縄返還におよんだとき、フィンはさりげなくいった。

「米国政府は核抜き・本土並みでいいんですよ」

米政府高官、しかも対日外交をとり仕切る国務省日本部長の口から出た言葉に、渡邉は、一瞬硬直したという。しかし、驚きを気取《けど》られないよう、「そうなんですか」とだけいった。

渡邉は、来客が帰るやいなやテレックスにとりついて原稿を送った。米国政府の本音を伝えるこのニュースは、翌四月一三日の朝刊一面トップになった。

「沖縄返還交渉　米、やっと本腰」の見出しであった。

昭和四四年一一月に訪米した佐藤首相はニクソン大統領と会談し、米軍基地の機能をそこなわない形での沖縄返還を盛り込んだ日米共同声明を発表する。そしてリチャード・ボズウェル・フィンが渡邉にふと洩《も》らしたように、沖縄は四七年五月、「核抜き・本土並み」で日本に返還された。

「務台さん、読売新聞の社長をやってくれ」

昭和四四年（一九六九年）一〇月九日未明、正力松太郎社主は、八四年の生涯を終えた。

葬儀委員長を引き受けた務台は、逗子《ずし》の正力邸で、小林與三次副社長にしんみりした口調でいった。

「正力さんに、四〇年間お仕えし、いろいろ叱《しか》られたこともある。正力さんの意に反したこともある。あるいは、不肖《ふしょう》の弟子であったかもしれない。しかし、ともかく、四〇年間、心身ともに一緒にやってきたんだ。ぼくが葬儀委員長をつとめるのがいちばん自然だろう……」

務台がわたしに語ったところによると、葬儀が終わったあと、務台は、長年の友人である政治評論家の御手洗辰雄《みたらいたつお》に、今後の身の振り方について相談したという。

「読売新聞は、現在、非常に安泰だ。新社屋も、すでに用地は確保した。金策の見通しもついている。金利計算をしても、ちゃんと間違いないようになっている。おれも、身を引くときが来たかもしれん」

御手洗は、怒鳴った。

「馬鹿野郎！　きみは、おのれの引き際ばかり考えて、読売新聞のこれからのことを考えていない。いちばん問題なのは、販売だ。朝日にしろ、毎日にしろ、読売は、務台が頑張っているうちは、攻めこめないが、虎視眈々《こしたんたん》と狙っている」

「…………」

「それに、読売新聞は安泰でも、読売を取り巻く系列会社には、問題がある。日本テレビ、報知新聞、よみうりランドと問題は山積みだ。これまでは、きみと小林さんとで、他の役員と一緒に読売だけを守っていればよかった。しかし、正力さん亡き後は、きみと小林さんとで、系列会社全体を見ていかなくてはならない」

御手洗のいうことの一つひとつが、務台の胸を打った。

御手洗はいった。

「それに、小林さんは、官界から入って、まだ二、三年しか経っていない。そういうことを考えると、きみは辞めるべきではない。いまこそ、本当に毀誉褒貶《きよほうへん》を度外視して、泥をかぶってもやるべきだ」

務台は、御手洗の言葉に、奮起《ふんき》した。

〈新社屋の完成で、新聞製作能力は、他社に追いつき、追い越せるかもしれぬ。しかし、それは、同時に、膨大《ぼうだい》な金利負担と償却を意味している。読売にとって、第三の危機となるかもしれぬ〉

務台は、さらにおのれにいい聞かせた。

〈読売は、まだ日本一の新聞になっていないんだ。男として、日本一にして去るべきだ〉

務台は、翌昭和四五年（一九七〇年）一月、恒例の年頭販売会議の席上、御手洗の言葉そのものの決意を披露《ひろう》した。

「わたしは、生まれ変わったつもりで、毀誉褒貶を度外視し、泥をかぶったつもりでやる」

二月のある日、小林が務台の部屋にやってきていった。

「務台さん、読売新聞の社長をやってくれ」

二人で時間をかけて話しあったすえ、日本テレビの社長に小林、読売新聞の社長に務台と決定した。

「テレビは小林」「新聞は務台」という読売グループにおける両輪の体制が確立したのであった。

社主は、正力松太郎の長男亨《とおる》と決めた。

務台は、昭和四五年五月、社長に就任した。小林與三次が日本テレビ社長に就任した。

後輩に語った仕事のアドバイス

昭和四五年一一月、佐藤栄作総理が訪米する際に、読売新聞政治部の記者・中村慶一郎は、記者団の一人として同行し、ワシントン支局長の渡邉恒雄に現地で再会した。中村は、その後はワシントンに移動し、佐藤総理の動きを取材した。

佐藤総理は、そこでニクソン大統領と会談を持った。中村は、このとき佐藤とニクソンの会談後の記者会見に出たが、慣れない外国に緊張したのか、時差の関係で体調を崩していた。メモをとっていても、頭がクラクラして、さっぱり働かない。

そんな体調の悪そうな中村の様子を見て、渡邉が助け舟を出してくれた。

「おまえ、大丈夫か？　おれが、代わりにやってやるよ」

中村は、渡邉と一緒に、ホワイトハウスの近くにあるマスコミが入っているプレスビルに行き、読売の支局の部屋で横になった。

渡邉が、中村にいった。

「よし、おまえはそこで寝てろ。おれがいまからやって、日本に送ってやるから」

渡邉も記者会見に参加していたから、原稿を書くことができた。

横になった中村がうっすらと目を開けると、渡邉が苦手なタイプライターを使って必死に原稿を打っているのがわかった。

渡邉は、中村にアドバイスしながら、原稿を打っていた。

「いいか、こういう原稿は、最初から終わりまで一本で打ってもしょうがないんだ。いくつかのテーマに分けて打ったほうが、いいぞ。沖縄についてはこう語ったとか、経済についてはこう語ったとか。それを分けて、たとえば三つくらいの記事にして送れば、クレジットでワシントンから中村特派員発の記事が三本出ることになるから、お前がたくさん仕事してるように思われていいだろ」

時差ボケにやられて、体調不良の中村は、必死に渡邉のアドバイスを聞いていた。後日、東京に戻り、紙面を確認すると、渡邉のいうとおり、中村の署名入りの記事が三ヵ所にわたって、大きく掲載されていた。

中村は、ワシントンでも渡邉の仕事に対する熱心さを知った。

渡邉は、ワシントンでも東京の政治部にいたころと同じように、新聞や雑誌などの記事を切り抜き、テーマごとにまとめた膨大な量のスクラップブックをつくっていた。

『タイム』や『ニューズウィーク』などの記事を項目ごとに分類して、索引《さくいん》をつけて、補佐官の人名などの項目ごとに分類し、キャビネットの中に収めてあった。

「すごい量ですね」

関心を持った中村が渡邉に尋ねると、渡邉が答えた。

「これ、おれが一人でやっているんだ。これをつくっておけば、日本に帰ったらすぐに本を書けるぞ」

実際、渡邉は、帰国後、そのときのスクラップをもとに、昭和四七年一〇月に『大統領と補佐官』などの作品を出版している。

渡邉は、佐藤の訪米時に、佐藤が直筆で「静観自得」と書いた色紙をもらい、部屋に飾っていた。佐藤が訪米すると聞いた渡邉が、事前に佐藤の秘書官の楠田實に頼んでおいたのだった。

楠田は、わざわざ色紙を額に入れて、ウナギのかば焼きと一緒に持参してきてくれた。渡邉はその後も、佐藤のその色紙を大切に会社の部屋に飾っているという。

表と裏に通じる知的フィクサー

渡邉は、昭和四六年（一九七一年）一月には、環境主義者のラルフ・ネーダーを日本に招待することに成功した。当時、ネーダーは、公害追放運動や消費者運動の指導者として脚光を浴びていた。

渡邉は、部下の湊和夫《みなとかずお》に密着取材をさせて、ネーダーの招待に成功した。湊は、ワシントン支局長時代の渡邉の部下で、のち外報部長になった。渡邉が信頼する仲間の一人であった。

昭和四七年（一九七二年）一月、渡邉恒雄は、三年三ヵ月あまりのワシントン生活に別れを告げて、東京に戻ってきた。ワシントン時代、さすがに苦労が多かったのであろう、渡邉の髪の毛は真っ白になっていた。

東京に戻った渡邉が就いたのは、編集局参与という役職で閑職《かんしょく》であった。

渡邉は、一部屋を与えられたが、特に仕事がなかった。そのため、参与室で内職の原稿を書きまくっていた。毎日のように週刊誌、月刊誌の記者や編集者が来ていたという。

この年、第一次角福戦争が起こった。佐藤総裁の後継の座をめぐって党内で繰り広げられた、田中角栄と福田赳夫の政争である。

総裁選のキャスティングボートを握った中曾根康弘は、自民党幹事長の椅子を狙って福田に接触した。このとき、「中曾根幹事長を約束するなら、中曾根派は福田を支持する」と使者に立ったのは、渡邉だったといわれている。しかし、福田が「そんな約束はできない」と断ったことから、中曾根は土壇場《どたんば》で田中支持に走り、昭和四七年七月七日、田中内閣が誕生した。

田中派から中曾根に七億円の金が流れたとの黒い噂がささやかれたのは、このときである。なお、この噂については、中曾根は告訴《こくそ》して勝利し、全国紙に大きな謝罪広告を載せさせたことは知られている。

わたしは、渡邉に中曾根は、もっとはやく総理大臣になれる人だと思ったか、と訊いた。

「なれるかもしれないとは思ってたけど、絶対になれるとは思ってない。だって、総理大臣になるのは、大きな派閥の長で、資金調達能力がなければいけないでしょう。中曾根さんは、まず資金調達能力はないんだから。なぜないかというと、政務次官、常任委員長をやったことないからですよ。いまの実力者で政務次官も常任委員長もやったことないというのは、彼一人じゃないですか。

政務次官、法案審議のための常任委員長をやって、その政、財、官との癒着《ゆちゃく》関係のなかで、資金ルートはできてくるわけです。中曾根は閣僚になるまで、政務次官、常任委員長をやったことはない。つまり、野党が長いから。民主党、改進党出身ですからね。改進党というのは、みんな冷や飯食ってるんですよ。しかも旧民主党ね。改進党のまえには民主党だったでしょう。

その次に連立派と野党派の派閥対立があった。そのときも、彼は野党派で、連立派じゃないんですから。そのとき彼が連立派に入っていれば、大臣になったかどうかはしらんけど、政務次官、常任委員長を経験し、オーソドックスな金権政治家の道を歩んだだろうね。

だから三角大福中（三木、田中、大平、福田、中曾根）のなかで、遅れて最後に総理になった。で、三角大福くらいまでいって、その次は中だといわれた。

しかし、中が飛び越され、別の者が総理になってしまい、ついに総理になれなかった。第二の藤山愛一《ふじやまあいいち》郎《ろう》、第二の石井光次郎《いしいみつじろう》、第二の緒方竹虎《おがたたけとら》になってしまうんではないかと、しばしば思ったね、ぼくは。

中曾根自身は、いまにもなれるという幻想は持ちつづけてたですよ。楽観主義だから、彼は。首相公選論をやってたでしょう。公選制になれば、自分が総理大臣になれると思ったから、やったんじゃないですか」

編集局参与に就任して一〇ヵ月ほどたち、渡邉は解説部長に就任した。流れからすれば、本来は政治部長のはずだったが、渡邉は我慢《がまん》して二年半ほど解説部長をつとめた。

昭和五〇年（一九七五年）春、不遇《ふぐう》をかこっていた渡邉に転機が訪れた。

きっかけは、渡邉が会社に辞表を出し、二週間家に引きこもったことだった。渡邉は会社を辞めて、政治評論家にでも転職することを考え、友人の俵孝太郎《たわらこうたろう》に相談していた。そこに務台光雄から連絡が入り、務台と会った渡邉は、局次長兼政治部長として復帰することになった。

その後、渡邉は、務台に可愛がられたこともあり、氏家とともに順調に出世の階段を昇っていく。

渡邉は、出世を重ねるなかで、自分と近い立場のいわゆる渡邉派の人間を重要なポストに配置していく。すると社内の事情も、変化していった。記者といえども、サラリーマンでもある。これまでは渡邉に対して、距離を置いたり、批判的な立場だった人間も、自らの出世のため、渡邉にいい顔をするようになっていった。

のちに人事官になる播谷実もそうした一人だった。播谷は、渡邉の信頼を得て、論説副主幹になり、最終的には人事院の人事官にマスコミ界を代表して就任した。

その一方で、冷や飯食らいになる人も多かった。

渡邉は、中曾根が、田中角栄の次の総理を狙う位置につけた昭和四九年八月三日号の『週刊読売』誌上の「水爆インタビュー」で、得意満面で児玉誉士夫にインタビューをしている。『文藝春秋』で立花隆《たちばなたかし》の「田中角栄研究――その金脈と人脈」が発表される直前であった。

そのなかで、児玉は、なかなか予言的なことをいっている。

「あと二年、あの人（田中）がやろうとしても、やれませんよ、野たれ死にしますよ」

いまから考えると、児玉は田中とロッキード事件で深くからんでいた。自分でからみながら、あまりに田中が露骨《ろこつ》なので、この男は、長くはもつまい……と判断していたのか。

渡邉は、「では、このあと自民党ではだれが（首相に）いいのか」と児玉に誘い水をかけている。

児玉は、まるで自分に総理を決める決定権でもあるかのように答えている。

「これは簡単に言える。中曾根さんクラスでいいじゃないか。あのクラスでは中曾根さんはいいだろう。中曾根さんも、わたしは二、三年前にあの人はスタンドプレーが多いので、これはダメだと、それで腹を立てておったことがあるが、その後あの人のやり方をみておりますと、実に人間ができてきた。こんどのような場合（田中政権末期の三角大福戦争）にも、うろうろしませんよ」

渡邉は、狙いどおりのインタビュー記事ができ、大いに満足だったのではないか。児玉のパブリシティーにもなり、かつポスト田中は中曾根がふさわしい、というアドバルーンを児玉をして上げさせたわけである。

まさか二年後に、児玉が田中角栄と一緒にロッキード事件で逮捕されるなど、夢にも思っていなかっただろう。

渡邉とすれば、中曾根を総理大臣にし、一方裏の世界では児玉ともつながっている。光の世界と闇の世界、いい換えれば、表の世界と裏の世界の両方の首領《ドン》とつながる知的フィクサーをめざしていたのではあるまいか。

「官庁の秘密文書を持ち出すとか、あらゆることをやった」

渡邉は、昭和五〇年（一九七五年）六月に読売新聞政治部長になり、取材で、当時日本共産党幹部会委員長であった宮本顕治《みやもとけんじ》に会った。

古い仲間が渡邉から聞いたところによると、そのとき、渡邉は「東大細胞の解散事件をおぼえているか」と、宮本に訊いた。宮本は、その事件のときの党中央の統制委員長であった。

宮本は答えた。

「おぼえている」

渡邉は、執拗《しつよう》に訊いた。

「それじゃあ、あのときの東大細胞のキャップをおぼえているか」

宮本は、おぼえていなかった。

渡邉は、打ち明けた。

「じつは、おれがあのときのキャップだったんだ」

渡邉は、なお訊いた。

「あの東大細胞の解散は、まちがいだったと思わないか」

すると、宮本は答えた。

「まちがいだった」

それを聞いて、渡邉は迫った。

「それじゃ、それを『赤旗』に書いてくれ」

さすがに宮本も、政治的にまずいと思ったのであろう。「あとで……」と、なんだかんだ理由をつけて、ついに逃げてしまったという。

渡邉は、のち『回顧録』で宮本顕治を評価している。

「若いころは『改造』の懸賞論文で小林秀雄《こばやしひでお》と競ってトップになった『「敗北」の文学』を書くようなインテリだし、共産党壊滅後は獄中で一四年、網走《あばしり》だけで一二年も耐えられた精神力を持った人だ。戦後、どんどん指導者が党を除名され没落してゆくなかで、最後まで生き残った政治力は、保守政治家も学ぶべきものがあると思う。

やはり一流の政治家ですよ。共産党を一種の柔軟性を持った政党に変えて、ソ連が崩壊した後も一定の議席を持ち勢力を維持《いじ》している。それに比べると弟子の不破哲三《ふわてつぞう》や志位和夫《しいかずお》は宮本のミニチュアだな。志位は才能はあるんだろうけれど、宮本のような苦労をしていない。百姓もしていないし、軍隊にも入ってないし、監獄に入ったこともない。ある意味ではまったくの体制派ですよ。

やはり宮本顕治は、歴史に残るような、滅多に出ない人材だと思うな」

わたしは渡邉が政治部長になってから、はたしてかつての彼のような派閥記者をどう見ているのかについて、訊いた。

「ぼくも、政治部長になって、派閥記者になってはいけないという教育をしましたから、派閥記者はいなくなっちゃった。そうすると、どういうことが起こるかというと、どこの社も知らない、特殊な秘密情報は、どこにも入ってこない。全部共同記者会見ですよ。政治部長のときに、まったく情報ないな、きみら一〇人で束《たば》になっておれと競争しろ、おれ一人のほうが、きみらよりも特ダネを取ってくるぞ、と宣言したことがある。特ダネ情報はないですよ。

そうかといって、派閥記者になれというわけにもいかないし、盗聴しろというわけにもいかない。ぼくらのときは、会談をやってるときは、料亭の縁の下に入ったからね。犬に吠《ほ》えられたこともあるし、玄関番に水をぶっかけられたこともある。張り込んだら離れねえという、いまのデカのやるようなことをやったですよ。

窃盗《せっとう》、強盗ね。窃盗というのは、官庁の秘密文書をね。ぼくは女は使わなかったけど、要するに、物理的に持ち出すんですよ。こういうところに入ってきて、引き出しから持っていったり、役人に見つかると、そいつをぶん殴ったり、突き飛ばしたりしてさ。それで逃げるんだから、強盗だな。

そこまでやって特ダネ取りをやったし、隣の部屋に隠れて、小便が出たくなるのを、会議が終わるまで我慢したりさ。いろいろなところに乗り込んでいって、ありとあらゆることをやったですよ。いまの記者は、みんな、そういうことをしないんだよ。会見はいつ、どこで、ということでしょう」

もう一つは、無理もないと思える面があるという。

「大野伴睦とか河野一郎とか三木武吉《みきぶきち》とか池田とか佐藤の時代は、彼らがそれだけの統制力を派閥に対して持っていた。情報も独占してたし、統制力があった。ところが、いまは統制力もなければ、情報も独占してない。だれか一人に張りついたって、たいした情報は取れないんだよ。

情報の質が違う。たとえば鳩山一郎《はとやまいちろう》と広川弘禅《ひろかわこうぜん》が会ったというだけで、一面トップのニュースでしょう。だから基本的には、だれとだれが会ったということさえ摑めばいい。

内容なんか、どうでもいいんだ。会ったというだけで、それが新聞に出たことによって、吉田総理大臣が広川農林大臣を罷免《ひめん》するんですからね。これは大ニュースでしょう。それで議会はめちゃめちゃになっちゃうんですから。それが、いまはないわけです。だれとだれが会ったって、政局は動かないんだよ。たとえば宮沢喜一《みやざわきいち》が竹下登《たけしたのぼる》と会った、といっても、それによって政治は動かない。昔の政治家とちがって、権力が分散してるんだね。

　ぼくは政治部に入って最初に書いたのが大麻唯男《おおあさただお》（改進党）・鳩山一郎（自由党）会談で、大特ダネだった。大変な出来事だったんです、当時は。というのは、大麻は、全然政党が違いますからね。それをどうやって取材するかというと、たとえば鳩山さん本人から聞く、奥さんから聞く、秘書から、運転手からも聞く、いろいろな手があるわけです。運転手から聞くというのは、相当な情報だったんだ。

　ぼくは記憶力がよかったから、電話帳なんか持たないで、二〇〇くらいの電話番号はおぼえてたし、自動車の番号も、たいがいの政治家のは全部おぼえてた。そうすると夜、赤坂あたりをずっとまわれば、だれとだれの車とわかるわけですよ。あの車とあの車が同じ料亭の前にあると、ここで会ってるんじゃなかろうかというので、張り込む。そして、だれが出てきた、というところまで摑めば、あとは秘書かなんかを脅かせばわかるでしょう。当時はそれだけで、大ニュースだった。

　いまはだれがだれと会ったって、なんにもならねぇからね。政治家が、つまんなくなったんですよ。古きよき時代か悪き時代か知らんけれども、政治家は民主化されちゃったんだろうね。当時はまだ民主化されてないから、そういう記者の個人プレーが紙面を左右した」

政治部長はロッキード黒幕の盟友

　昭和五一年（一九七六年）二月、ロッキード事件が発覚した。アメリカのロッキード社から航空機売り込みをめぐり、日本の政界などに多額の工作資金が賄賂《わいろ》として流れた戦後最大の疑獄《ぎごく》事件である。

　この事件は、国内航空大手の全日本空輸（全日空）の新ワイドボディ旅客機導入選定にからんで起きたもので、自民党の衆議院議員で前内閣総理大臣であった田中角栄が、昭和五一年七月二七日に受託収賄《しゅうわい》と外国為替《かわせ》・外国貿易管理法違反の疑いで逮捕され、その前後には、田中以外にも運輸政務次官で中曾根側近の佐藤孝行《さとうこうこう》と元運輸大臣の橋本登美三郎《はしもととみさぶろう》二名の政治家が逮捕された。

さらに、収賄、贈賄《ぞうわい》双方の立場となった全日空社長の若狭得治《わかさとくじ》以下数名の役員および社員、ロッキードの販売代理店の丸紅の役員と社員、行動派右翼の大物と呼ばれ暴力団やＣＩＡと深い関係にあった児玉誉士夫や、児玉の友人で「政商」と呼ばれた国際興業社主の小佐野賢治《おさのけんじ》、と相次いで逮捕者を出した。

その他、民間、官庁関係者四六〇名が取り調べを受け、関係者のなかから何人もの不審死者が出るなど、第二次世界大戦後の日本の疑獄を代表する大事件となった。

また、この事件は、昭和五一年二月にアメリカ合衆国上院でおこなわれた上院外交委員会多国籍企業小委員会（委員長フランク・チャーチの名から「チャーチ委員会」と呼ばれる）における公聴会にて発覚しており、アメリカとのあいだの外交問題にも発展した。

中曾根は、収賄した「灰色高官」ではないかと疑われ、窮地《きゅうち》に立たされた。「児玉とは、思われているほどつながりが深くはない」としきりに弁明した。

そこに、タイミングを合わせたように三月、緒方克行の『権力の陰謀』が出版された。一〇年近く前の九頭竜ダム事件の話を暴露《ばくろ》した内容である。時期が時期だけに、中曾根も頭を抱え込んでしまった。児玉とのつながりをここまで細かく暴かれては、弁解がしらじらしくなってしまう。

それでも中曾根は、弁解した。

「緒方に会ったことはない」

かつてこの事件を暴いた『正論新聞』では、三田和夫は渡邉を「Ｗ」、氏家齊一郎を「Ｕ」とイニシャルにしていたが、この『権力の陰謀』では実名で登場した渡邉は、氏家とともに新聞記者として苦しい立場に立たされた。ロッキード事件で児玉を追及する立場にある側の新聞社の政治部長が、児玉の盟友というのでは格好がつかない。

読売とライバル関係にある朝日新聞社の『週刊朝日』でも「これが黒幕・児玉誉士夫の手口だ!!『高官』実名入り手記『権力の陰謀』が明かすその実態」というタイトルで、まるで鬼の首でも取ったように五ページにもわたった大特集を組んだ。

読売新聞社会部の若手記者が、打ち明けた。

「ロッキードの件で児玉について取材に行くと、たびたびいわれるんですよ。『わたしなんかに聞くよりは、おたくのアノひとにお聞きになってはどうですか。アノひとが、だれよりもいちばん児玉について知っていますよ』まるで取材にならないので、社会部として、一度渡邉政治部長に事情を聞く会をもうけようか、という声もあがったほどです。しかもロッキード事件にからみ、正力松太郎はCIAだ、というような記事も出ていたので、社としてもいっそう慎重《しんちょう》になり、結局立ち消えになってしまいました……」

渡邉は、当時『週刊読売』に「水爆時評」というコラムを執筆していたが、そのなかで二回にわたって、児玉との関係について、釈明した。

「怪物とか、黒幕といった存在も、日ごろ敬遠していたんでは、ニュースはとれない」

「取材対象には肉迫するが、主体的批判能力を失わないこと。これが、新聞記者という職業の原則である」

呼応して起こる渡邉失脚の動き

そのさなか、政治資金偽《にせ》報告書事件が発覚した。

中曾根派の政治団体「新政治調査会」「新政同志会」と、中曾根個人の「近代政治研究会」「山王経済研

究会」の四団体が昭和四七年から五〇年にかけての政治資金のうち、合わせて四二二件、約八億一〇〇〇万円について実在しない人物や無関係の人物の名前を使って支出先として記入、自治省に報告していたという事件である。

虚偽の支出先としては、たとえば「氏家太一郎、東京都杉並区阿佐谷……」などがあった。氏家齊一郎と名前が一字違い、住所はそっくり同じであった。ただし、氏家はこれについては、「迷惑な話だ」と否定している。

渡邉恒雄の名前も登場した。「渡邉恒雄氏ほか二名」に講演料として「一〇万円」が支出されていた。もっとも、こちらのほうは偽の報告ではなかった。

「たしかに、中曾根派から金をもらったよ」

と、当時、渡邉は答えている。

「『新政同志会』の研究会が毎年一回あって、ぼくが行ったときは、約一〇〇〇人が代々木体育館を埋めていた。国際情勢について講演した。その謝礼でしょう。……講演をただでやるバカはいませんよ」

ロッキード事件で、児玉は逮捕されたが、窮地に立たされた中曾根と渡邉は、嵐が過ぎると、勢いを盛り返した。

渡邉は、新聞社に入ってのいちばんつらい時期は、ロッキード事件の時期だったとわたしに打ち明けた。

「ロッキード事件が起きてから、九頭竜川ダム事件の黒幕で、読売の渡邉政治部長も登場する、と週刊誌に書かれた。それでぼくは弁護士を呼んで、告訴してやるという段取りになったわけです。そしたら原四郎副社長が、『編集の中枢《ちゅうすう》にいるやつが裁判所に通ってたら、新聞が製作できない、そんなものは無視しろ』といった。それでぼくも訴訟《そしょう》は取り止めて、ニューヨーク・タイムズの（『正力松太郎はCIA関係者』の記事）訴訟に全力をあげたわけです。正力松太郎が傷つけられてたから。これは勝訴に終わったわけです。

しかし、九頭竜の件はいったいどうなったのか、調べろといったんだ。氏家も相当な男で、電発に行って、あの事件はいったいどうなったといった。そしたら、民事訴訟を起こした。その判決文があるといって、持ってきた。それでぼくも初めて全貌《ぜんぼう》がわかった。児玉誉士夫が裁判の証人に出てるんです。

なんだか知らないけども、とにかくぼくの訴訟記録で知ったのは、八〇〇万かなんかの賠償金を電発からとって、緒方が控訴《こうそ》しなかったということだ。でも緒方はロッキード事件の最中に、ヒーローぶってた。九頭竜事件とロッキード事件は同じだなんていって、権力の陰謀だとかなんとか書いてね。

ところがそのころ、どっかの週刊誌から毎日のようにぼくのところに電話がかかってきたんで、判決も調べろ、訴訟記録も調べろ、そして緒方に訊いてみろといったんだが。六億円の値打ちのあるものなら、八〇〇万円もらって断念するわけねえじゃねえか。値打ちがねえから控訴もしないで、八〇〇万円もらってやめたんじゃないか。それが正義の味方みたいなことをいうのはおかしいじゃないか。

要するに、これはインチキだということを見抜いて、児玉誉士夫に手を引けといったのが、いつのまにか、金をもらったとか、フィクサーをやったかのごとくおれは書かれた。こんな馬鹿げた話はない。それをみろ、といったんだ。そしたら、緒方はぽっといなくなっちゃって、もう週刊誌にヒーローぶって出なくなっちゃった」

その後の児玉との付き合いについて、渡邉は語った。

「児玉とは、その後ほとんど付き合いはないんだ。児玉からは、年に一度電話があるくらいなものでね。それも、政局の変わり目と決まっていた。政局がどう動くかを敏感にキャッチすると、見込みのある流れについていた。

児玉は、一時、中曾根すら使い道がない、とまで思ったことがあるんだ。角福戦争のときにも、児玉は、田中より福田についた。大野、河野、岸などは、右翼とのつながりは深かった。特に大野、河野の党人派は、右翼や暴力団とのつながりが深かったな。ところが、田中や池田は、右翼嫌いだった。そのため、児玉は田中とは合わず、反田中で福田についた。福田は、同じ選挙区の中曾根とはよくない。一方、中曾根は、田中についた。

児玉と中曾根は、このころよくなかった。それなのに、ロッキード事件で中曾根やわたしが、児玉との仲をうんぬんされて、じつに迷惑なことだった」

社内的立場においては、苦しい時期であったという。

「それは苦しいですよ。流言蜚語《りゅうげんひご》ばっかりで。ただし、ぼくは毎号二ページ『週刊読売』にコラムを書いていたんです。それで、緒方から詫び状を取った、緒方に『権力の陰謀』なる本を出版させた評論家の青《あお》地晨《ちしん》立ち会いのもとでね。

緒方は最初、一般向けの詫び状で勘弁してくれというから、だめだ、活字にしなきゃいやだといった。どうやって活字にするというから、おれが書くといって、青地晨のところでこういうふうに書く、これでいいだろうといって、わたしの連載コラムに載せたわけですよ。活字には活字で対抗したとかいって、評価する人は評価してくれて、社内的にはそれでおさまった。

それで務台さんが役員会で、『渡邉についていろいろ週刊誌が書いてるが、問題にする必要はない。おれは渡邉の潔白を信頼している』という演説を、二度やってくれた。大変なことですよ」

その前に、渡邉が務台のところに辞表を持っていき、お疑いのようなら、という話をしたら、全然そういうことはないといわれたといわれている。

「それは、嘘。辞表なんか、出す必要ないの。ぼくは最初から辞表を出すような行為は何もしてないから、辞表を出す必要も何もない。務台さんに、その件で話したことはないです。

氏家は当時は広告局長で役員だったたから、務台さんと年中会ってたからね。氏家は、したでしょうね、務台さんに。ぼくは、いちいち弁解する必要はない。全部、最初から間違ってるというんだ。書くやつが間違ってるのに、なんで被害者が詫びなどしなきゃならねえんだ。馬鹿馬鹿しい。

うるさかったね。社内で、ロッキード事件と結びつけて渡邉を失脚させれば、政治部系の力は全部すっ飛ぶ、と思った社会部系の人間が、内外呼応したということさ。外部にいる人たちと、内部にいる馬鹿どもが結託して、ここで渡邉を失脚さしてやろうと、こう思った勢力があったことだけは、間違いない。社会部の馬鹿野郎どもが、ぼくが逮捕されるとか、参考人で呼ばれたとか、デマを流したけど、ぼくは電話一本、警察からも検察からももらってねぇんだから。

あのころ、そういう流言蜚語を流したやつらは、いま懲罰を受けてるでしょう。そんな馬鹿なことといってれば、そうでしょう。みんな嘘だということがバレたんだから。ほぼ見当はつくけど、証拠はいろいろな人の協力でわかってきた。社内で、ぼくを刺す資料を持って週刊誌を歩いてる人間はだれかということも、そういう資料を持ち込まれた週刊誌の人に教えてもらった」

渡邉は、憎き社会部のロッキード取材班のメンバーを、次々に本社社会部から外に飛ばしていった。「レーニンもアッと驚く社会部帝国主義の崩壊ぶりだな」と高笑いしたという伝説もあるほどだ。

江川「空白の一日」に関わる

読売新聞編集局総務兼政治部長であった渡邉恒雄が読売巨人軍にかかわったのは、昭和五三年（一九七八年）の秋、球界だけでなく日本中を震《ふる》わせた、「空白の一日」からである。

読売巨人軍は、〝怪物くん〟と呼ばれた豪速球投手・江川卓《えがわすぐる》をなにがなんでも獲得したいと目論《もくろ》んでいた。しかし、江川が法政大学を卒業する前年のドラフトでは、太平洋クラブライオンズ（のち埼玉西武ライオンズ）に、交渉権を引き当てられてしまった。

が、江川は、太平洋クラブライオンズの入団を拒否し、浪人した。

一方、巨人としては、江川獲得は最重要課題であった。なにがあっても、獲《と》らなくてはならない。

そもそもドラフト制に反対しつづけていた巨人は、その抜け道を探った。

渡邉は、「法律的な問題の後始末を命じられ」たと語っている。その後始末とは、どのような意味なのか。

ある巨人番記者は、弁護士と語り合い、野球協約の〝穴〟を見つけだすことだったという。

協約には、獲得交渉権の有効期限について書かれている。そこには、「翌年におこなわれるドラフト会議の前々日まで」とあった。

昭和五三年のドラフトは、一一月二二日。つまり、太平洋クラブライオンズの交渉権が切れるのは、二〇日である。その間の一日、二一日は、どの球団も、江川卓の交渉権を持っていない。裏を返せば、どの球団も交渉できる。巨人軍は、そう解釈した。

アメリカに留学していた江川を呼び返し、一一月二一日、読売巨人軍は、江川卓とともに記者会見を開いた。ドラフト外選手として、江川卓と入団契約を交わしたことを発表したのである。

これに、他球団は反発した。巨人の暴挙を認めなかった。

巨人軍は、ドラフトの出席をボイコットした。

一一月二二日に開かれたドラフト会議では、南海、近鉄、ロッテ、阪神の四球団が、江川卓を指名。阪神が、交渉権を獲得したのである。

渡邉は、その後、阪神とのトレード交渉に先立ち、巨人軍のエース格だった小林繁《こばやししげる》の説得に動いた。そのとき、渡邉は、小林の顔を知らなかった。小林に付き添ってきていた小林の友人に向かって話しかけていた。

　この一件に関わるまでは、渡邉にとって巨人軍は、ただ読売新聞社が持っているのを知っているだけで、自分とは関わりのないものだった。経営も、専門家がしていることで自分が参画《さんかく》することになろうとは思いもよらなかった。

　打者が打ったあとに、一塁に向かって走るのか、それとも、三塁に向かって走るのか。野球の基本中の基本のルールすら知らなかった渡邉は、野球の面白味を知らないまま、いきなり、巨人軍、〝ドラフト制〟と関わったのである。

　その後、渡邉もまた、「職業選択の自由を阻害《そがい》するものだ」とか、「ドラフト制があると、球団は企業努力を怠《おこた》る」「日本の共産主義化につながる」と大批判をくわえるばかりか、その廃止に向けて動くことになる。

　ただ、別の説によれば、渡邉は「空白の一日の仕掛け人」ではないという。じつは、契約を進めたのは巨人軍オーナーだった正力亨、巨人軍代表の長谷川実雄で、渡邉が果たした役割は、事態収拾をはかるための尻拭いをしただけだったともいう。渡邉を「空白の一日」の首謀者のように仕立て上げたのは、反渡邉派であったという。

第三章　読売を右傾化させた提言報道

「権力は大手町から麴町に移る」

渡邉は、『私の履歴書』で、ライバルであった氏家齊一郎《うじいえせいいちろう》と務台《むたい》の軋轢《あつれき》について書いている。

「務台さんは何度も倒れ、そのたびに不死鳥のように甦《よみがえ》った。病床にあっても常に経営と人事のことが頭から離れない。昭和五十三年に倒れたときもそうだった。病名は解離性胸部大動脈瘤。私も含めて、だれもが今度ばかりは駄目だろうと思っていた。当時取締役で『いずれは社長か』と一部でささやかれていた氏家君が、ある役員に何気なく、

『権力は大手町（読売）から麴町《こうじまち》（日本テレビ）に移る』

と言ったらしい。務台さんに万一のことがあれば、日テレ社長の小林與三次《こばやしよそじ》さんが読売の社長になって戻ってくるという意味で、ごく普通の感想だった。私もそう思っていた。

このときも務台さんは奇跡的に回復し、元気に出社するようになる。そんな務台さんに、件《くだん》の役員が氏家君の言葉を上申書に認《したた》めて届けた。氏家君の出世を邪魔《じゃま》しようということだろうが、男の妬《ねた》みというのもすさまじい。こうして務台さんの胸に氏家君への不信の種がまかれた」

渡邉は、昭和五四年（一九七九年）六月、取締役論説委員長に就任。しかし、渡邉は、それより主筆に魅力を感じていたという。

「おれがいっちゃいけねえんだけど、一つだけあいてるんだよ。それを楽しみにして、一〇年くらい先にそれになれれば、これでまったく成仏《じょうぶつ》というポスト。主筆ですよ。いま、空席でしょう。実際は主筆の力はありますよ。委任されてるけれども、主筆というのはエディター・イン・チーフというんですよね。ぼ

くはエディター・イン・チーフという肩書ではない。チーフ・エディトリアル・ライター、よくいってチエアマン・オブ・ザ・エディトリアル・ボードと、こうなるわけだ。

エディター・イン・チーフというのは、外国に行ったときには大変なものですよ。ニューヨーク・タイムズのレストン記者も、エディター・イン・チーフ兼バイス・プレジデントだった。どこだったか、社長はないんだね。『人民日報』はどうだったかな……。総編集というのがいて、これがエディター・イン・チーフですが、これが社長より上じゃなかったかな。

〝憲政の神様〟とあおがれた尾崎咢堂《おざきがくどう》（行雄《ゆきお》）も、『新潟新聞』の主筆だったけどね。

要するに、言論の椅子。それがぼくの最高の野望であって、これは一〇年先にぶら下げておいてくれればいいんだ。何かなければ、楽しみはないよ。もう、死ぬまでになるものはねえなんていったら、退屈《たいくつ》しちゃうでしょう。あいつ、いつまでも論説委員長をやってやがって、そろそろやめろなんて、いわれるかもしれない。やめてもいいんだけどさ、やめたら、なんにもないもんね。

論説委員長なんてのは、平取《ひらとり》でいいんですよ。現在のところ、毎日の委員長なんてのは、役員待遇《たいぐう》でもない。朝日だって、役員待遇で、取締役でもないんですよ、論説主幹が。それでいいんですよ。だから将来なんか一つくらいあけといてもらって、一〇年くらい論説委員長をやるから、それであと主筆にしてくれたら、なんにもない。

社長なんてものは、なってごらんなさい、あんなつまらないものはないから。今日はなんとかの開会式だとか、なんとか展覧会のテープカットとか、高松宮《たかまつのみや》妃殿下がおいでになるから、その先導だとか、そんなことが多いんだよ。そういうことで朝から晩まで潰されたら、おれはヒステリーを起こすよ。欲求不満で血圧が上がって、ぽこっといっちゃう。そういうのは、氏家なんかが向いてる。そういうことは、学生時代からけっこう好きだから。あれはいつも委員長とか幹事長とか、長のつくものになりたがったんだから」

「鈴木内閣の中に入って協力すべきだ」

中曾根《なかそね》は、佐藤《さとう》内閣の後の角福戦争のとき、二代目か三代目あとには自分が総理になれると思ったと渡邉はいう。

「角福戦争のときは、彼は田中に入れたでしょう。田中に入れておけば、次はおれにくると思ってただろう。しかし、ぼくは、そうは思わない。

三角大福といって、大平《おおひら》（正芳《まさよし》）が死んだときに、彼は大平の後は自分だと思った。ところが、鈴木善《すずきぜん》幸《こう》が出てくるわけです。そういうときに、あなたはなれっこないんだ、善幸がなるんですよ、裏で話ができてるんだ、あなたは角さんが自分を指名してくれると思ってるけれども、そうはいかないんだと、露骨《ろこつ》に忠告できる立場に、ぼくはあったし……。

『いや、わたしはなれる』と、一時間くらい、彼はいい張ってた。

これは、あんまりいっちゃあ悪いのかもしらんけれども、『あなたは、ほんとにバカだ……』とまではいわなかったけれども、『とにかく、どうかしてる。絶対あなたはならないんだ、そんな幻想を追って、戦略戦術は立てられないんだ、幻想を捨てることが先だ』といって、怒鳴ったですよ。

彼は、真っ青な顔をして、反論してた。ところが、一時間くらいたって納得すると、パッと明るくなるんだ。政治家たる資質だね。ぼくだったら、もしかりに、おれはどうしても論説委員長になりたい、やっぱりなれなかったとなったら、やけ酒でも飲んだかもしらん。

中曾根にずっとくっついてた新聞記者に後で聞いたんだ。朝、非常に機嫌が悪かったそうです。いつも車に乗せてくれるわけですよ、自宅を出るときに、中曾根番記者を。その日の朝にかぎって、乗っけなかったって。一人で出たそうです。そしてその晩帰ってきたら、えらい機嫌がよかった。そのときは、自分はもうなれない、鈴木内閣だ、おれはだめになったということがわかった晩です。

人間というのは、欲を捨てると明るくなるんだね。そういうものかなと思って、あとで中曾根という人間を観察するのに、この人は面白い性格だ、だからこの人は政治家として適性があると思った。そういうときに、布団をかぶって寝るようではだめなんだね。それでにこにこして、鈴木内閣のもとで行管（行政管理庁）長官に入るわけです」

渡邉は、中曾根に次の戦略について語ったという。

「本人は、大蔵大臣か、幹事長になりたかったですよ。それを、鈴木さんが拒否したんです。それは、中曾根さんとしては、非常に不満だったと思いますよ。だけどぼくは、『入閣しなくちゃいけない。行政管理庁長官でもいいじゃありませんか』といった。

ぼくは、鈴木さんに会ったんですよ。新聞記者数十人が、鈴木さんを追っかけまわしたんですよ。鈴木さんがもう総理になることに間違いないというときになってね。そのときにね、ぼくは鈴木さんと、こっそり会ったんですよ。当時ＮＨＫ報道局長であった島桂次《しまけいじ》（のちＮＨＫ会長）君がアレンジしてくれたんですよ。それで三人が会って、『どういう内閣をつくるんですか』っていう話をして、そのときに中曾根さんを行管長官にするって話を聞きましたよ、初めて。

中曾根さんは、幹事長か大蔵大臣を要求というか、希望した。しかし、善幸さんは、その希望を容《い》れなかった。これは間違いないことです。で、ぼくは、そのとき、瀬島《せじま》（龍三《りゅうぞう》、中曾根のブレーンで伊藤忠顧問）さんとぼくと中曾根さんと、三人で会ったんです。どこかのホテルの一室ですよ。それで中曾根さんに、「とにかくこういうときはごねないで、鈴木内閣の下で、行管庁長官でお入りになったほうがいいんじゃないですか」ということを強くいった。外にいて、おれは反鈴木だなんて、ふてていけない、中に入って協力すべきだと。

最初は、中曾根さんは、非常に不満だったと思いますよ。一時間くらい議論したんですから。

それであのときに中曾根さんの代わりに渡辺美智雄《わたなべみちお》さんが蔵相になったんですよ。渡辺美智雄さんは、途中で財政再建失敗の責任をとって、大蔵大臣を辞任させられてるんですよ。中曾根さんが、もし大蔵大臣をやっていれば、財政再建失敗の責任をとって辞任させられたかもしれない。

もし大蔵大臣でなく自民党の幹事長をやって、それで一期で潰れて、すぐ天下が取れたかというと、そうはいかなかったでしょう。中曾根内閣ができて、行政改革という大業をすることになったが、行管庁長官という経験がなければ、やってなかったでしょう。何かほかのことをやってたんじゃないですか。だからぼくは、その点では正しかった。しかし、総理大臣になる前の話ですからね」

「しかし、協力したから次に中曾根内閣ができるとは、ぼくは思ってなかったね。それはフィフティ・フィフティだと……」

中曾根は、渡邉の忠告もあって、昭和五五年（一九八〇年）七月一七日、鈴木内閣の行政管理庁長官として入閣する。

「中曾根は総理になれないかもしらん」

渡邉は、それでも、中曾根は永久に首相になれないかなと思ったこともあると打ち明けた。

「三浦甲子二《みうらきねじ》というテレビ朝日の専務がいるでしょう。あとで、二人だけでどっかで飲んだ。あいつは、『おいナベ、中曾根は、天下取れると思うか』というから、『じつをいうと、おれは取れねぇと思う』といったことがある。『そうか、おれもそう思う』と……。そういう時期があったね。その前後ですよ。おれなんか、そういう点は楽だ。政治家というのは気の毒だなあ、と思ったことがあるね。

資金と、子分の数と、彼の性格ね。あまり妥協的《だきょう》じゃないでしょう。あうんの呼吸で、というのがないでしょう。それと、どの派閥からも警戒されてたでしょう。福田派なんてのは、財界の支持がある。そういう財界の支持もなかった。大平は保守の名門で、宏池会《こうち》というのがあるでしょう。田中角栄は、莫大《ばくだい》な資金力でやってる。それぞれ力を持ってるわけです。三木武夫《みきたけお》は、実力でなったんじゃない、（田中退陣後の後継総裁として指名した）椎名《しいな》（悦三郎《えつさぶろう》）さんの錯覚でなったんだからね。

そういうのと比べてみると、中曾根だけ足りない。だから総合的に考えれば、そういう時点では、この人は総理大臣にはなれないかもしらん、気の毒だなあと思った時期がある」

昭和五六年（一九八一年）六月二九日、小林與三次が日本テレビ社長から読売新聞第一〇代の社長に就任した。務台社長が会長に就任した。

読売新聞の政治部のベテラン記者が語った。

「渡邉、氏家は、務台全盛期に、やがて小林が読売の社長になる、と先を読み、小林が社長として乗り込みやすいように露払《つゆ》いをした。いよいよ小林が社長になったことで、渡邉の社内における地位はますます磐石《ばんじゃく》なものになった」

読売社長レースから脱落した氏家

昭和五七年（一九八二年）四月二〇日、『週刊現代』が「情報帝国『読売』の超力と野望」と題した連載記事を掲載した。この記事が、会長である務台光雄の逆鱗《げきりん》に触れた。

巨人軍の激励会で小林のスピーチは熱心に聴く選手たちが、務台の一時間におよぶ長広舌《ちょうこうぜつ》になると私語をはじめる、という内容だった。

目の前にすき焼きなどの料理が並んでいるのだから、選手たちにとってスピーチは短いほうがいいだろう。長くなればついついヒソヒソ話をする選手も出ようというものだ。記事は務台への悪意に満ちた言葉で埋まっていた。

務台が緊急でひらいた役員会では、その記事に抗議し、記事を訂正させることが決まった。交渉役となったのが、広告局長であった氏家齊一郎であった。

版元の講談社とはすんなり話がついた。務台の言い分にも配慮するということでおさまった。というよりも、おさまりかけた。そこに、氏家とともに講談社に出向いた務台の秘書が、「なんでこんな記事を書いたのか」と『週刊現代』編集長を追及しだしたのである。蒸し返すことはない。氏家が引き止めて、講談社を後にした。

ところが、氏家は、同年六月に、いきなり日本テレビ副社長への出向をいい渡されたのである。広告獲得では、朝日新聞を追い抜くほどの実績をあげていた。とても考えられない突如《とつじょ》の異動である。それはつまり、読売新聞社社長レースからの脱落をも意味していた。

務台は、挨拶《あいさつ》に出向いた氏家にいったという。

「日本テレビの経営はなかなかむずかしいからね。きみならできると思ったんだよ」

じつは、務台が氏家の異動を決めたのは、あの秘書の一言だったという。

秘書は、氏家と講談社に出向いたとき、「自分が抗議をしようとしたら、氏家が止めた」と告げたのだった。それが務台の怒りに火を点けた。

それからというもの、販売店主との懇親会では「読売を攪乱《かくらん》しようと、悪質な策謀をめぐらす獅子身《しし》中《ちゅう》の虫がいる」と発言したり、役員会では、氏家を名指しで非難した。いつの間にか、『週刊現代』の記事を書かせたのが、氏家ということになっていた。

一方で、読売新聞社内では、氏家のことを務台に告げ口したのは、じつは、ライバル関係にもある渡邉だという噂もまことしやかに流れた。

渡邉、氏家と親しい広告会社幹部が、その当時、わたしに語った。

「渡邉は、氏家に勝った、と思っているでしょう。氏家も、かりに日本テレビの副社長から社長になってテレビのナンバー1になっても、渡邉に負けた、と思うでしょう。新聞育ちの人間にとって、新聞が何よりも上なんですから。だから氏家はチャンスさえあれば読売に帰り渡邉の上に出たい、と思っているはずです」

日テレ副社長になった氏家は、日テレを上がったあと、また読売に戻ろうと考えているのかと当時、渡邉に訊いた。

「考えてるかもしれないけれども、むずかしいね。もういいじゃないか。一部上場会社だよ、あっちは。こっちは、非上場企業ですよ。あれは、こんな儲けのない商売には向いてないよ。新聞てのは、絶対に儲からないんだから。儲かるわけないでしょう。購読料を上げられないんだから。広告料だって上げられないし、単品産業でしょう。多角経営はないんだから。

たとえば旭化成は、レーヨンじゃだめだというので、建材から薬品から食品までやってるでしょう。読売新聞は、化粧品は売れないですよ。交響楽団があるじゃないか、といったって、あんなもの、赤字だもの。多少黒字のところもあるけど、だいたい赤字ですよ。読売交響楽団なんて、年に五億ずつ赤字をつくってるんだから、どうしようもない」

渡邉は、はたして氏家をライバルと思っていたのか。渡邉は、わたしに打ち明けた。

「氏家は、新聞記者じゃないよ。あれは、経営者だ。あいつは、原稿はうまくないしさ。情報記者だけど、書く記者じゃない。だから、本を一冊も書いてないでしょう。あれは、学問は、あまり好きじゃねえんだ。経営者だ。ぼくは、新聞記者だ。ちゃんと、氏家は経営をやれ、おれは編集を任せろよ、ということできてるんですから」

中曾根総裁実現に向けた読売の〝打ち上げ花火〟

当時のベテラン記者によると、渡邉はいよいよ、中曾根を総理にと燃えたという。

「中曾根を総理にするためにも、中曾根と中川一郎《なかがわいちろう》（「北海のヒグマ」と呼ばれるタカ派議員。中川派の領袖《りょうしゅう》）が闘い合ってはまずい、ということで、二人の中の字をとった〝中中会〟という会がひそかにつくられた。その会には、デヴィをインドネシアのスカルノ大統領につないだ東日貿易の久保正雄《くぼまさお》、中曾根ブレーンの一人である伊藤忠顧問の瀬島龍三が加わっていた。渡邉は、会のメンバーではないが、顔を出した。なにしろ、渡邉はかつて中川を大野《おおの》（伴睦《ばんぼく》）の秘書に推薦したほどのつながりですからね」

いよいよ中曾根が鈴木善幸総理の後継として総理になるときには、渡邉は、なれるということはその前にわかったのか。

「最後まで、わからなかったね。危なかった。鈴木さんが辞めるといって、どういう辞め方をするか、鈴木の後どこにいくかという時期は、もっともぼくは中曾根を悲観的に見た時期です。ただし、鈴木さんが、田中角栄より一日前に辞めるということを教えてるんだ、中曾根に。それから辞める前に、鈴木さんが中国に行くんですが、その旅行に行く前に、中曾根のほうが、安心して行ってください、悠々《ゆうゆう》と、泰然自《たいぜんじ》若《じゃく》としてやってくださいい、辞める必要はないということをいうんですよ、世間では辞めろ、辞めろという声があったけれども。

そのときに、鈴木さんが中曾根にいうんです、次の政権を担当する準備をしていてくださいということを。それをぼくは、電話で中曾根から聞いてたんだ。そうすると、ひょっとしたら、鈴木さんは、あとを中曾根に渡すかもしらんなと……。ほんの一週間くらいの出来事ですよ。鈴木内閣が辞める一週間くらい前から、これはひょっとしたら中曾根内閣になるぞ、と思ったね。それまでは、分《ぶ》の悪い戦いをしてるな、大変だな、と思った」

そして鈴木善幸の退陣発表の直後、つまり昭和五七年一〇月一一日、九段の料理屋で田中角栄は、中曾根と密談を交わしている。ロッキード事件で逮捕されてからもキングメーカーとして君臨しつづける田中は、すでに中曾根内閣の組閣について口をはさんでいた。

中曾根総裁誕生前後の読売新聞は、朝日新聞や毎日新聞とはひときわ違っていた。まるで、中曾根総裁実現へのキャンペーンではないか、とさえ思われる記事や論調が見られた。

事実、昭和五七年の一〇月一〇日付の読売の夕刊は、「鈴木首相、退陣も考慮」とスクープ。一二日に鈴木首相が退陣表明。一三日の朝刊には、「首相退陣、後継に中曾根氏有力」という派手な記事が躍《おど》った。

読売は、中曾根総裁実現に花火を打ち上げつづけているとしか思われなかった。

「後継者中曾根氏で決着へ、話し合い固まる」（一〇月一五日朝刊）

「中曾根一本化へ工作再開、安倍《あべ》、中川氏にマト」（一〇月一八日朝刊）

総裁選は一時、予備選ではなく話し合いで決めるという方向に進みそうになったが、結局総裁予備選に突入した。立候補者は中曾根、河本敏夫《こうもととしお》、安倍晋太郎《しんたろう》、中川一郎の四人となる。

とどめの記事は、自民党の党員に予備選の投票用紙の届く直前の一一月三日の世論調査の記事であった。「中曾根抜き出る」という見出しの記事は、中曾根強しを印象づけている。

『だれが最も新総裁としてふさわしいと思うか』との四候補の支持傾向に関する質問では、『大接戦』という大方の下馬評《げば》とは違って、中曾根氏三二・四パーセント、河本氏一六・二パーセントとなり、中曾根氏が河本氏のちょうど二倍の支持を得ていることが明らかとなった」

「自民党支持者に限ってみると、中曾根氏四七パーセント、河本氏一九パーセントで、その差はさらに広がり、中曾根氏の支持率が高い」

中曾根は、予備選では最終的に、過半数を超える五五万九〇〇〇票を獲得し、圧勝するわけである。他社の記者たちは、「また渡邉が中曾根のアドバルーンをあげた」と噂したものである。

中曾根が首相になるかもわからないという時期になると、やはり渡邉の情としては、ここは踏ん張りどきだという思いもあったろう。読売を使って、世論的な意味のバックアップはしようと思ったのか。

「新聞社の内部組織をよくご存じない人がそういうふうに想像されて、いつもそうお書きになるんだけれども、政治部長にどういうことを書けなんていう命令は出せませんよ。だからぼくの知らんときに、『中曾根有力』の記事が出て、朝刊を見てびっくりすることがある。そうすると世間は、中曾根を有利にするために、既成事実をつくるために、渡邉恒雄が『読売新聞』を使ってああいう記事を書かしたというわけですよ。週刊誌などに、そういうコメントが出るわけだな。ところが中曾根さんのほうから、ぼくに怒ってくる、あんな記事を書かして、できるものもできなくなる、まことに迷惑だといって。

中曾根さんに、おれが政治部長にいちいち指揮権を発動して、毎日の紙面をつくるわけにいかないんですよと説明する。両方からやられるわけですよ」

「ぼくが平河クラブのキャップで紙面をつくってたころは、夜中に翌日の朝刊をつくるのに、部長もへちまもない。一一時ごろ社にあがってきて、ぱーっとすごいスピードで書いて、デスクに出して、サッと整理にいってですよ、ダダッと（活版印刷の活字を）拾う。ゲラがあがってきて、整理にいって、見出しはこれだとやって、新聞はできちゃうんだから、部長もデスクもないんだ。だいたい、出先のキャップが新聞をつくっちゃうんだから。

ぼくはいま論説委員長で、部長を指揮したって、そんなものできるわけない。部長は夜中にいねえんだから。そういう新聞社のホットな一面のトップ記事がどうやってできるかという仕組みを知らない人が、想像を逞《たくま》しくするんですね。そのほうが面白いから。

だけど中曾根に有利な記事だと思ってるのが、じつは有利でない記事なんですね。そういうときによくわかるんだ、どうしてこう誤解されるのかなと……」

「二重、三重にいろいろなブレーンの組織はありますよ、中曾根さんに。ぼくがいろいろいわなくても、十分事足りてるね。かつては中曾根さんという人と会ってて、ぼくは新聞社の論説委員長で、編集局長とも親しいですから、いろいろな情報が入ってくる。政治部はぼくの出身母体でもあるし、そういうところの情報は絶えず入ってくる。中曾根さんは単なる一中曾根派の領袖にすぎない。中途半端な情報しか入ってないとか、ぼくのほうがはるかに情報量は多いと思っていた」

じつは、渡邉は『回顧録』で、自らが翻訳したセオドア・ホワイト著の『大統領になる方法』から得るものがあったと告白している。この本のなかに出てくるワシントン・ポスト紙の社長フィリップ・グラハムは、公然とケネディを支援していた。そして、ロバート・ケネディの反対にもかかわらず、副大統領候補にリンドン・ジョンソンを強く推した。ジョンソンを副大統領に据えたことが、結果的に、ケネディに僅差《きんさ》の勝利をもたらした。

「僕はこれを読んで、新聞社のトップが大統領選挙に肩入れして、いい助言をして、勝利に導く。これを多少まねしてもいいなと思い始めるんだよ。ちょうどこのころからね」

中曾根は、昭和五七年一一月、ついに、総裁予備選で勝利し、首相になった。

「渡邉は中曾根の表と裏にわたる陰の参謀ですからね」

昭和五七年一一月二六日の読売新聞の夕刊一面に、まさか、と思うような見出しが躍っていた。

「後藤田《ごとうだ》官房有力に」

各新聞社とも、まさか中曾根新内閣に田中派の後藤田正晴《まさはる》が官房長官として入るなど夢にも思っていなかった。

ところが、その日の夕刻発表された中曾根新内閣の閣僚名簿には、後藤田が読売の報道どおり官房長官として入っていた。他社がそのことを報じたのは、翌二七日の朝刊である。

読売新聞のライバル新聞の記者が、憤然とする。

「われわれの社には、後藤田官房説は、二六日当日の昼ごろ伝わってきた。が、確証がなかった。知っているのは中曾根と（田中）角さん、そして後藤田の三人だけだからね。ところが、読売の夕刊だけにスクープされた。その日の読売の夕刊の閣僚名簿は、ほとんど間違っていませんでしたよ。おそらく読売新聞論説委員長の渡邉恒雄が、中曾根に電話して前もって情報を摑《つか》んだんでしょう。だって、中曾根派の長老の桜内義雄《さくらうちよしお》すら知らなかったほどですからね。

なにしろ、秘密主義の中曾根が腹を割って打ち明けることのできるマスコミ人は、渡邉だけ。もしかすると、渡邉が、『官房長官は、後藤田にしたら……』とまで進言したかもしれない。十分ありうる。

中曾根というのは、信念が強そうだけど、わりあい人の意見を受け容れる人でね。渡邉は長年、中曾根を総理にすることを夢としてきたし、中曾根の表と裏にわたる陰の参謀ですからね。中曾根は、渡邉のいうことなら聞く」

読売の中曾根がらみの特ダネは、他社の記者から見ると、このようにすぐに渡邉恒雄と結びつけられてしまう。それほど、中曾根と渡邉の仲は深いと見られている。

読売が、中曾根内閣の組閣名簿の第一報をスッパ抜いたその夜、渡邉は、読売系列の日本テレビの『春夏秋冬』に出演した。祝いの酒だったのだろう、アルコールも入っていた。渡邉は、ペンシルストライプのワイシャツに身を包んでいた。パイプをくゆらせながら、司会者である日本テレビ解説委員長の福富達《ふくとみとおる》を無能呼ばわりし、罵倒《ばとう》した。

政治部の有能な記者だった福富は、読売新聞から日本テレビに転じて、ニュースキャスターやコメンテーターとして活躍していた。

渡邉「ロッキード・シフトとは、どういうことですか」

福富「つまり、後藤田さん……」

渡邉「そういう言葉があるのは、生まれて初めて聞くから、少し説明してほしい」

福富「つまり、かつて指揮権発動ということがありましたね。ああいうことをやらせるために、こういう人材を登用したんじゃないか」

渡邉「指揮権発動というのはね、起訴するときにしたんですよ。これから起訴するかしないか。起訴させなかったんだ。（ロッキード事件は）起訴されてね、来年二月ごろに論告求刑がある。来年の秋には一審判決がある。どこで、あんた、指揮権発動させられることができきんの。日本テレビの解説委員長がね」

福富「つまりね、街頭でインタビュー」

渡邉「そういう軽率なね、街頭のね、ことばを、それ、キャッチフレーズ並べるね。ボクは、この日本テレビの解説委員長はね、週刊誌の編集長のほうが適当だと思うんだよ。どうしてもう少し客観的に、具体的に、一体何が起こりうるのかということを考えないのか。政策論議というのを全然やっていないんだね。今日の日本テレビの特番でもね、政策なんか、何もいってないんだよ。ただ、ロッキード・シフト、わんわんわんとやっているだけだ」

特番というのは、中曾根新内閣に関する特別番組のことである。そのなかで、福富は中曾根の組閣に対する疑問や批判をぶつけていた。この発言が、渡邉の神経にひどくさわったらしい。

福富「だから、この番組では、その点もちょっと掘り下げてみたいと思う。つまり、国民にマイクを向けると、これはロッキード隠しの人事というわけだ。だから、そうじゃないというならば……」

渡邉「だから、どうしたら隠せるのかね。だから、そこを教えてもらいたい。田中さん、聞きたいだろうな」

福富としても、怒り心頭《しんとう》に発したであろう。が、相手は酒も入っている。反論はしなかった。

ところが、番組が終わったあと、渡邉のテレビでの態度が、日本テレビ内で大問題になった。

日本テレビ労組の機関誌『闘争ニュース』は、三回連続で渡邉発言を問題にした。組合員から、次のような投書が殺到し、載せられている。

「渡邉という人は、田中角栄と何かあるのか」

「なんで日本テレビの解説委員長があんなにボロクソにいわれなければならないんだ」

「自分の顔に泥水をかぶせられた気持ちだ。いまだに腹が立っている」

「渡邉某の出演をとりやめてもらいたいものだ」

「ヒドイひとが（読売の）〝論説委員長〟をやっているなあとあきれた」

「おごれる者久しからずと渡邉氏にいいたい」

日本テレビの報道局も、渡邉のあまりに中曾根寄りの態度と、テレビを見下した姿勢に、怒った。渡邉に、厳重抗議をするといいはじめた。日本テレビにくわしい放送関係者が語る。

「しかし、日本テレビの池松俊雄《いけまつとしお》が仲裁に入り、なんとかおさまった。ただし、『今後日本テレビの報道番組には、一切出演しない』という一札《いっさつ》を取られたといわれてます」

なお、福富は、その後、日本テレビの社長に氏家齊一郎が就任して以降、キャスターから降ろされ、テレビで活躍することはなくなっていく……。

「もう、彼に忠言する必要はない。自分で判断できるしね」

中曾根が総理になってからの読売のあまりの中曾根寄りの記事に対し、マスコミ評論家の新井直之《あらいなおゆき》が怒った。

「まず、中曾根が総理になった直後の報道です。『中曾根の横顔』なんていうのを書いてましたが、まったくといっていいくらいダーティーな部分が書かれていない。持ち上げ記事もいいとこです。天下の大新聞なら、もう少し客観的に書いてほしい。

それと、主張は一貫してほしいということ。前年新聞協会賞をとった、武器輸出に関する一連の記事は、武器輸出に対し、厳しく反対していた。ところが、中曾根政権になると、一部武器輸出に賛成、の論調になった。主張が一貫していない。せめて大新聞なら、首尾一貫してほしい。読売が、特定の政党や内閣を支持するなら、不偏不党、公正中立なんていわないでほしい」

渡邉は、中曾根が総理になった後の二人の関係について語った。

「人情としては、あれだけなりたがってたんだから、それはしてやりたいという気にはなる。しかし、ぼくの側からすれば、総理大臣になられたばっかしに、中曾根に会うこともできなくなった。新聞記者としては、最高権力者を友人に持ってるなんてことは、複雑なもんだ……。ただ、ぼくは報道記者じゃないから、べつに特ダネは必要としないんですよ。

また、中曾根から特ダネをもらっても、書くわけにいかないでしょう。教えてやるわけにもいかんのですよ。政治部長に教えるわけにいかないんです、かりに知ってる秘密があっても。やんなっちゃうね、欲求不満で。それから、中曾根にものを頼むことはないですよ。

昔はあったでしょう、土地の払い下げとか、電波の利権とか。いま新聞社が中曾根に頼むことが、なんかありますかね。もう、国有地の払い下げはない。日本中の電波も、配分されちゃってるんだ。これ以上取るものはないんですよ。もらうものは、何もないんです。制約のほうが多いですよ。それでなんだかんだ世間からいわれる。不自由ですね。そうかといって、うんと悪口を書いてやればいいだろうというかもしれないけれども、いいことをやってるのまで、悪く書くわけにいかない。悪いことをやれば、悪口書くのはなんでもない。

いちばんいいのは、ぼくと仲の悪いのが総理大臣をやればいい。新聞は、野党的なことを書いてればいちばんいいんです、カッコいいし。ただし、これだけの部数を持つ全国紙が、そういう無責任なことを書くことは許されない時代になってきている。

協力ったって、ぼくは票を集めるわけにいかないし、金を集めるわけにいかないし、やることないでしょう」

渡邉は、総理になった中曾根の情報力について語った。

「中曾根が総理になったいまは、総理、総裁の権力をもって集める情報というのは、新聞社の一論説委員長の持つ情報の数十倍ですよ。ぼくがああだ、こうだいうたって、彼が反論するでしょう。全部、背景、根拠、データがあるからね。ぼくの持ってるのより、はるかに超える」

渡邉の人脈からすれば、中曾根総理より渡邉のほうがはるかに優れた情報をもって、分析できるということはあるのではないか。

「ありえないと思うけどね。というのは、中曾根という人間によるんですよ。東条英機《とうじょうひでき》だって、総理大臣だったけれども、あんな馬鹿な決断をして、くだらん戦争をおっぱじめたんですからね。総理大臣のあれだけの情報を持っていて、間違った決断をしてるんだから、そういうことはありうるわけですよ。

裸の王様になって、いい情報しか入ってこない。そういうときの権力者は恐いね、間違った判断をするとね。そこで中曾根が、そういうふうな裸の王様になる可能性はあるなと、ぼくはかつて思ってた。

ところが総理になってから、人間が変わったのか、とにかく非常に謙虚に人のいうことを聞いてる。そして冷静に判断して、ぼくなんかより、もっと自分に対してシビアにものを見てますよ。だから、ぼくはもう、彼に忠言する必要はないと思ってます。自分で判断できるしね。

禅寺なんかに行って（坐禅をして）、あんな思考停止の状態に自らをおくなんてことは馬鹿げたことだと思っておったら、そうじゃない。あそこへ行って、一人で考えてるんだ、いろいろと。だれがどういった、どういう情報が入ったということを全部考えて、総合して、冷静に判断をくだしたんだな。ぼくみたいに毎晩酔っぱらって、うちに帰ってばたっとひっくり返る、ジャイアンツが負ければガックリ、勝てばキャンキャンなんてやってたんじゃあ、だめなんだね。

中曾根のほうが聡明になっちゃったから、ぼくは忠言する必要もないし、資格もないんだ。あれほど聡明な男だとは、思わなかったね。

変わったと思うね、前より。権力者になって、よく変わる人と、悪く変わる人とあるんです。独裁的になる人と、権力者になったから、なおさらよく人のことを聞こうという人と二通りある。大平（正芳）さんも、総理になって会ったけれども、あの人もいいほうだったしね。池田《いけだ》（勇人《はやと》）さんですよ。通産大臣時代は、記者会見なんかにも行ったけど、威張っててね。なんだ、この官僚が、と思ってた。中小企業は自殺してもかまわないとか、貧乏人は麦飯を食え、といったころの池田は、吉田（茂）にだけごますって、なんだこいつはと思った。

総理大臣になって、まったく変わったからね、あれは。ぼくは、総理大臣になってから仲よくなったんだ。それまでは反池田の権化《ごんげ》みたいで、池田の悪口ばっかり書いてた。佐藤（栄作）という人も、しばらくやってから変わったね。途中まではよくなかったけど、だんだん枯れてくるというか、欲ぼけの反対」

中曾根が総理になってからは、中曾根と政策の話をするとか、再選のことで動くとかで、しきりに会うことはないという。

だが、渡邉は中曾根総理の軍師であり、参謀であり、触角である。紙面に中曾根のやろうとしていることを少し出してみて世論の反応を探るアドバルーンの役目も買って出ているのではないか、といわれていた。

渡邉体制を築き、世論・政界工作に乗り出す

渡邉は、昭和五八年（一九八三年）六月二七日の読売人事で、常務から専務に昇格した。上に佐々木芳雄副社長がいるが、実質的には、読売グループの首領である読売新聞社長・小林與三次《こばやしよそじ》につぐ実力者となった。

同時に、同じ常務であった社会部出身の加藤祥二は、取締役から降格された。読売新聞社会部のベテラ

ン記者が語った。

「社内の噂では、加藤常務は解任の朝までそれを知らなかったといわれています。その日の朝、ナベツネに『もう、明日から来なくていいんだよ』と引導を渡されたそうです。いかにも彼らしいひどいやり方だと囁《ささや》かれています。加藤常務は、そう実力派でもないけれども、ともかく社会部の最後の砦《とりで》だったんです。取締役にはもう一人、小西津一郎という社会部出身が残っていますが、この人は早くから渡邉に降伏した人です。

これで読売は、完全な渡邉体制になったわけです。社内には、もう渡邉には表立って抵抗する勢力や人はない。本当にナベツネに心服して渡邉体制になっているのならいいけど、力でねじ伏せられての結果なんですよ。われわれ社会部の連中は、これで当分冬の時代がつづく……と嘆《なげ》いていますよ」

ただしこの件に関しては、渡邉は、加藤への伝達は、小林社長からで、自分ではないと主張している。

新党大地代表・鈴木宗男《すずきむねお》と渡邉恒雄のつながりは意外に古い。最初の接点は鈴木が中川一郎の秘書だった昭和四五年から五八年ごろにさかのぼる。中川は大野伴睦の秘書を経て政治家となった。渡邉は読売新聞政治部で「大野番」をつとめたことがきっかけで、保守政界と強い絆《きずな》を持つようになってきた。

鈴木は渡邉にかわいがられていた。当時は「プラチナチケット」と呼ばれた巨人戦の入場券。鈴木のもとには渡邉から毎月送られてきた。

「いままで見た議員秘書のなかでは、おまえがいちばんよく働くから」

渡邉は鈴木をよく褒めていた。

蜜月《みつげつ》が一変するのは昭和五八年。衆議院選挙に中選挙区時代の定員五の北海道五区から出馬することを決めた鈴木に、渡邉は立候補を断念するよう圧力をかけてきた。中川一郎の長男・昭一《しょういち》も立候補することになり、昭一の母である中川夫人が渡邉に働きかけたためだ。

鈴木批判の記事が載ったのは読売新聞ばかりではない。月刊誌や週刊誌も含めた数多《あまた》のマスメディアが「中川一郎を死に追い込んだ男」などと追随した。右も左も関係ない。マスコミ総動員に近い形で鈴木は叩かれた。叩きやすい材料ということもあったかもしれない。だが、何か大きな力が働いているように見受けられた。

〈渡邉という人は、大したものだ〉

バッシングにさらされながらも、鈴木は舌を巻くしかなかった。首謀者が渡邉であることはすぐにわかる。当事者である鈴木には一目瞭然《いちもくりょうぜん》だった。

が、鈴木は、その妨害《ぼうがい》にもめげず、この「骨肉の争い」とマスコミに書かれた一二月一八日投票の総選挙に六万七四三六票を獲得し、四位当選ながら、初当選を飾った。なお中川昭一は、一六万三七五五票も取り、トップ当選であった。


渡邉の連立工作は、昭和五八年、中曾根内閣のときにはじまっている。

渡邉は、『反ポピュリズム論』で打ち明けている。

「一九八三年（昭和五十八年）のロッキード判決選挙で自民党は、保守系無所属の追加公認で過半数をわずかに超えただけの状態だった。しかし、この選挙で民社党は三十八議席を獲得していた。民社党と連立すれば、衆院の絶対安定多数（二百八十三）に届く。そこで選挙結果が出た直後、私は民社党委員長の佐々木良作《ささきりょうさく》さんを訪ねて、『あなた、中曽根自民党と連立政権を作りませんか』と持ちかけた。すると佐々木さんも応じると言うではないか。

私は、新聞記者の目をまくため首相官邸に裏口から駆け込み、中曽根さんに佐々木さんの意向を伝えた。しかし中曽根さんは開口一番こう答えた。『ナベさん、十分遅かった』。

中曽根さんの説明では、田中六助《たなかろくすけ》さん（当時自民党政調会長）が直前まで来ていて、新自由クラブ（八議席）に閣僚を一ポスト渡す条件で連立する話にゴーサインを出した後だった。

私の最初の連立工作は失敗に終わったけれども、この自民・新自由クラブ連立の第二次中曽根内閣は、一九五五年の保守合同以降で最初の連立政権となった」

「角栄は教養が邪魔しないもんだから」

渡邉は、田中角栄について語った。

「東大とはいわんけども、早稲田か慶応くらい出てれば、大宰相になったね。やっぱり教養がないと、発想、行動を、教養が邪魔《じゃま》しないでしょう。中曾根は田中角栄と同期、同い年だ。それが総理大臣になるのが遅れるというのは、中曾根のほうが、東京大学法学部の教養が邪魔したんですよ。そして代議士、大臣にはなれたけれども、それ以上になれないというのが、奥野誠亮《おくのせいすけ》とか、灘尾弘吉《なだおひろきち》とか、町村金五《まちむらきんご》とか、内務官僚でもいろいろいる。中曾根が尊敬してるのは、いまいった人たちだ。中曾根は、多少泥臭さがあったから総理になれたんでしょうね。

田中角栄は、教養が邪魔しないもんだから、ちょっと軌道を脱線しちゃったんだね。ただ、ロッキード事件が有罪か無罪かということになると、職務権限論、嘱託《しょくたく》尋問の問題等、非常に疑問があるよ。

有罪になったときは、議員辞職しろということは、ぼくが社説に書かした。議員辞職をして、けじめをつけるべきじゃないか。それでもういっぺん立候補することは、妨《さまた》げられないんですよ。憲法と国会法の規定によって、かりに除名された議員でも、ふたたび立候補することを妨げてはならない、と書いてあるんだから。

辞職したって、彼は最高点で当選したですよ。なぜ辞職しなかったのか。それが、教養がないからだというんだ。教養があれば、いっぺん辞職して、けじめをつけますよ。つまり、論理的なけじめをつけざるをえないのだから。それをしないでいられるというのは、あの人のずうずうしさ、心臓の強さ、東大も早稲田も慶応も出なかったということだ。

教養がないということは、いいこともあるけど、悪いこともあるんだね。しかしね、あれはずば抜けてるよね。国会議員は一人五万票から二〇万票取ってくる連中でしょう。それを一二〇名、金の魅力もあるかもしれないけど、個人的な魅力で押さえてる。後藤田正晴とか、二階堂《にかいどう》進《すすむ》とか、江《え》崎《さき》真《ま》澄《すみ》、小《お》沢《ざわ》辰《たつ》男《お》とか、立派な人間がたくさんいるんだから、あすこ（田中派）には。二階堂なんてのは、いい人物ですよ。そういうのが心服するんだから、どっかいいところがあるんでしょう、いいところがあるに違いないよ。

ぼくらが務台さんのそばにいると、心服するわね。務台さんは、部下に対するちょっとした気配りがあるんですよ。角さんにもそういうところがあるんじゃないか。そばに寄らないとわからないものが、あるんでしょうね。大野伴睦もそうなんだ。喧嘩ばっかりしてるようだけど、ファーザーズ・イメージというか……。アイゼンハワーなんてのも、ファーザーズ・イメージの典型だった。彼も、おそらく、そういうところがあったんだろうな。

それに、田中は、とにかく頭がいいもの。すくなくとも中産階級に生まれてれば、東京大学法学部を卒業してるよ。馬喰《ばくろう》の伜《せがれ》でなくて、せめて中学校の教師の伜くらいだったら、東大法学部を出て、役人として大蔵省に入ってるよ。その代わり、総理大臣になってなかったかもしれない。

小林社長は、田中角栄が建設委員会の理事をやってるころに、建設省の文書課長だった。それで意気投合してるんです。戦後の偉い人というか、行政面からみると、池田勇人と田中だというんだ。つまり、法律と行政と結びつける能力、ある程度の長期的な視野ね。そういうところは見抜いてる。だけど小林さんも、いっていた。男は、一審有罪だったら、議員辞職すべきじゃないか、田中という人は優秀であるけれども、政治家としての見識、筋目というのをつけたほうがいいんじゃないかという。ぼくもそう思いますというので、議員辞職論を出したんだ」

「社論変更かもしれないが、新しい社説に務台さんは賛成している」

渡邉は以前、各紙の社論について論争しようということを読売新聞発行の月刊誌『This is 読売』に書いたことがある。社論の違いについて、渡邉が語る。

「朝日は、一つひとつの社説で、ずいぶんどうかと思うことがありますよ。どうしてああいう社説を書くのか、あそこは社長がコントロールできないんでしょう。株の問題があると思うんだ。四〇パーセント村《むら》山《やま》（美知子《みちこ》社主）系。それに対抗するために、社員株をなんとか経営側につけなければならない。社員株をとるためには、労働組合にゴマをすらなければならない。で、いつのまにか下克上《げこくじょう》が成り立っちゃった。

毎日新聞は編集綱領委員会というものがあって、一〇名が労働組合代表、一〇名が部長以上の管理職で、立候補して選挙されたものとなっているわけでしょう。だからそっちにいっちゃいますよ。編集綱領委員会のいうことを、主筆が尊重しなきゃならんことになってるんでしょう。だからどうしてもそうなる。

わが社は、論説委員会規定というものがあって、論説委員は、主筆がいま空席ですが、主筆論説委員長以外に一切の責任を負わないということがはっきり書いてあるわけです。定款《ていかん》に、株主総会は編集方針について介入《かいにゅう》できないということが書いてある。労働組合もそうですし、外部の広告主、スポンサーも介入できない。

だから論説委員会は独立したもので、取締役会の介入も受けない。そこで社論を定める。本社の主筆のもとに社論を定めるために論説委員会をおくということになっているわけですね。論説委員は、主筆委員長にのみ責任を負うとなってるわけです。

これは社説ではなくて社論を定めるためということです。社論というのは社の論調です。

署名入りで書く個人の記事はできるだけ自由にしているけれども、反体制的な、左翼的な偏向《へんこう》記事は、読売新聞には載らない。ただ、文化欄などに、外部の人の左翼的なものが載ることはある。そんなことは統制しようと思わない。こんな馬鹿なことをいうやつがいるということも、紹介しておく必要はあるからね。それも報道上必要だろうしね。

論説委員会規定が、『論説委員長は論説委員会を統裁する』となっている。論説委員会の多数決で社論を決めるんじゃない。ぼくが決定権を持っているわけですから。ただ、論説委員に、ぼくと対立する意見の人が、そうたくさんいるわけじゃない。ものによって対立すれば、人のいうことはよく聞くけども、要するに、責任はぼく一人にある。ぼくが社長にだけ責任を負ってるわけですから。株主総会でも取締役会でもない。社長にのみ責任を負ってるわけです、論説委員会の仕事の範囲内では。

ただ、ぼくは専務取締役（当時）ですから、論説以外の経営者としての責任があるから、これはまた別で、取締役会の決定、株主総会の決定に当然したがう。

読売は、社論決定というものは、各社のなかでいちばん確固としておる。

昔をいえば、社主の正力松太郎《しょうりきまつたろう》さんの独裁時代はあったでしょうし、労組委員の鈴木東民《すずきとうみん》（第一次読売新聞争議を指導した従業員組合長）の独裁時代があったでしょう。当時、社長馬場恒吾《ばばつねご》の書く社説に鈴木が赤字を入れてたんですから、そういう共産党支配の時代があったんですからね。

ぼくは、自分の社の論説に、非常に不平を持ってましたからね。その不平を持ってたのが論説委員長になったんだから、変わるでしょう。

制度的には、昔から社の職制規定に、『主筆は社長の命をうけ筆政を掌《つかさど》る』ということがあるんです。それで、社長が主筆で、副主筆が論説委員長だった。ところが、わが社は一〇年くらい社長がいなかった。社主正力松太郎、副社長二人制でね。馬場さんが辞めた後、社長はいなくなった。それで、かなり副社長時代、社長のいない時代がつづくんですよ。

その場合は副社長が主筆で、副主筆が論説委員長だった。ところがいま、主筆は形骸《けいがい》化というか、ともかく存在しないわけです。副主筆も存在しない、主筆がいないから。

小林さんが、日本テレビに行った時代からじゃないですか。小林さんが副社長、主筆だったんですよ。それが日本テレビの社長になっていって、主筆が空席になっちゃった。で、いまでも空席なんですよ。

たとえば（成田闘争のときに）成田治安立法というのがあったでしょう（政府は空港反対同盟の暴挙が民主主義体制への挑戦であり、徹底的検挙、取り締まりのため断固たる措置をとるとして、この法案を制定した）。「読売新聞」は、あれに反対の論調を書いてるんだ。ぼくは編集総務のときですが、論説委員長と大論争をしたことがありますよ、間違った社説だといって。あんたは論説委員長の資格はない、辞めなさいといったけど、辞めなかった。

過激派が悪いことをして、人の乗った旅客機が墜落するようなことが起きたら、大変じゃないか。それを予防するための成田治安立法に反対することは間違いだといって、大論争したんです。

でも、いや、間違いないと、論説委員長はいったね。

日本記者クラブの総会の講演で清水幾太郎《しみずいくたろう》さんが『新聞史』という題で講演したんです。昔、清水さんは読売新聞の論説委員をやっておった。戦時中だから、露骨《ろこつ》な批判は書けないので、社説の中に一行とか何行といったごく短い言葉で軍を批判する社説を書いた。そのために、正力社長が憲兵隊かどこかに呼ばれて、若い役人に怒鳴りあげられた。正力さんが帰ってきて、自分がクビになるか、怒鳴られるかと思っておったら、何のご沙汰《さた》もなかった。

終戦後、彼は自発的に辞めたけれども、それまで一度も正力さんに怒られたことはなかったということをいいましたよ。そういう人が上にいれば、下のしかるべきポストの人間は、能力を一〇〇パーセント発揮できるでしょう。

ぼくの場合は、務台さんがいたわけです。一種の社論変更かもしれないがこういう新しい社説を出すということについて、全面的に務台さんは賛成してくれて、最終的におれが責任をとる、やれということをいってくれたからできた。そして権限をもらって書けばいい。いまは毎週土曜日に社長に会って、大筋をいいますから、それで社長が賛成だといってますからね」

ポスト的には自分が社長になることも考えているのか、と渡邉に訊いた。

「これだけは、だれにもいってる。社長にだけは、絶対にならない。だって、記者職としては最高なんですよ、ぼくは。これ以上の権力は、邪魔になるだけだ。これ以上の権力を持ったら、お金の計算をしなきゃならなくなるしね。

いま、ぼくは論説だけ考えればいいんでしょう。記者としては、最高ですよ。論説以上に、お金のバランスシートを考えなければならなくなったら、記者としては堕落《だらく》だね。社長なんてのは、営業のわかる、経理のわかる人がやったらいいんでね。ぼくは、少し若くして最高位に就きすぎちゃった。楽しみがなくなったわけだ。これ以上あがることはねえんだから。あとはどっかで悠々自適《ゆうゆうじてき》、本でも書かしてもらいたいということですよ。

とにかく、ぼくはここまでこようとは思ってなかったからね。政治記者になったときは、早く平河町クラブのキャップになりたいというのが目標だった。平河のキャップになったときは、政治部長を一生に一度やりたい、と思った。その政治部長にもなっちゃった。そしたら、とにかくおれは鉛筆一本でいきたいから、論説委員長になりたい、と思ったね。編集局長というのは、経理とか、人事とか、支局の建物のガラスが割れたとかいうことがたくさんあるけれども、そういうことは論説委員長にはないですから、これが最高のポストだ。

思いどおりいっちゃって、これ以上望むものはないというところにきちゃった。

筆一本の、徹底的な記者としての力ですよ。ぼくは自信があるから。記者としては、だれにも負けたことない。競争相手が絶えずいたけどね。過剰な自信かもしらんけど、少なくとも、この世界では、負けたことない。だから、トップになるのは当たり前だろう」

「ぼくは、能力がないから得してるんだよ。氏家みたいな経営能力はないから、論説委員長だからいいんですよ。空理空論をいってりゃあいいんだから、論説委員長というのは。

ぼくは気が短いし、すぐ喧嘩するしね。ぼくは腹が立つと、自分で自分をコントロールできないんだ。それですぐ喧嘩する」

ライバルを蹴落とし筆頭副社長へ

務台社長は、氏家を日本テレビの副社長に飛ばしても、なお怒りはおさまらなかったという。渡邉は、『私の履歴書』に書いている。

「(務台さんは昭和）六十年になって日テレ会長だった小林さんに要求した。

『氏家を解任しろ』

困った小林さんは私に、

『悪いけど、氏家君には自発的に退任するよう君から話してくれよ』

と頼んできた。こうなったら務台さんの怒りが鎮まるのを待つしかない。

『しばらく我慢してくれ』

断腸の思いで氏家君の肩を叩いた」

氏家はついに日本テレビの社長になれず、昭和六一年（一九八六年）六月退社。

一方、渡邉は昭和六〇年には専務取締役主筆、六二年（一九八七年）六月、筆頭副社長となった。

氏家は、その後、昭和六三年には、セゾングループ最高顧問となる。氏家、渡邉とともに東大細胞に所属していたセゾングループ総帥《そうすい》の堤清二《つつみせいじ》が引き受けた形である。氏家の面倒を見てほしいと頼んだのは、渡邉恒雄であった。

渡邉は、務台の魅力についてわたしに語った。

「務台という人は、ぼくの頭のなかでは、大野伴睦とオーバーラップする。非常に性格的に似てるんだね。親分肌であり、きわめて男性的で、胸のすくような、それでいて情が細かい。大野伴睦とそっくりだよ。だけど、中曾根は総裁になったけど、大野伴睦はなれなかったんだからね。務台さんは、ちゃんと社長をこなしたんだから、大野伴睦よりは、務台さんのほうが上だろうね。(笑)

務台さんは、新聞というのがわかってたからね。だから、あの人は単なる販売じゃないんですよ。学生時代からの行動をずっと見たらわかるように、あのころ、犬養木堂《いぬかいぼくどう》（毅《つよし》）とか、原敬《はらたかし》とか、大隈重信《おおくましげのぶ》とかいった錚々《そうそう》たる政治家たちにかわいがられてるでしょう。戦時中から三木武吉《みきぶきち》とわたりあってる。

務台さんから見れば、大野伴睦なんてのは、当時はたいしたことない陣笠《じんがさ》で、三木の値打ちのほうがはるかに上なんだからね。三木武吉と対等と思ってるから、その後の政治家なんてのは、務台さんから見れば、小僧ですよ。中曾根とかなんとかいったってそうです。一回り若い小林さんから見れば、最近の首相クラスは、同じくらいの連中でしょう」

渡邉は、小林社長とのつながりについて語った。

「小林さんは、どうしてぼくは知ったのかな……。ぼくが副社長主筆で、とにかく務台さんに呼ばれて、そこに小林さんがいたという感じだよ、二人副社長時代に。ちょっと、渡邉を呼びましょうとか、なんかあったんでしょうね。それで、小林さんも政策と行政が好きなんだな、ぼくはいちおう論客のつもりでいたから、それで小林さんといろいろ議論して、若手の代議士で将来性のあるのを集めて、めしを食おうや、人選はきみに任せるよ、なんていって、会えば国際情勢から国内政治にいたるまでやるわけですよ。そういうことを年中やってたんです。

それで小林さんの社長していた日本テレビに行っても、出入り御免だったからね。

読売新聞にもし敵があるとするなら、その敵がいちばん狙うのは、小林、務台の対立でしょう。これが対立すれば、そこにつけこんで読売新聞に二つの派閥ができて、ガチャガチャになる。そうならないことが大事なことなんで、そうならないようにしようと二人とも思ってるから、わが社は円満なんですよ」

渡邉は、務台会長、小林社長について語った。

「読売新聞は、一一〇年の歴史がありますけれども、伸びたのは六〇年間なんです。前の三〇年間は、正力さんの独裁、あとの三〇年間は、務台さんの強力なリーダーシップですよ。あの人は、正力さんみたいに独裁の人ではなくて、ぼくらの意見をよく聞く人だからね。

しかし、最終決定は、一人で全部務台さんがやって、そしてこの短期間に一六〇万部を八七〇万部にした。そのためには、強烈《きょうれつ》な彼の個性的な個人指導ですよ。ソ連のブレジネフか、アメリカのルーズベルトか、フランスのドゴールですよ。一種のナポレオンですよ、務台さんは。

　ぼくは政治部の次長になる前から務台さんに使われていたからね。次長になる前に、政治部の一記者のときに当時の務台専務に呼ばれて、政治家と会うようなことに立ち会わされたりしたことがあるんですよ。まあ、小間使いに便利だったんでしょう。小間使いをやっておったんですよ」

　渡邉は、丸山巌《まるやまいわお》専務についても語った。

「丸山専務は務台会長の甥《おい》で、務台会長の信頼がいちばん厚い。ぼくは務台さんの信頼もあるけど、小林さんにも信頼されてるわけだ。ぼくと丸さんとが、販売と編集とはまるっきり違うでしょう。その販売と編集がしょっちゅう意思の疎通をはかっていれば、社内に派閥対立は起きないんですよ。やっているとすれば、それです。

　ぼくは何事も丸さんの意見を聞くわけだ。元旦の社説だって、わたしの方向づけだ。丸さんちょっと読んでおいてください、販売上どうこうということで社説を曲げるわけにはいかないけれども、商品を売るんだから、社説は商品の一部をなすわけだから、よく理解しておいていただきたいといって、事前にゲラを見せたりする。で、この趣旨に大賛成だ、それならぼくも一生懸命に書きますよ、というようなことでね。

　新聞社というところは、編集と販売とはかなり異質なんです。その異質なものが絶えず意思の疎通をしていないといけない。つまり、編集の側からすれば、おれたちが書いてるから売れてるんだと思ってはいかんのだ。われわれの書くものを読者のうちまで届けてくれるのは、販売のおかげじゃないかと、販売に絶えず感謝してなければいけないんですよ。

　販売のほうは、務台さんがいつもいってるように、編集第一主義、いい紙面だから売れるんだ、いい紙面を書いてください、お願いしますという。この一体関係がある限り、新聞社は安泰なんですよ。これが分裂《ぶんれつ》したら、どこの新聞社も潰れるんです」

衆参ダブル選挙の秘策を中曾根に建白

短期で終わるのではないか、と世間で見られていた中曾根首相が、昭和五七年一一月から昭和六二年一一月まで五年間もつづいた。渡邉は、五年間もの長期政権になると思ったのか。

「わたしも、中曾根政権が五年間もの長期になるなんて、思っていなかった。せいぜい六ヵ月か一年かな、と思ってましたよ、いやほんとに。ま、一期二年やれれば御の字だなあ、と思っていた。

それが五年にもなったっていうのは、なんてったって、昭和六一年七月六日のダブル選挙ですよね。それで自民党が、（衆議院で）三〇四議席も取った。首相就任一回目の昭和五八年暮れの選挙（ロッキード判決選挙）のときは、やむをえないですね。ロッキード裁判中の、角さんの圧力による選挙ですから。自民党は、改選議席を三六も下回る二五〇議席に後退した。あれは、敗けて当たり前。だから、それで勘弁されたんでしょう。二度目の選挙になって、なぜあんなに大勝したかということですかね。問題は。

ぼくは、ダブルがいいだろうとは思ってましたけどね。べつに訊かれたわけじゃないですけれどね。非常に微妙な段階だったですね。あのころの参謀は、瀬島（龍三伊藤忠商事会長）さんだったんじゃないですか。瀬島、後藤田（正晴総務庁長官）、藤波《ふじなみ》（孝生《たかお》官房長官）、このへんがほんとの参謀だったんだと思いますよ。

ぼくは、いつ解散すれば、いつ投票日になるかというような数字の計算は自分の社でやりました。ほんとにダブルになるのかな、という気はしていましたけどね。ただ選挙はダブルのほうが投票率が上がっていい、と思っていました。（中曾根首相と）電話で話してるうちに、そういうことはいってたでしょうね。じつは、徹底的に選挙法の規定を調べて、ダブルが合憲・合法である方法を確認し、中曾根さんに建白書を書いて出したんだ。違法だったら大変ですからね」

渡邉は『回顧録』で、衆参ダブル選挙に持ち込んだ「死んだふり解散」のいきさつをくわしく語っている。当時は選挙法の規定で、選挙の周知期間が三〇日となっており、どんなに早く衆議院を解散しても、参議院の任期満了である七月七日以前に同日選挙をおこなうのはむずかしいとされていた。

「僕は、徹底的に選挙法の規定を調べて、合憲・合法である方法を確認し、建白書を書いて、中曾根さんに出したんだ。どうしたって、同日選挙でなければ自民党は勝てないからね」

渡邉は、読売の部下も使って、公職選挙法や周知期間、臨時国会の召集（衆議院解散）日、総選挙の公示日などを調べ、投票日の日程表をつくった。公選法や国会法の規定から検討していき、同日選挙ができる日を見つけた。

最後まで問題になった官報にいつ掲載するかということも、過去の最高裁判例から、大蔵省印刷局官報課と東京都官報販売所一軒にだけ置けば、それで官報で公布したことになる、とわかった。全国に官報を配る時間がない場合、そこに置くだけですませることができる。渡邉は時間刻みの計算までしたという。

「こうして僕は、調べつくした建白書を中曾根さんに持って行って、『死んだふり、寝たふりしなきゃダメですよ』と言ったんだ。

——それはいつごろから調べ、いつ渡したのですか。

もちろん、解散の一ヵ月以上前ですよ。もっと前だったかな」

渡邉は、最大の問題は情報管理だった、といった。

「僕がいちばん危惧《きぐ》したのは、中曾根さんが洩《も》らすこと。しゃべったら即おしまいだ。側近にでもおしまいですからね。しかし、中曾根さんは、よく『死んだふり』したと思うね。芸術的に死んだふりをした。この人は本当に口が堅いと思いましたね」

「それにしても、三〇〇なんていうのは到底考えられなかった。二七〇、二八〇だと思っていた。二七〇でも、御の字ですものねえ。だから三〇〇取ったというのは、中曾根さん流のパフォーマンスですねえ。外交を主体としたパフォーマンスがあり、なんていったって行政改革の国鉄の分割民営、これがいちばんピーンと力のほどを見せつけたでしょうねえ」

第二臨調のメンバーを指南

渡邉は、中曾根派には竹下派のように幹部議員がいなかったという。

「中曾根派には、竹下派の小沢一郎《おざわいちろう》さんだとか、梶山静六《かじやませいろく》さんとか、羽田孜《はたつとむ》さんのような人物がいないですね。中曾根さんは、相当自分一人でコツコツやったとこありますからね。やっぱり瀬島龍三さん、政策面では、元日銀理事の中川幸次《なかがわゆきつぐ》さんとジェトロ（日本貿易振興会）理事長の赤沢璋一《あかざわしょういち》さんが、もっぱら参謀だったんじゃないですかね。しかも、二人とも品がいいでしょう。非常に。

瀬島さんは、おそらく、ぼくが中曾根さんに紹介したんじゃないか、という気がするけれども、そうじゃないかもしらん。ぼくは、瀬島さんがまだ浪人時代からの付き合いですよ。伊藤忠に入る前か、入った直後かにね。

防衛や軍事に強い堂場肇《どうばはじめ》という記者がいるんですが。最後は青山学院大学の国際政治学の教授をしていた人です。この人は、記者時代からのぼくのものすごい親友なんです。年齢は、ぼくより四つ五つ年上ですけどね。彼は潰れてしまった時事新報から読売へ入ったんですよ。

社歴では、ぼくのほうが古かったかもしれないけれど、彼が社会部で、ぼくが政治部で、防衛庁の記者クラブを持ったころですから昭和三二、三三年の岸内閣のころです。津島寿一《つしまじゅいち》が防衛庁長官だったとおぼえていますからね。そのころ記者クラブで一緒になったんです。それから死ぬまで、ぼくと堂場は、無二の親友だったんですよ。ぼくがいちばん物事を相談し、いちばん打ち明け、彼もそうし、相互に信頼し合った友人というのは、堂場がナンバー1です。

その堂場が、瀬島さんをぼくに紹介したわけです。とにかく瀬島さんといえば、陸海軍参謀をやった男で、大変な秀才である。それから、シベリアに一一年ですか、いて、ということで、こっちだっていろいろ話を聞きたかったし、それで付き合っていた。今度は、ぼくの知らない世界で、瀬島さんが、金丸信《かねまるしん》さんとか中川一郎さんと親しくなるんです。

どこかで金丸さんは、瀬島さんのいうことだけは聞くって話を聞いたことありますよ。どういうことかは知らないんです。それと橋本龍太郎《はしもとりゅうたろう》さんと瀬島さんが、親しいらしいんですよ。あれは臨調をやってからじゃないんですかね。

中曾根さんが総理大臣になる前、鈴木内閣の行管庁長官のときに、第二臨調をつくりたい、それで臨調委員の人選を相談したい、というんでぼくは中曾根さんと会ったんです。旭化成社長の宮崎輝《みやざきかがやき》さんと三人で会った。中曾根さんが遅れてきたので、来る前に、ぼくは宮崎輝さんに瀬島さんを推薦したんですよ。瀬島さんってこういう人ですよ、っていう話をしたんです。そしたら、宮崎さんが『あなたがいいっていうなら結構ですよ』っていったんですね。

そこに中曾根さんが来たから『ちょうどいま宮崎さんと相談したんですけど、瀬島さんを臨調の委員にしたらいかがですか』といった。中曾根さんは、『結構です』ということで、宮崎、瀬島という二人が、まず最初に臨調委員に決まったんです。あとは、中曾根さんが全部決めたんですよ。

宮崎さんを推薦したのも、ぼくですから。宮崎さんは、行政管理委員をずっとやっていて、行政改革については、いちばんくわしいから。ぼくは、宮崎さんが常務クラスのときから付き合いがあったですからね。

ところが、〝瀬島臨調〟になったわけですね。昭和五七年です。瀬島さんと宮崎さんが、まったく仲が悪くなっちゃった。困りましたねぇ。そのころ臨調というのは、巨大な組織になって動きはじめてますから、ぼくの嘴《くちばし》をさしはさむ段階じゃなくなっちゃって。土光《どこう》（敏夫《としお》）・瀬島臨調でやるということになった。

ところが、ぼくは国鉄の分割なんて考えてもいなかったが、それをやった。ぼくは中曾根政治というのは、国鉄分割だけでも、数十年にわたって評価されていいと思いますね。ぼくが褒めるとおかしいかもしらんけど」

「中曾根の肚を読むには渡邉のところへ行け」

衆参ダブル選挙の「三〇〇祭り」に浮かれているときに、売上税の問題が出てきた。一般消費税の導入には大平内閣で失敗していた。「増税なき財政再建」を掲げた鈴木内閣の流れを受けて、中曾根も、大型間接税の導入は否定していた。

ところが、中曾根はダブル選挙圧勝の余勢を駆って、売上税法案を国会に提出。「公約違反」と猛反発をくらい、結局、退陣に追い込まれていく。

渡邉は『回顧録』で当時の状況を語っている。

「当時僕は中曾根総理と毎日のように電話で話をしていたから、読売の社説と中曾根内閣の政策が対立することはほとんどなかった。売上税の導入だって読売は断固支持した。直間比率の是正は、日本の財政、特に福祉財政を守るため将来絶対に必要なことだったからね。こちらが考える政策を政府に取り入れさせることは多かったが、中曾根内閣の方針に読売が歩調を合わせようとしたことなど一切なかったね」

中曾根は、退陣が決まり、ギリギリになったときでも、竹下登《たけしたのぼる》、安倍晋太郎、宮沢喜一《みやざわきいち》の三人のうちから後継総裁を決める（中曾根裁定）ほど、非常に力を持っていた。

中曾根とすれば、三人のうち、竹下がちょっと抜きん出ていても、一人だけ飛び抜けてるわけではない。なんか三人をうまく操れば、自分はその上に乗っかってそのままかなり長い院政の形が敷けると読んでいたのであろう。渡邉が語る。

「そうでしょうねえ。ぼくも、これまたせつない話だが、竹下さんか、安倍さんか、宮沢さんか、この三人のうちのだれを中曾根さんが指名するのか最後までわからなかった。ほんとに、わからなかった。それで、あるときは安倍さんだと思い、あるときは宮沢さんだと思い、あるときは、竹下さんだと思いましたよ。中曾根さんの話を聞いていてね。

最初は、ぼくは、宮沢さんだと思いましたよ。その次に、安倍さんだと思いました。その次に、竹下さんだと思った。

中曾根さんに聞いててね。たとえば、中曾根派の票が八〇票くらいありますねえ。それと宮沢派の票を足して、それでまあ中間派の票を入れれば、二回目に、決戦投票で、宮沢さんが勝つことがありうる、という話を聞いたからね。そう聞けば、だれだって、宮沢さんを考えてるのかと思うでしょう。それから今度は、安倍さんのことを、えらく褒める段階があったんですね。さかんに褒めてたから、肚の中は、こりや安倍さんかなあ、と。最終的には、どうも竹下さんの周辺がニコニコしている。昭和六二年（一九八七年）一〇月二〇日に決定する一日か、二日前でしょう。竹下さんになると思ったのは。

新聞見てると、ほんとにまず日替わりメニューですよ。そしたら、中曾根という人は、最後は全部首相官邸に通じる電話を切っちゃって、あれは（副総理だった）金丸（信）さんからの電話も切っちゃったというでしょ」

裁定直前となる一〇月一九日のとき、竹下、安倍会談が赤坂プリンスホテルでひらかれた。二人のうちどちらに決まるかと鎬《しのぎ》を削り合っているところへ、西武鉄道グループ総帥《そうすい》の堤義明《つつみよしあき》から電話が入った。

「中曾根さんは、宮沢さんに決めたぞ。きみたちはどうする」

その電話があるや、金丸信が、まさか、と首相官邸の中曾根に電話を入れた。が、中曾根は電話を切っていた。

まず自分たちの味方にわからないようにするというのは、巧妙である。情報は、かならずそこから漏れる。

「うん、だからそれこそ、おれこそが中曾根の参謀、おれこそ中曾根の側近、と思ってる人間がだれも知らなかったんじゃないんですか」

わたしは、そのときの総裁指名の模様を『中曾根が笑った日』というタイトルの小説に書いた。そのとき、当時安倍派であった国家基本問題同志会座長の亀井静香《かめいしずか》に取材すると、中曾根の肚の内を読むためには、渡邉恒雄のところへ行くしかない。そのため一〇月一七日ごろ、読売新聞まで出かけて話したら、ニュアンスで、なんとなく安倍さんでいけそうな感じを持った、と語った。

「二日ぐらい前ですね、だから、そのころは、ぼくは安倍さんだと思ってたんですよ」

亀井は、これで大丈夫だ、ということを安倍に伝えた。安倍も、渡邉さんがそういうならまちがいない、とよろこんでいたという。

渡邉は語った。

「ぼくは、中曾根さんが安倍さんだと考えているんなら、それでいいじゃないか、と思いましたね。あの人の人柄は、いいから。安倍さんは、ぼくと同じ新聞記者上がりだし、そういう意味でも親しいし。宮沢さんのほうは、だめということになれば（仕方ないし）ね。一方、竹下さんというと、やはりまあ角さんの系統ですからね。また角さんの系統から総理が出る、ということになると、具合悪いんじゃないかなあ、という気もしたし。だから、安倍さんなら結構じゃないか、という印象になってたんです、ぼくも」

中曾根裁定の結果、竹下が後継総裁に指名された。

「だから、中曾根さんが、直前になって変わったのかですよ。最後の一週間のあいだに、中曾根さんが変わったのか、それとも、最初から竹下さんを考えていたのか、それは、いまだにぼくもわからない。いちばん訊きたいところですね。いつの時点から、考えていたのかなあ」

リクルート事件、名誉毀損《きそん》で勝訴

読売新聞にとっても、渡邉にとっても大きな影響を与えることになるリクルート事件が、昭和六三年（一九八八年）に発覚した。江副浩正《えぞえひろまさ》リクルート社会長は、有力政治家、官僚、通信業界有力者にリクルートの関連会社で、未上場の不動産会社のリクルートコスモス社の未公開株を、賄賂《わいろ》として譲渡した。贈賄《ぞうわい》側のリクルート社関係者と、収賄《しゅうわい》側の政治家や官僚らが逮捕され、政界・官界・マスコミを揺るがす一大スキャンダル、戦後最大の贈収賄事件とされている。

ニューリーダーおよびネオ・ニューリーダーと呼ばれる大物政治家が軒並み関わっていたため、彼らは

〝リクルート・パージ〟と呼ばれる謹慎《きんしん》を余儀《よぎ》なくされた。

そのため、ポスト竹下と目《もく》されていた安倍晋太郎、宮沢喜一、渡辺美智雄らは、竹下登首相退陣後の総理・総裁に名乗りを上げることができなかった。

また、事件以降「政治改革」が重要な政治テーマとなり、小選挙区比例代表並立制を柱とする選挙制度改革・政党助成金制度・閣僚の資産公開の一親等の親族への拡大などが導入されるきっかけにもなった。

リクルートからいえば、リクルートが配った量というのは、興味深いバロメーターともいえた。逆にいえば、なかなかの人に配っている。政界でも、リクルートから目をかけられないと実力がないのか、と思われるくらいであった。

リクルートに関しては、一時期渡邉もからんでいるのでは、と噂になった。渡邉の実力から考えると、渡邉ももらって当然と思われていた。

江副は、数値でもって、現在の必要度、働き度を測った。そういう意味でいえば、実験的である。人間の価値を全部金銭的に、株数に変換したときの数値でもって示した。渡邉は、江副と親しい中曾根とのつながりもあり、点数からいえば、何点か高い点が入る。さらに対マスコミ、社会性における力から見ると、また点が入る。その論でいけば、配られて当然のように思う。それなのに、なぜ渡邉に配られなかったのか。

「うっふっふ。ぼくも、よくわからんけどね。ぼくは、店頭株ってものは上場すると値が上がるってことを知らなかったけれども、値上がり確実な株があるということを教えられたら買ったかもしれませんね。ただし、絶対に借金しませんよ。リクルートファイナンスですか、あんなところから、金借りない。ぼくは個人では、借金は悪だ、という思想の持ち主ですから。

金を借りにいくくらいなら、金を借りなくてすむように、自分の生活を縮小すりゃいいんですからね。

贅沢《ぜいたく》するから、借金しなくちゃいかんのでしょう。

ぼくは借金嫌いだから、自分の金で買ったかもしれんですよ。しかし、幸か不幸か、買わなかったのは、結果的には、幸福だったんだろうけど。まったく話もなかった。ない、全然ない。なにしろ、江副さんとは付き合いがなかったですから。

だって江副さんと中曾根さんが何らかの関係あるなんてこと、全然知らなかったですよ。

ただ、結婚式場でいっぺん会ってねえ。加藤六月《かとうむつき》さんの子どもさんの結婚式ですよ。そこに呼ばれてねえ。一〇人くらいのテーブルでね、ぼくの前に江副さんがいたですよ。

最初は、わからなかったです、あの人がだれかということが。ぼくの知ってる人、ウシオ電機の牛尾治朗《うしおじろう》さんとか、秩父セメントの諸井虔《もろいけん》さんとか、そういう人たちが同じテーブルにいて、和やかに話していたけれども、江副さんだけは、会釈《えしゃく》もしなかったもの。ぼくのほうから名刺を持っていくつもりもなかったから、向こうもぼくのことを無礼だと思ったかもしれんが、ぼくは江副という人は、あまり礼儀のいい人じゃないな、という印象を受けましたねえ。

だれかに訊いたのか……となりの人から聞いたんじゃないですか。『あの人、だれだ』っていうことをね。それが初めて会ったときですよ。そのあと一回くらい会ったかも知らんが、そのときのことは、よくおぼえていない。あまりお付き合いなかったですねえ。

ま、真相はわからんけれども。一株も話がなかったことだけは、事実なんだから。それを週刊誌に、株を買ったっていうふうに書かれたから、ぼくはただちに、名誉毀損訴訟《きそんそしょう》起こして、あっという間に勝って損害賠償《ばいしょう》金を一五〇〇万円、相手側から頂戴したわけですから」

昭和六三年七月二一日号の『週刊アサヒ芸能』に、リクルートコスモス社の未公開株の譲渡に関与した、と書かれた。渡邉は、出版元の徳間書店を相手どり、一億円の損害賠償と謝罪広告を求め、訴訟を起こしていた。

この年一二月二〇日、東京地裁民事十二部で裁判所の職権による和解が成立した。和解は（1）徳間書店側が渡邉氏に対する謝罪文を翌年一月一七日発売の『週刊アサヒ芸能』に掲載する。（2）同書店は渡邉氏に和解金一五〇〇万円を支払う――という内容であった。

一方、藤波孝生はリクルート事件で逮捕される。中曾根は、藤波を官房副長官にしていた。しかし、渡邉は、政治能力のない藤波を少しも評価していなかったという。もし渡邉が藤波と親しくなっていると、リクルート事件にひっかかっている可能性大であったかもしれない。

「ほんと、藤波さんと懇意にならなくて、よかったんじゃないですか。リクルート事件を考えると。藤波さんを通して、江副さんがぼくのところへ来たかもしれない。だから、ある意味じゃよかったんですよ。ハッハッハッハ。まあ、その意味じゃ、ぼくは運がいいわけですよ」

「すべてナベさんの書いた筋書きだったんだよ」

リクルート事件では、多くの人間が逮捕され、有罪になった。そのなかには、マスコミ幹部にもコスモス株を譲渡された者がいた。

その一人に読売副社長だった丸山巌がいた。丸山は、この事件の責任を取り、昭和六三年一一月二八日に辞任に追い込まれている。読売社内では、渡邉恒雄のライバルといわれた男だっただけに、いろいろな噂話が飛び交った。

一説には、丸山が小林與三次と一緒になり務台会長外しのクーデターをくわだて、丸山が「爺さん（務台）に（名誉）会長に上がってもらうしかないだろ」と渡邉に話したことが務台に知られたともいわれている。

また、リクルート株を売却していないと自社編集局を無視して記者会見をおこなったことから、編集局が猛然と反発。丸山非難が集まったことで、務台も窮地《きゅうち》におちいり、馬謖《ばしょく》を斬ったとされる。

丸山は販売店のボスたちに「社長就任」の希望を伝えられると、世辞に困惑しながら苦笑していた。本人は、読売コンツェルンを指揮できる器量はないと自覚していたが、販売店の無責任なひいきの声が、クーデター説に利用されたという見方もある。

一方、丸山は、獅子身中《しししんちゅう》の虫となり、渡邉恒雄の追及の流れに呑《の》み込まれたともいわれている。

ともあれ、務台は丸山を斬り捨てたのである。

渡邉は、『私の履歴書』で、「M」のイニシャルながら、丸山について触れている。

「氏家君が読売を去って五年が過ぎたころ務台さんはまた入院したが、やはり経営のことばかり考えていたようだ。九十歳を過ぎていた務台さんは老いた声ながらはっきりとベッドから秘書に指示した。

『役員の在席ランプの序列を替えろ』

そう言って先任副社長と、その年（昭和六十二年）に副社長に昇任したばかりの私のランプとを入れ替えさせた。先任副社長とは『江川問題で部数が減ったのは渡邉のせいだ』と言いがかりをつけてきた販売担当のMさんだった。

突然の逆転に危機感を抱いたらしいMさんは、読売新聞の有力販売店主十人に連名の上申書を書かせた。そして三人の販売店主が務台さんの入院先だった聖路加《せいルカ》病院にやってきて、秘密にしていた病室を探り当てた末に病床の務台さんに上申書を突きつけた。退院した務台さんから見せられた上申書には『次期社長には渡邉ではなくMさんを』と書かれていた」

渡邉によると、昭和五四年は江川事件が社内で尾を引き、販売局から「部数が三〇万部減った」といわれた。さらに、「この責任は渡邉と氏家にある」と非難された。なぜ事後処理に汗を書いた自分たちが非難されるのか理解に苦しんだが、つまりは、丸山が渡邉、氏家に敵意を持っていて渡邉と氏家を潰そうとしたのだという。

しかし、公認のＡＢＣ認定の部数データを見ても部数はまったく落ちていない。言いがかりにすぎなかった。

さらには、販売店の幹部クラス一〇人ぐらいが連判状を提出し、三人の代表が務台の入院している病院に押しかけ、「渡邉を追放せよ」と迫ったという。

「あいつはかつて児玉誉士夫《こだまよしお》と関係があった。こんな者を将来読売の社長にすることはできない」と書いてあった。

退院した務台はすぐ渡邉を呼んで、その連判状を見せてくれた。「こういうことがあった」と全部説明してくれたという。

『私の履歴書』には、次のように書かれている。

「Ｍさんは務台さんの親戚で、戦後すぐ務台さんに拾われて大阪本社で働くようになった。やがて東京本社に移り、販売畑を率いて副社長にまでのし上がってきた人だ。序列の上では私より社長の座に近かったのだが、務台さんの一言で私と地位が逆転した。

それがよほど不満だったのだろう。Ｍさんは意外なことを私の耳元でささやいた。

『務台さんの解任動議を出して追放し、小林体制を確立しよう』

務台さんを追い出してＭさん、編集主幹の水上健也《みずかみけんや》さん、それに私の三人で小林さんを担ぎ、社の実権を握ろうというクーデター計画。恐ろしい裏切りだった。私は返事をせず、すぐに小林さんのところに行った。

『Mさんからどんな話があっても聞いては駄目です。務台さんと力で争ってはいけません』

水上さんにも同じことを言ったが、務台さんの耳には入れなかった。もし私の口からこの計画の話をしたら、私の方がMさんを闇討ちしたと言われるだろう。しかしいろいろな問題があって、務台さんのMさん不信は増幅されていた。

六十三年六月、リクルートコスモスの未公開株を巡るリクルート事件が発覚した。未上場企業であるリクルートコスモスの株が購入代金の融資付きでばらまかれた。将来上場すれば値上がり確実という、実にうまい話だった。

政治家が請託を受けて株を譲渡されていれば贈収賄になるかもしれないが、民間人の場合はどこまで問題なのか微妙な事件だった。それでもマスコミの追及は民間人にも及び、財界人や新聞経営者の辞任、謹慎《きんしん》が相次いだ。そんな中で、

『読売新聞の副社長も未公開株をもらった』

という情報が流れ、ある週刊誌が私を名指しで記事にした。私はすぐに名誉毀損訴訟を起こし百五十万円の損害賠償と謝罪文を勝ち取った。なぜなら株を受け取ったのは私ではなく、もう一人の副社長、つまりMさんだったことが判明したからだ。

ほどなく務台さん、小林さん、水上さん、私の四人が密かに集まった席で水上さんが発言した。

『Mさんを辞めさせるべきだ』

反対する者はいない。十一月の役員会で水上さんがMさんの解任決議案を提出し承認された。Mさんは席を立ち、そのまま新聞界から姿を消した」

わたしは、丸山とは長い付き合いだが、温和な人で、このクーデター説が、いまだにとうてい信じられ

ない。

丸山は、魚住昭《うおずみあきら》の『渡邉恒雄　メディアと権力』の取材に応え、その役員会の様子を語っている。

「七階の役員応接室で務台、小林、水上の三人が待ち受けていた。務台が困惑しきった表情で切り出した。

『困ったことになった。水上君らの話では抗議電話が殺到してパンクしそうだというんだ……何とかできないかな』

丸山はピンときた。

『わかりました。要するに僕が辞めればいいんでしょう？』

そこで小林が大きくうなずいた。

『うん、そうだ。ありがとう。そうしてくれるか』

すかさず水上がソファから立ち上がり、すぐに筆と硯《すずり》と紙を持ちだした。あらかじめ用意してあったらしい。丸山は筆を手に取り、務台にたずねた。

『何て書けばいいんですか』

『お前に任せるよ』

丸山は一気に筆を走らせた。

『私こと丸山巌は今般、一身上の都合により退社させていただきます』

その日午後三時に招集された緊急役員会で辞表は全会一致で受理された。三十五年に及ぶ丸山の読売での人生が終わった瞬間だった。丸山が語る。

『すべてナベさんの書いた筋書きだったんだよ。前日に彼が役員たちをゴルフ場に集め、手はずを決めたんだそうだ。販売を押さえなければ読売の実権は握れないから、絶好のチャンスと思ったんだろうね。

後で調べたら、電話がパンク状態なんて嘘だった。彼は僕が辞めた後も全国に『丸山と接触する者は切る』とお触れを回し、退職者名簿からも僕の名を抹殺《まっさつ》した。僕が店主たちを扇動《せんどう》して反乱を起こすのを警戒してのことらしい。おかげで僕は今も読売関係者とはこっそりとしか会えない。みんなナベさんが怖いんだ』」

その後、丸山は、残酷にも、社歴、役員の在職など記録を抹消《まっしょう》された。

「いつまでも権力を保持することがいちばん悪いことだ」

副社長となり、次はいよいよ社長の座を狙う立場となった。が、この時点で、渡邉はあくまで社長への欲はない、とわたしに謙遜《けんそん》しつづけた。

「いや、副社長は、社長を補佐するのが仕事ですから。社長への欲というようなことはないですねえ。こりゃ、正力家があるし。やっぱり社長というのは、それだけの重さがある。ま、務台会長は、六〇年の新聞経営の経験があるから、社長がちゃんとつとまったし、いまでも、九〇歳にして、判断力はちっとも衰えてない。

ただ小林（與三次）さんは、やはり正力家の資本の代表ですからね。そりゃ、やはり大変な力がある。務台さんだって、小林さんにはちゃんと敬意を表する。小林さん自身が、自治省の次官までやった人ですから、行政経験がある。あの人は、たしか財政局長もやった人ですから、財政だってくわしいんですよ、ぼくより。ほんとに。

だから経理だって、小林社長のほうがはるかに財務諸表を見てその分析能力があるんじゃないですか。そりゃ、秀才官僚ですから。高等文官試験を上位で合格してね、行政上の経理をやってるわけですから。

つまり国の財政財務をやってるわけですから。こりゃかないませんよ。

わが社は、七〇歳が取締役の定年ですからね。あと七年間ですね。七年間生きられるか生きられないか、ぼくは体力のほうはあまり自信ないですから」

渡邉は、二度目のインタビューとなった平成二年三月一〇日に、自分の健康についてもオープンに語った。

「この三月に、ぼくは腸のポリープを手術して取ってるんです。ぼくは、そりゃ高血圧症状だから。顔色、悪くないでしょ。いいことじゃないんですよ。だからぼくは、夜は絶対二次会というものは行かない。行けないんですよ。体力がないんですからね。

わが社は、なんていったって、朝は務台会長がいちばん早く来ているんですからね。朝八時とか九時に来るんですから。ぼくは、朝の一〇時ごろやっと這《は》うようにして出ていくんですよ。それで夜は、一次会で帰りますよ。九時か一〇時ごろ家へ帰るけど、それから読まなきゃならん本が、山ほどあるんですよ。家には。読んでたら、二時、三時になっちゃうんですから。まるで睡眠不足ですよ。そんなことで長生きできるわけがない。だから定年まで一応七年はあるけれども、まあ、生きて、二、三年だなあ、と水上（健也）専務とも話してるんですよ。

今日も話したんです。おたがいに最近六〇前後でね、やたらに人が死ぬ。われわれだってね、病気を持ってる。ぼくは、胆石《たんせき》とか腸のポリープやったり、彼も、低血圧なんですよ。おたがいにいつ死ぬかわからんから、二、三年中に若い人間に権力を持たせて、それで次の時代を背負っていく人間を育てるのが、ぼくらの仕事だよ。

それを育てないで、自分たちの権力だけに固執して、自分たちがいつまでも権力を保持していることはできるかもしれないが、これが企業にとって、いちばん悪いことだ。だから務台さんだって、ぼくみたいな人間を若いときに、ぽんぽん引き上げてね、どんどん抜擢《ばってき》して育ててくれたんですから。同じように、二〇、三〇下の人間まで、まあそこまでいかないかも知らんけれども、一〇歳下の人間は、ぼくは育てる義務があるんですね。

近ごろの政治家も、そういう感覚を持っているのか。自分の権力の保持だけを考えるのではなく、若い政治家とか後継者を養成する考え方を持たなきゃいけないと思いますね。その考え方をいちばん持っていたのは、歴代の内閣総理大臣のなかで吉田茂《よしだしげる》ですよ。

吉田茂は、当選一回の人間を大蔵大臣に抜擢したり、実績のない者を官房長官にしたりした。それで、優秀な政治家をどんどん育てたでしょう。だから、吉田学校っていうんですよ。あとは、学校とつく人はいない。

吉田さんが偉いのは、若手を育てたということですよ。ただあの人が間違ったのは、後継者で、セカンドマンね、緒方竹虎《おがたたけとら》さんと、広川《ひろかわ》（弘禅《こうぜん》）さんとは、懸命に育てて、両方に背《そむ》かれたということですよ。二人のセカンドマンに背かれた。

セカンドマンというのは、争い合うものなんですよ。セカンドマンが争う会社は、悪い会社。セカンドマンが協力し合う会社は、いい会社ですよ。ぼくは、そう考えている。わが社でいえば、ぼくと水上とは、兄弟分ですね。おたがいに助け合ってますよ。この会社は、心配ない。ぼくはそう思っている。どっちが死んでも、大丈夫です」

「務台さんは現実の政治を知っていたし、やってきた人」

渡邉は、長年ライバルであった氏家齊一郎について語った。

「彼は、相当な能力があることだけはまちがいない。ぼくにない能力を相当持っている。しかし、いつも、人の上に立ちすぎちゃうのが損しちゃう。彼はもともと、物を書くことにあまりよろこびを感じるタイプではなかったからね。生涯一記者という感覚ではなくて、別な権力の形を見ちゃったのが、逆に失敗でしょうな」

対して、渡邉は政治記者として一筋にやってきて、まわりに気兼ねした風もなく、結果としてスペシャリストとしての能力で道を切り開いてきた。それがここへきて、いい位置にすわれたということか。

「いまの時点で考えれば、まったくそのとおりでね。しかしね、務台さんと小林さんがいてくれたからであって、そうでなかったら、別の人が上にいたら、そうはいかなかったでしょう。朝日にいたら、ぼくは、田舎の支局長で終わりだ。喧嘩して、田舎の支局長で終わり。まちがいない。朝日でも毎日でも同じだ。読売だからよかった」

渡邉は、務台について語る。

「務台さんに対して、非常な誤解があるんですよ。販売の神様といわれるが、あの人は、学生時代から原敬とか犬養木堂とか、それから当時では三木武吉と兄弟分ですからね。大野伴睦、河野《こうの》一郎《いちろう》とは、対等でしょ。佐藤栄作などは、馬鹿野郎呼ばわりしたくらいですよ。池田（勇人）さんとも親しいし。いまでも中曾根さんとか宮沢さんとか懇意ですよ。

ぼくは政治記者だけど、務台さんは、なまじっかな政治記者より、よっぽど現実の政治を知っていたし、やってきた人ですからね。だって、正力社主を代議士にして大臣にしたのは、務台さんの実力によるものですよ。加えて、まったく販売という異質の世界の神様でもある。片方だけだったら、こうはうまくいきませんよ。

あの人は、どの世界にいても、その世界で天下を獲《と》る人物だ。一級の人物ですよ。あれほど喧嘩のうまい人間はいない。あの人と喧嘩をして勝てる人間はいない。攻めるところが、なんともうまい。わざと相手を怒らしておく。相手は、怒るあいだにどこか、弱味を見せる。その隙《すき》を狙って、一挙に攻撃に出る。それでいて、引くことも、知ってるしね（笑）。進むことも、引くことも知ってますよ。戦国時代に生まれていても、名将の器《うつわ》だ。

あの田中角栄さんのまちがいは、引くことをしなかったことだな。だから角福戦争のときに、引いてりゃよかったですよ。あそこまで大蔵大臣、幹事長やったら、一歩引いて、福田さんに先にやらしとればね、ロッキード事件は起こらなかったんですよ。自民党の不幸はなかったんですよ。

務台さんに『一休みすることも必要だよ』と教えられたことがあるが、ぼくに対する経営教育ですよ。

『絶えず増紙、増紙で拡張作戦ばかりやってちゃ、いけないんだ。企業というものは、ある場合には一休みすることも必要なんだよ』

非常に抽象的な言い方だったけれども、ぼくはいろんな意味で解釈して、なるほどいい教えだと思っています。攻撃ばかりしていると、見えない部分もふと出てくる。息切れしちゃうし。無理な投資をして、借金が雪だるまになって潰れちゃったら、元も子もないですから。

読売新聞は、務台経営によって、（平成二年三月の時点で）長期借入金ゼロですからね。短期はあるけど、短期に見合うだけの預金、有価証券等があるんですから。で、これだけの資産があって、長期借入金過去一〇年間ゼロですからね。こんな会社もないですよ。その経営をぼくは引き継いでるわけですから。ありがたいですよ。

日本経済新聞がね、長期借入金が相当あるんです。一〇〇〇億を超えた借金がある。非常に収益率いいんですよ、あの会社は。これはやっぱり円城寺次郎《えんじょうじじろう》さん、大軒順三《おおのきじゅんぞう》さんが偉かったんだと思うんですよ。けれども、借金の額はナンバー1じゃないですか。

朝日はね、もともとの資産があった。読売は空襲でやられて、焼け野原の無一文から立ち上がってここまできた。務台さんの力です。そしてぼく自身も、よくここまで生き残ってきたと思いますよ……」

渡邉恒雄は、〝販売の鬼〟と呼ばれた務台光雄に心酔している。わずか八歳のときに亡くした父親代わりのようにも思っていたらしい。ひとたび、務台のことを口にすると、自分がここまで昇り詰められたのは、務台のおかげであると強調する。まわりから見れば、そこまでいわずともよいのにと思うほどの強調ぶりである。

それに対して、社主であった正力亨《とおる》のことはほとんど口にはしない。

渡邉の出世争いのライバルは副社長だった丸山巌であった。クーデター説が流れたことやリクルート事件によって丸山が失脚したとはいえ、務台は、次世代の読売新聞を渡邉にあずけたのである。おそらく渡邉は、容易に社長になれるとは思っていなかったのだろう。だからこそ、務台への思いがいっそう強いのだろう。

務台が授けた読売社長学

平成三年（一九九一年）四月三〇日、読売新聞社の中興の祖で当時、名誉会長であった務台光雄が亡くなった。享年九四であった。

渡邉は、平成元年、六三歳のとき、務台に申し渡されたという。

「きみを六五歳で社長にするから、七五歳まで一〇年間社長をやれ。俺も小林さんも一〇年ずつやったからちょうどよい。その一〇年のあいだに次の社長を育てろ」

渡邉は、この一〇年前から、ほとんど毎日のように務台と二時間、役員食堂で昼食をともにした。務台は自分が考案した販売店への手数料システム、他紙の販売店を読売に鞍替《くらが》えさせた武勇伝などを愉快そうに話した。

渡辺は、販売や財務について特訓も受けていた。いわば、社長学を勉強させられていた。

務台が亡くなったことで「さてどうなるか」と思わないでもなかったが、小林が渡邉の社長就任を決断してくれるだろうと信じていた。うぬぼれかもしれないが、自分以外に社長の適任者はいないとも思っていたという。水上健也もそう考えて、後輩の自分を押し上げてくれたにちがいないという。

平成三年五月二日、これまで社長だった正力松太郎の女婿《じょせい》の小林與三次が会長になり、渡邉恒雄が筆頭副社長から昇格し、社長に就任する。

渡邉と付き合いの長い中村慶一郎《なかむらけいいちろう》によると、そのとき、小林に膝詰め談判をしたのが水上だという。

「もうあなたは一切引いて、あとは渡邉にして、日本テレビは氏家に任せればいいじゃないか」

水上の説得があり、小林は社長の職を渡邉に譲り、会長になる。

こうして、読売新聞社の渡邉恒雄社長時代がはじまる。

このとき、水上がしてくれたことも、渡邉は恩義に感じていた。

渡邉は、いざ社長になっても飛び上がるほど喜んだわけではないという。が、すべての心構えはできていた。当面の営業上の課題は、いつ「一〇〇〇万部達成宣言」をするかということだけだった。

「ツネがオレを呼び戻してくれたんだよ！」

渡邉は、好き嫌いも強いが、後輩思いで面倒見のよい面もあった。中村慶一郎によると、渡邉には、自分が恩義を受けた人に対しては一生変わらずに大切にするところがあるという。

その対象は、佐藤栄作であり、中曾根康弘であり、新聞記者生活では、務台光雄であり、氏家齊一郎であり、水上健也であった。

渡邉と水上は、同じ大正一五年生まれであったが、水上のほうが入社年次が早く、社内では先輩であった。渡邉のワシントン支局長時代、外報部が渡邉に冷たく接するなかで、水上は渡邉のことを庇《かば》い、サポートした。渡邉は、それを一生恩義に感じて、社長に就任したのちも、水上を会長にするなど、平成二一年に水上が亡くなるまで敬意をもって接していた。


日本テレビ最高顧問の座を追われるようにして去った氏家齊一郎は、昭和六三年にセゾングループの最高顧問となった。が、平成三年にふたたび日本テレビ最高顧問に復帰。副社長を経て、翌平成四年（一九九二年）一一月には日本テレビ社長となる。読売新聞社長の道が途絶えてもあきらめず、日本テレビの業績を上げるために邁進《まいしん》した。

わたしが、鮮烈に記憶している場面がある。氏家の日本テレビ最高顧問復帰のパーティーがおこなわれた。わたしも招待され、会場に入るや、氏家が、わたしに抱きつくようにして声をはずませた。

「ツネがさ、オレを呼び戻してくれたんだよ！」

おそらく、渡邉は、自分が読売の社長に就任し、すでに氏家がライバルでないと確信し、余裕が生まれ、氏家に手を差し伸べたのであろう。

新党大地代表の鈴木宗男は、渡邉について表に出ていないことも含め、知っていることがたくさんあるという。

「あの人ほど、裏表を知って、それを動かした人物はいない」

渡邉といえば、氏家齊一郎との名コンビぶりが代名詞となっている。だが、鈴木の見方はそうではない。実際には二人のあいだに盟友関係などなかった。

かといって、二人が敵対していたとか、ライバルだったとかいうわけでもない。実際の読売グループには完璧《かんぺき》な渡邉支配体制が敷かれている。その体制が完成したあと、氏家が呼び込まれたにすぎない。渡邉ワンマン体制以前は、むしろ氏家排除の動きさえあったという。

読売「提言報道」のはじまり

渡邉は社長に就任し、主筆も兼ねつづけていた。主筆を兼ねる社長は馬場恒吾以来、四三年ぶりのことであった。渡邉は、新聞の社論は一貫していなければならず、時流におもねって左右にぶれることは許されない。言論機関としてタブーに挑戦し、読者に問題を提起する責任があると考えていた。

渡邉は社長就任の翌年の平成四年一月三〇日、有権者の協力を仰いで社内に「憲法問題調査会」を発足させた。

『私の履歴書』に書いている。

「現在の憲法は、マッカーサー憲法と呼ぶ人がいるようにGHQの作った草案を翻訳したものだ。しかしそれは当時の政治家や政党の新憲法に対する発想が、軍国主義と敗戦を体験したにもかかわらず大日本帝国憲法の枠から出ず、国体護持と天皇統治に固執したからだった。成立の過程としてはやむを得なかったと思う。

しかし朝鮮戦争をへて東西冷戦は激しさを増し、国際環境は大きな変化を遂げた。それなのに占領という特殊な条件の下で制定された憲法で平和と国民の安全を守れるのかという疑問は当時からあった。

読売新聞は独立後初めての憲法記念日となった昭和二十七年五月三日の社説で『憲法の再検討を急げ』と書いている。憲法が前文で掲げた観念論的理想主義や軍備放棄の前提となる国際条件は整わず、逆に緊張が高まっている。そのような国際状況に合致するよう九条も含めて見直すべきではないかという主張だ。

冷戦構造が崩れても新たに宗教対立、民族対立といった不安定要素が浮上してきた。世界のどこかで常に戦闘状態が続いている。日本は現行憲法と安保条約に基づく核の傘に寄りかかっているだけでいいのか。

『憲法問題調査会』は有識者、専門家に前提条件を設けず、憲法を逐条《ちくじょう》的に検討してもらう目的で設置した。翌年には社内スタッフによる『憲法問題研究会』を作り、節目節目での紙面化を始めた。私もメンバーに加わったが、意見が採用されることもあれば採用されないこともあった」

「世界中で規模の大小こそあれ、戦乱が絶えない。目と鼻の先には核保有を誇示する旧大日本帝国のような軍事独裁国家が存在している。やはり日米同盟による核の傘は不可欠であり、日米同盟を担保する最低限の軍備が日本にとって必要と考えるのもまた当然のことだ。そうでなければ、日本は米国の属国になってしまう。

私は権力に迎合《げいごう》するために転向したのではない。時代の方が大きく変動したのだ。一千万部の新聞の主筆として、国の安全と生活の向上を図るために、最も現実的で有効な選択を決断することは必要かつ妥当《だとう》なことだと考えている」

渡邉は、平成四年二月一日の朝日新聞朝刊で、朝日新聞に論戦を呼びかけている。

「朝日新聞は、一言でいうと嫌いだが、毎日最初に読まざるを得ないですね。

朝日とぼくはどうにも妥協できない点がある。

一例をあげれば、1972年元旦《がんたん》の『朝日新聞は考える』という特集です。安全保障、外交、経済問題、福祉など全部出ている。その中で、日米安保体制を解消し日本が中立化する道筋が書いてある。朝日新聞の社論なんですな。もし日本がそのような政策をとっていたら、今日の繁栄は絶対にない、と私は考えるんです。この点が今日までずっと朝日対読売の社論の対立になっている。

社説では大いに論争しようじゃないかと朝日新聞の幹部とも話している。

言論の自由など、守るべきことは断固協力するが、社論では大いに論じ合って、読者が両方読んで判断する、というのが一番いい。戦時中のように軍国万歳、陸軍礼賛《らいさん》の記事を朝日も読売も毎日も書いたというのはよくない。

だから朝日の思想性は嫌いでも、変えてくれといっているのではない。もっと鮮明にしてくれ、72年元旦の主張をどうしたのかはっきりして欲しい、といっているのです。非難する意味ではないのです。

ぼくは新聞人生の半分以上を朝日への対抗意識で過ごしてきた。いまは対等に戦っているつもりだ。朝日を潰《つぶ》すことはできないし、相対的優位を保っていけば良いと思っています。

戦後45、46年のうち20年くらいは質量ともに完全に負けていました。これは歴然たるものだった。当時の読売の質は悪かった。ぼくがいうんだから間違いない。よくするために四十何年戦ってきた。朝日に追いつけ、追い越せとね。

だから朝日新聞がなかったら、今日の読売新聞はなかったろう。

77年に朝日の部数を抜いた。現在は質は並び、追い越そうとしているところかな。

安全保障などイデオロギー的な面での社論は抜いたと思っている。ただ、文化的企画は、朝日は非常にいい。出版は力があるし、コンピューターによる紙面制作でも我が方は後《おく》れをとってきた。ただ、うちは読売交響楽団と巨人軍を持っているのが強みかな。

まあ、客観的なニュース報道では抜いたり抜かれたり。毎日、これを一覧表にして、ファイルにいれて眺めている。

『嫌いな点を言え』というからあえてもう一言いうと『素粒子』というコラム、あれが一番嫌い。3行でばっさばっさと切るのだが、非常に論理の飛躍があり、イデオロギーを悪く感情化して表現している。読むと血圧が上がるから、健康上の理由で読まないようになった。

社説はそういう感情的な表現がないからこれは絶対読む。一番先に読んで読売の社説と比較している。好きなのはね、昔は『天声人語』ですよ。荒垣《あらがき》（秀雄《ひでお》）時代、それから深代《ふかしろ》（惇郎《じゅんろう》）君のころもよかったね。あれだけの文章を書けるのは我が社にはあの時代はいなかった。今は、読売の質が上がったから『編集手帳』と余り変わらぬ水準にあるようだが。

朝日は革新的、読売は保守的という人もいる。いま読売は保守べったりなんていわれてもいるが、朝日が政府べったりといわれる革新政権の時代が来るかもしれない。その時はこっちは野党にまわって徹底的に政府と朝日を攻撃する。

朝日に、いまは空席の主筆を作ってもらいたい。社論の最高責任者はいてくれたほうがいい。ぼくは主筆として読売新聞の社論に責任をもっているつもりだから。その上で、読売と朝日の主筆がね、NHKとか他のメディアを使って堂々と公開討論したらいいんじゃないかと思う。これは視聴率稼げると思うんだ。まあ若貴《わかたか》ほどではないにしても。そういう論争をしたいという気が非常にあるんです」

渡邉は論説委員長時代の昭和五五年（一九八〇年）以来、元旦の社説を書いてきた。平成六年（一九九四年）にも元日付紙面に主筆として「自由主義・国際主義・人間主義」と題する社説の筆をとった。

湾岸戦争に際し、憲法上の制約から軍事的な面では不可能だったとしても「顔が見える貢献」に失敗し、多額の戦費を担ったにもかかわらず、日本は国際社会から努力と実績をまったく認めてもらえなかった。そのことを踏まえ「世界平和維持のため、日本が相応な責務を果たすために現行憲法が障害であるなら、合理的な修正をためらうべきではない」というのが論旨の一つだ。

この社説を書いた平成六年一一月、読売新聞は調査会の大胆な提言をもとに「憲法改正試案」を発表する。

自衛のための組織の保有を認め、国際協力に必要なら組織の一部を派遣できる。人格権や環境権も新設した。現行憲法の基本的人権の尊重、平和主義、議会制民主主義を堅持しつつ、時代の変化に対応するものだ。それぞれの論点ごとに細かく検討の内容を紹介した単行本も出版した。

これが読売の「提言報道」の出発点になった。

その後、総合安全保障政策大綱、内閣・行政機構改革大綱、経済危機への提言などを次々に公表している。平成一七年から一八年にかけて、紙面で戦争責任を検証した。極東国際軍事裁判（東京裁判）でA級戦犯が裁かれたが、日本国民による検証はおこなわれてこなかった。多角的に検証した結果、東条英機元首相を最も責任が重く、いわば「特A」に位置づけた。

第四章　巨人軍中心主義の「球界の盟主」

「負け試合を見るのは本当にイヤ」

渡邉が初めて野球観戦をしたのは、東京ドームができる少し前の後楽園球場のことだったという。読売新聞専務だった水上健也《みずかみけんや》に連れられ、狭苦しい席に座って見た。

バッターがボールを打っていないのに、バッターが一塁に行く。

「どうして、バッターが一塁に行ったんだ」

水上が教えてくれる。

「あれは、フォアボールだ」

その次の打者は、ボールが当たらないのに、ベンチに戻った。

「あれは、フォアボールじゃないのか？」

「あれは、三振だよ」

そのうち、いきなり観客が大騒ぎした。

「どうして、騒いでいるのか」

「ホームランだ」

教えられても、まったく意味がわからない。

「ホームランは、どうやって決めるんだ」

「観客席にボールが入ることだ」

あまりにも知らない渡邉におどろきながらも、面倒くさかったのだろう。つっけんどんに、水上は答えた。

ところが、今度は、観客席に飛びこんだのに、さきほどのような騒ぎにはならない。むしろ、静まり返っていた。

おかしいなと思っていると、水上から教えてくれた。

「これは、ファールボールだ」

「いったい、どこがちがうんだ」

水上は、外野席の境に立っているポールを指差した。

「あそこに棒が立っているだろう。あのポールの中か、外で決まるんだ」

初めはそのような調子で、三振、フォアボールはわかった。しかし、ファールボールをいくつも打っていいということがなかなか理解できなかった。五つとか、六つくらいでアウトにすべきじゃないかなと思った。

渡邉がわからなかったのが、スリーバントであった。どうして、三回目のバントがアウトになるのか。そこに合理性が見出せなかったという。

渡邉は、その著書『わが人生記』で、スポーツジャーナリストの小林至《こばやしいたる》に、野球が好きか嫌いかと問われ、「経営者としては、こんなイヤなものはない」と答えている。

さらに、理由を語る。

「負けた時は頭に来るし、勝った時はたのしいけど、一四〇試合のうち優勝するのに八〇勝として、優勝しても六〇試合は負け試合を見なければならない。負ける試合を見るというのは、イヤなんですよ。第三者的に、どっちが勝ってもおもしろいと思って見ている人はいいだろうけど、こっちは、はらわたの煮えくりかえるような思いもするわけだから、負け試合を見るのは、本当にイヤですね」

「人気は必要ない。勝てる監督がほしい」

渡邉が巨人軍とどういうきっかけで関わりはじめたのかについて触れておこう。

川上哲治《かわかみてつはる》監督が率いてV9という金字塔を打ち立てた後の巨人軍は、端境期《はざかい》にいた。主砲の王貞治《おうさだはる》は、昭和五三年に前人未到の八〇〇号ホームランを記録するものの、ホームラン王のタイトルは、広島の山本浩二《やまもとこうじ》に奪《うば》われる。往年の力は衰えていた。

そのうえに、V9を支えた戦士たちはつぎつぎと現役を去っていた。〝ミスター巨人軍〟・長嶋茂雄《ながしましげお》が率いた六年間では、セ・リーグ優勝二回のみ。日本一はなかった。このままでは、常勝軍団の名をほしいままにしていた巨人軍は翳《かげ》るばかりである。巨人軍の凋落《ちょうらく》は、新聞の販売部数ともからみ、読売新聞社にとっても死活問題であった。

オーナーである正力亨《しょうりきとおる》に一任していた巨人軍の経営体制を変えなくてはならない。読売新聞社内ではそのような雰囲気が広がった。

長年、巨人軍番をつとめた記者によると、体制が変わったのを象徴したのは、第一次長嶋茂雄監督の幕引きであったという。

昭和五五年（一九八〇年）、契約切れが表向きの理由であったが、事実上の解任であった。長嶋は、監督就任二年目の昭和五一年、三年目の昭和五二年こそリーグ優勝を果たしたものの、それから後の三年間は優勝すらできなかった。日本一もなかった。

契約切れを長嶋に告げる役割は、オーナーである正力亨であった。広島遠征からもどった長嶋を、ホテルニューオータニに呼び出した。

ところが、正力は、長嶋に伝えられなかった。性格的なものにくわえ、「ミスター巨人軍」と呼ばれた長嶋茂雄への思いも強かったのだろう。

長嶋に引導を渡したのは、読売新聞社長の務台光雄《むたいみつお》であった。あるこ巨人番記者は、このときを境に、巨人軍の経営主体は、正力亨から読売新聞へと移ったのだという。

このころ、巨人軍フロントの上層組織として、最高経営者会議を設立。監督人事権は、最高経営者会議にあった。渡邉恒雄は、平成元年（一九八九年）から、そこに名を連ねた。

数年前までは、巨人軍にも、野球にもまったく関心をしめさなかった。意識が変わったのは、渡邉が読売新聞社長に就任してからのことである。グループ内での巨人軍の持つ重みに気づいたという。

平成三年（一九九一年）に務台がこの世を去って一年がたったころから、これまでの巨人軍の人気、資金、読売新聞と日本テレビ放送網という巨大メディアを背景に、影響力のあるチームオーナーとして球界に君臨、コミッショナーの人事も決める人物といわれた。球界に強い影響力をおよぼすようになった。

渡邉は、野球を理解するために、イラスト付きの『野球入門』にもきちんと目を通した。

ただ、渡邉は、オーナーは野球を知らなくてもいいと割り切っていた。オーナーは、野球協約の解釈を知っていればいい。野球協約の解釈は法律の解釈を読んでいるようなもので、これが理解できないと、いかに野球のゲームやルールにくわしくても、オーナー会議には出られない。出る意味がない。そう思ったという。

渡邉は、その著書『天運天職』で語っている。

「この野球協約をよく理解していたから、僕はドラフト改正、フリーエージェント導入に成功したんだ」

渡邉は、平成三年のシーズン優勝が絶望的となった九月、憤《いきどお》りをあらわにした。

「来年、こんな状態ならば、ただじゃおかない」

それから一ヵ月後には、西武の森祇晶《もりまさあき》監督と藤田元司《ふじたもとし》監督とを比較していったという。

「実績では、藤田より森のほうがちょっと上だな」

斎藤雅樹《さいとうまさき》、槙原寛己《まきはらひろみ》、桑田真澄《くわたますみ》の三本柱を中心にして二回のセ・リーグ優勝を果たし、うち一回は日本一へと巨人軍を導いた藤田監督は、渡邉発言に心底腹を立てていたという。

平成四年一〇月、二年連続で優勝を逃すことが確定的となると、藤田監督はさっさと巨人軍を去ることを表明した。

巨人軍は、留任をもとめたが、藤田の意思は強かった。表向きの理由は、あくまでも、持病の心臓病が心配だということだった。しかし、藤田は、気のおけないスタッフには明言していたという。

「あの人の下では、絶対にやらない」

「あの人」とは、渡邉恒雄のことである。

渡邉は渡邉で、次期監督については口にしていた。

「人気は必要ない。勝てる監督がほしい」

候補には、広岡達朗《ひろおかたつろう》元西武監督、王貞治前巨人監督、さらに、ヘッドコーチである高田繁《たかだしげる》の名もあがった。そして、最終的に絞りこまれたのが、長嶋茂雄であった。

一二年前に事実上の解任をした長嶋である。その招聘《しょうへい》には、渡邉みずからが動いた。

巨人軍、プロ野球にかかわる動きがあると、取材陣が、渡邉恒雄を追いかけるようになったのはこのころからである。ホテルニューオータニ、パレスホテルで、かならず食事をする渡邉を待った。ただ、それほど回数は多くはなかった。

渡邉は、記者たちの囲み取材にはよく答えた。

ある記者によると、渡邉は、記者たちに囲まれたり、取材されることがおそらく好きなのだという。本人は口に出してこそいないが、ついサービスしてやろうという気持ちになるらしい。

よほど機嫌《きげん》が悪いときには黙《だま》って車に乗りこんでしまうが、たいていは記事にしやすい話をしてやろうといった雰囲気がある。

渡邉にいわせると、千代田区の五番町に住んでいたころ、ロビーもドアも何もない、吹きっさらしの入り口にいつも新聞記者たちが待っていた。寒い冬の日には、外套《がいとう》を着て何時間も待っているのである。それは、彼らの足元にある吸い殻の落ち方でわかった。それで、つい、情にほだされてサービスして話すようになったという。

そのコメント内容は、渡邉についている広報担当者が録音している。翌日にどのように新聞に載っているか、照らし合わせる。曲解しているか。いい回しを変えていないか。こと細かにチェックしている。

あまりにも渡邉がいったこととちがっていると、渡邉が、囲み取材で、その新聞社を名指しで怒鳴ることもある。

「おい、△△の記者、いるか！」

広報担当者が、新聞社にじきじきに電話をかけてくることもある。

ただ、ある記者によれば、たとえその記事が渡邉を批判する記事であろうとも、内容についてクレームをつけることはなかった。

渡邉は、取材拒否もしない。自分もまた、新聞記者である。新聞記者としての仁義は守っているのかもしれない。その意味では、人間的には、愛すべき人なのかもしれないという。

渡邉は、チーム状況については、フロント、報知新聞の巨人担当から、逐一《ちくいち》報告を受けている。

しかし、野球のルール、試合についてはまったくわからない。いつまでたっても、「ショートとセカンドは、どっちがファーストに近いんだ」と基本的なことを聞いていた。

野球について突っ込まれると、口癖のようにいい放つ。

「おれは、野球のことはわからない」

あるいは、都合の悪い質問をされると突き放す。

「いま日本の政治が大事なときなんだから、野球のことなんてかまってられない」

野球に関する発言一つひとつも、いざというときのほかは、理路整然と考えていっているのではない。直感で語っているようにも見えた。

巨人軍中心主義の新リーグ構想

渡邉が巨人軍に経営参加してしばらくたって、日本を沸《わ》かせたバブル景気が崩壊した。ちょうどそれを境に、プロ野球界も、転換期をむかえようとしていた。人々の興味は細分化され、かつては、野球がスポーツの代名詞のようにいわれていた時代は終わりを告げようとしていた。

野球人口も日に日に少なくなり、巨人戦以外の野球場はいつも空席ばかりだった。各地で空席が目立つようになっていった。地盤沈下が起こっている。しかも、平成に入ってからプロサッカーリーグの実現が進み、いよいよ平成五年（一九九三年）五月からJリーグが開幕した。

大胆《だいたん》な改革の断行を、渡邉はめざした。

渡邉にとって、プロ野球界の発展を阻害《そがい》しているのは、やはり巨人軍が廃止を主張しつづけるドラフト制度であった。廃止を主張するその最大の理由は、「選手にとっては職業選択の自由が阻害される」ということであった。

そのうえ、市場経済原理にしたがって経営努力をすすめ、魅力ある球団にすることで有能な選手を獲得する。それこそプロ野球本来の発展の形だろう。にもかかわらず、ドラフト制度は、戦力均衡《きんこう》論の上に立っている。むしろ、怠《なま》け者の球団経営者を生むばかりだ。

「人為的に競争を否定して、それで弱いものを強く、強いものを弱くしてどっちが勝つかわからなくするというのがフェアだという思想は、まったく間違っているね」

渡邉は主張する。

渡邉は、平成五年に入ってまもないころから、西武ライオンズオーナーの堤義明《つつみよしあき》と水面下で会っていた。渡邉は、新リーグ構想を抱いていた。それも、経営にみがきをかける球団ばかり、六球団を集めるというのである。

平成五年三月、渡邉は、あらためてぶち上げた。

「ドラフト制度撤廃案が通らないときには、日本プロ野球機構を脱退する」

「新プロ野球機構」設立を宣言したのである。

渡邉は語った。

「西武と巨人は、一心同体です」

セ・リーグ、パ・リーグの人気球団である二チームを軸とした新リーグの結成である。

のちに、渡邉自身が、三宅久之《みやけひさゆき》との対談集『闘争』で語ったところによれば、このとき、阪神オーナーの久万俊二郎《くましゅんじろう》、広島東洋カープの松田耕平《まつだこうへい》も賛成した。二人とも、わざわざ読売新聞本社までたずねてきて、主筆室で話をしたという。

「おおいに乗り気だったんだよ」

渡邉は、そう語っている。

その後、中日オーナーの加藤巳一郎もくわわり、ダイエーも入りたい様子だったという。六球団があつまる。ただし、渡邉の構想は、それだけに終わらなかった。それに、松下電器産業、ソニーといった企業に声をかけて新チームをつくる。八球団による新リーグ構想だった。

そして、新リーグと、残った球団とで日本一をかけて戦えばいい。そのような大胆な構想だった。

しかし、現場は、渡邉、堤らの構想についていってはいなかった。渡邉の部下である湯浅武オーナー代行さえ難色を示した。

「『新リーグ構想』には、なんの実体もない」

西武ライオンズオーナー代行の仁杉巌《にすぎいわお》も語った。

「球団として、一度も新リーグといったことはない」

しかもこのとき、野球協約の改正が、プロ野球機構の方向性としてまとまったのである。その年のシーズンオフから、逆指名制度、FA制度が導入されることが決まった。

堤義明は、そのときに、渡邉に話したという。

「FA制度や選手による球団への逆指名が採用されたことで、球界改革はできたんだから、いまのままでもいいじゃないか」

渡邉は、あっさりと堤の言葉を受け入れた。本音をいえば、現状の一二球団の形で改革が進めばそれでいい。そう思っていたという。構想を引っ込めた。

ある巨人軍番記者によると、その主張を聞く限り、渡邉の主張には正当性があると感じる。ただ、その行動やほかの言動を見るとどうか。はたして、渡邉が、プロ野球全体のことを考えているのか、と思わざるをえない。

渡邉は、自由競争を促進させようという。それは正当だ。しかし、それは、資本力とブランド力が、ほかの球団から図抜けた存在だからいえることだ。巨人軍にとって有利だからだ。

もしも、本当にプロ野球界の発展を考えているのであれば、渡邉には、ほかに手立てがあるのではないか。

巨人主催のテレビ放映権を手放し、コミッショナーの管轄《かんかつ》下に置く。放映権料の格差は激しく、もっとも開きがあった時代には、巨人戦が一億円。パ・リーグの試合が八〇〇万円ということもあった。現在こそ、このような一二・五倍もの開きはない。それでも、巨人戦の商品価値が高いのは確かだ。

巨人がまず放映権を手放せば、全球団も手放すだろう。それを一つにまとめて、メジャーリーグのように一二球団で平等に分配する。それぞれの球団経営が安定することは、プロ野球界全体の底上げになる。

しかし、渡邉は、平等化はしない。あくまでも巨人、読売新聞社の利益をなによりも優先するからである。そこに、巨人軍中心主義の姿勢がある。

渡邉にいわせれば、「巨人が勝てば、読売新聞の販売部数が増える」という関係にはいまはなかなかならないという。

優勝の効果があるとすれば、七〇〇〇人の読売新聞の正社員、八五〇〇軒の販売店、八五〇〇人の店主のもとにいる一〇万人近い配達労働者らの士気があがる程度であるという。

さらに、『わが人生記』では、渡邉は、放映権料について反論している。

「三〇球団もが年間合計二四三〇試合以上こなしているものを全国放送することは、物理的にもできるわけはなく、実際はワールドシリーズと、それに先立つ優勝決定戦を中心に、一〇〇から一一〇試合が年間放送されているに過ぎない。最人気球団ヤンキース戦も、公式戦で今季全国生中継されたのは、たった六試合だけだ。日本でも、日本シリーズやオールスターの放映権料は、コミッショナー事務局入り、同事務局及び、セ・パ両連盟の経費になる。すでに日米とも同じようなものになっている。

誤解のもとは、MLBではローカル放送については、各球団の収入になっており、米国のような面積が広く、球団の地域性の強いところでは、ローカル放送の収入がバカにならない、という放送メディアの日米間の大差を知らないことだ」

自自連立工作、小沢と野中を橋渡し

昭和五二年（一九七七年）、日本一の発行部数を誇る新聞社へと成長した読売新聞は、平成六年（一九九四年）五月、発行部数監査機関である日本ABC協会の報告により一〇〇〇万部を超え、日本を代表する新聞の座を確固たるものにした。務台光雄が死去し、渡邉恒雄が社長に就任してから三年後のことだった。


渡邉が裏で動いた二度目の連立工作は、平成一〇年（一九九八年）、小渕恵三《おぶちけいぞう》内閣に対し小沢一郎《おざわいちろう》党首率いる自由党との連立、いわゆる「自自連立」の橋渡しをしたことだったと『反ポピュリズム論』にある。

平成一〇年七月の参議院選で惨敗《ざんぱい》したため、小渕内閣は参議院が過半数割れの状態で国会に臨まなければならなかった。このため八月上旬に提出された金融機能再生法案は、菅直人《かんなおと》代表率いる民主党とのあいだで延々と修正協議がつづけられた。

結局、自民党が民主党案を丸呑みして成立したのが一〇月一二日。この二ヵ月のあいだに日経平均株価は一万六〇〇〇円から一万二八〇〇円へと、三〇〇〇円以上も暴落してしまった。

「私が自民党と自由党の間で連立の橋渡しに積極的に動いたのは、このような金融危機の淵に日本が追い込まれていたからである。

私が具体的に橋渡しをしたのは、小渕内閣の官房長官、野中広務《のなかひろむ》さんと自由党党首の小沢一郎さんだ。実は当時、私は野中さんとも小沢さんとも、個人的に親しくなかった。

特に野中さんとは、一対一で会ったことが一度もなかった。そこで当時自民党の参院幹事長だった青木幹雄《あおきみきお》さんが、ある料亭に私と野中さんを招いて引き合わせた。その宴席の帰り際、野中さんが私の前で両手をついて『よろしくお願いします』と頭を下げた。

私はびっくりして『いやいや、こちらこそよろしくお願いします』ともっと低く頭を下げたが、野中さんの自自連立に賭ける本気度を見た気がした。

そこで私も小沢さんの周辺に懇意にしている人物（後述する「X氏」）がいたので、その人を介して野中さんの気持ちを小沢さんに伝えてもらい、小沢さんと野中さんを二人だけで会わせることに成功した」

渡邉のいう「X氏」は、小沢が非常に信頼を置いている斎藤次郎《さいとうじろう》のことである。斎藤は、細川《ほそかわ》（護熙《もりひろ》）連立政権を、大蔵事務次官として小沢一郎幹事長ととり仕切った。

自自連立で渡邉がもう一つだけ骨を折ったのは、この小沢・野中極秘会談の後、野中から頼まれて、当時小渕派会長だった綿貫民輔《わたぬきたみすけ》（のち衆院議長）の了解を取りつけたことだったという。

「『綿貫さんが賛成だと言ってくれれば、ただちに連立に動きます』と野中さんは言ったが、小渕派と小沢自由党はもともと一九九二年の旧竹下派分裂《ぶんれつ》で袂《たもと》を分かった経緯があるから、野中さんとしては、派閥の会長の事前了解が必要と判断したのだろう。私は翌朝、綿貫さんの個人事務所を尋ねて、水面下で連立に向けた動きがあることを説明して、『綿貫さん、ぜひ賛成と言って下さい』と頼んだら、綿貫さんも『わかりました』と言ってくれた。会社に到着してすぐ官房長官室に電話をかけて、野中さんに結果を報告した。私が関わったのはここまでだ。

連立に踏み出す歴史的一歩となった九八年十一月十六日の小渕・小沢会談の実現で自自連立は出発した。但し野中さんの迫力のためか、野中・小沢会談の夜、小沢さんは吐き気で苦しみ、某ホテルに医師を呼び点滴をするハメになったのだった。

破綻《はたん》前の公的資金投入を可能にする金融早期健全化法は、自自連立に向けた水面下の動きがあったおかげで、自由党の賛成が得られ、国会提出から十日もたたずに十月十六日に成立し、これにより六十兆円の公的資金投入の枠組みができた。私が橋渡しした自自連立は、日本の金融システム危機ひいては世界恐慌《きょうこう》突入の危機を食いとめるうえで、大きな役割を果たしたと思っている」

自分の都合でどうにでもする老人

平成一〇年三月、渡邉は、プロ野球選手の出場が解禁となったシドニー・オリンピックの選手派遣について語った。

「巨人からは、高橋《たかはし》（由伸《よしのぶ》）も、松井《まつい》（秀喜《ひでき》）も絶対に出さない」

さらに、川島廣守《かわしまひろもり》コミッショナーから聞いたという、サマランチIOC会長の話を披露《ひろう》した。

「サマランチが、一二球団のトップ3を出せといっているそうだが、放映権料が取れないからだ。なにしろ、サマランチって野郎は、商業主義者で金のことしか考えてねえ」

その返す刀で、交流戦を望んでいるパ・リーグをも切って捨てた。

「このままでは、何チームか潰れるかもしれないが、パは潰れてもいい。もともと八球団から一〇球団がいいんだ。八球団なら全部黒字になるし、一〇球団なら少し赤字が出る。でも、一二球団だと六球団は赤字だ。そういう数字が出ているんだ」

チームリストラも強調した。

平成一二年に開催したシドニー・オリンピックには、巨人軍の選手は出場しなかった。日本代表チームは、四位に終わった。

読売新聞本社には、抗議の電話が鳴りつづけたという。

「巨人が選手を出さないから、負けたんだ」

その四年後の平成一六年のアテネ・オリンピックでは、上原浩治《うえはらこうじ》、高橋由伸の二選手が巨人から出場した。長嶋茂雄が代表監督に就任したこともあるだろうが、あれほど頑《かたく》なだった渡邉が手のひらを返したのである。

自分の都合で、どうにでもする。

それが、ある新聞記者から見た、渡邉恒雄像である。

長嶋茂雄元巨人軍監督は、このころの巨人軍の野球をこう評して嘆いた。

「いまの巨人は、おとなしすぎる。スカートをはいた野球をしている」

順位でも低迷している巨人の選手たちに喝《かつ》を入れたかった。その起爆剤になる存在こそ、闘将とうたわれた星野仙一《ほしのせんいち》だった。巨人軍としても、星野への評価は高かった。鉄拳《てっけん》制裁も辞さないヘッドコーチとして、選手たちの根性を入れ替えてほしい。その期待もあって、水面下で招聘に動いた。渡邉主導での動きであったという。

しかし、実現しなかった。

その後、星野が阪神タイガースを率いて優勝に導いたあと、あらためて星野の巨人軍監督就任を打診した。

このときには、巨人軍OBからの猛反対があった。巨人軍には、監督は、OBのスター選手という不文《ふぶん》律《りつ》がある。それが崩れてしまうのを、OBは嫌ったのである。

星野は、断った。

渡邉主導でも成功しなかった。

加藤の乱「あのグズ加藤がよくいったよな」

平成一二年（二〇〇〇年）一一月、森喜朗《もりよしろう》内閣の倒閣を目指して、加藤紘一《かとうこういち》元自民党幹事長が立ち上がろうとした。いわゆる「加藤の乱」の勃発《ぼっぱつ》である。

このとき、森喜朗内閣の内閣官房参与をつとめていた中村慶一郎《なかむらけいいちろう》は、加藤の乱の契機となった一一月九日夜、虎ノ門ホテルオークラの日本料理屋「山里」での会合「山里会」に参加していた。

「山里会」とは、渡邉恒雄が主催するマスコミ関係者や政治評論家などの集まりで、中村のほかに、田中《たなか》角栄《かくえい》の元秘書の早坂茂三《はやさかしげぞう》、毎日新聞出身の政治評論家・三宅久之らなどが参加し、毎回政治家をゲストに呼び、会合を重ねていた。山里会の経費は、一部を渡邉が負担していた。

この日の会合には、宏池《こうち》会会長の加藤紘一と加藤の側近でもあり、橋本《はしもと》（龍太郎《りゅうたろう》）派の野中広務幹事長とも近い古賀誠《こがまこと》国会対策委員長が参加していた。加藤の率いる宏池会は、森政権で非主流派の立場になっていた。そのため、森に批判的な加藤の今後の動きが政局の焦点《しょうてん》になっていた。

加藤が森内閣の倒閣に言及したのは、同席していた古賀が中座した後のことだった。出席者の一人が森総理の続投を前提に加藤に質問した。

「加藤さん、加藤派としては、今度の内閣改造での閣僚人事や党人事をどうするんですか？」

「森さんには、内閣改造をやらせませんよ」

加藤の発言の前に、その場に驚きと衝撃《しょうげき》が走った。それは、加藤の倒閣宣言であった。

酒席とはいえ、加藤はそれほど深酒しているわけではなく、泥酔して口が滑ったり、冗談をいっているわけでもなさそうであった。

加藤は、その後も、不支持率が七〇パーセントを超えた森政権の経済政策や外交政策を厳しく批判しつづけた。さらには、自らが総理に就任した際の幹事長人事にまで言及した。

「野中さんでも、青木幹雄さんでも、村岡兼造《むらおかかねぞう》さんでも、野呂田芳成《のろたほうせい》さんでも、だれでもいい」

また、加藤は携帯電話を手にし、野党との連携もにおわせながら、いった。

「わたしはいつでも菅直人と連絡がとれる」

民主党の幹事長であった菅と加藤は、自社さ連立政権時代に、連立与党の政策担当者として親交を深めて以来、コネクションがあった。

中村は、加藤の話を聞きながら思った。

〈これは本気なのかもしれない。野党の不信任案に乗って、政権を狙っているのか……〉

当時、衆議院の議席は与党が四八〇人中二七二人を占め、過半数より三一人上回っていたが、衆議院の加藤派四五人と山崎派一九人の計六四人が造反をすれば内閣不信任案が可決され、森内閣は内閣総辞職か衆議院解散を余儀《よぎ》なくされる。

そのため、加藤の発言は、加藤派の自民党からの独立、政界再編などさまざまな憶測を呼び、中村たちも驚きを隠せなかった。

この日の発言が表に出たことによって、政局は一気に動き、予断を許さないものになっていく。

渡邉は、加藤が去ったあと、いった。

「あのグズ加藤が、よくもあそこまでいったよな……」

このとき、森喜朗内閣の内閣官房参与をつとめていた中村にとって、この日の加藤の発言は見過ごすことはできないものであった。

山里会閉会後、中村は、参加者の一人である早坂茂三からいわれた。

「慶ちゃん、おまえ、内閣官房参与なんだから、今日は、森さんのところに行って報告しなきゃいけないな」

もちろん、中村も早坂にいわれる前からそのつもりであった。

「そうですよね。いまからこの足ですぐに向かいます」

中村はホテルオークラを出ると、すぐさま、当時森総理が住んでいた公邸に向かった。

だが、森は外出からまだ戻らず不在であった。森はこの日、午後六時過ぎにホテルニューオータニで開かれていた江藤《えとう》（隆美《たかみ》）・亀井派のパーティーに顔を出したのち、午後七時から赤坂の中華料理店「栄《えい》林《りん》」で報道各社の論説委員たちと会食をしていた。

中村がしばらく待っていると、午後一〇時過ぎになり、会食が終わった森が公邸に戻ってきた。中村はすぐに会談を申し込んだ。部屋に案内された中村の顔を見るや、森がいった。

「中村さん、こんな遅くにどうしたんですか？」

中村がこの時間に森に面会を求めることはこれまでになかった。不思議な表情を浮かべる森に、中村はいった。

「森総理、じつはいま、加藤紘一と山里会の集まりでメシを食っていたんだけど、加藤が聞き捨てならないことをいっていたから、すぐに耳に入れておこうと思って来たんです」

中村の言葉を聞き、森は瞬時にけわしい表情を浮かべた。

「なんですか？」

「じつは、加藤が今度の改造をさせないっていうんですよ」

「なんだって!?」

このとき、森は翌平成一三年一月六日に実施される中央省庁再編に備えて、内閣改造と党役員人事を近くにおこなう予定であった。

「しかも、民主党の菅と連携するなんていうんだ。もしかしたら、不信任案に賛成するつもりかもしれないから、注意したほうがいいと思って」

「わかりました。夜遅くにわざわざありがとう、中村さん。今日の話の内容については調べて、明日また連絡します」

森からそういわれて、中村はこの日自宅に戻った。

翌一一月一〇日、朝八時前頃に中村の自宅に森総理から電話がかかってきた。

〈昨日の件についてだな〉

中村はそう思い、受話器を取った。森の声が聞こえた。

「中村さん、昨日は遅くにありがとう。今朝、小泉《こいずみ》に頼んで加藤の話がどこまで本気か調べてもらったんだ。そうしたら、やっぱり加藤は本気らしい」

当時、森派の会長であった小泉純一郎《じゅんいちろう》は、かつて竹下派経世会《けいせいかい》の支配に対抗し、加藤紘一、山崎拓《やまさきたく》とともに、ＹＫＫを結成していた。そのため、小泉は加藤、山崎と強いパイプを持っていた。

森の話によれば、加藤は昨晩の山里会での発言について問いただした小泉に「そういえば、中村がそばにいたな」と発言していたという。加藤が意図的に発言したのか、それとも、酒席でつい口を滑らせたのかはわからない。が、政局は、一気に動き、加藤は徐々に引き返せない立場に立たされていくことになった。

中村によると、当時、山里会を主催していた渡邉は、森政権に対しては、比較的冷めた立場であったという。舌禍《ぜっか》事件ばかり引き起こす森に対しての不信があったようだった。

加藤に味方をするようなほどではなかったが、森に対しての同情もあまりしていないようであったという。

辣腕《らつわん》・野中のはげしい切り崩し

この加藤の乱では、野中広務幹事長の辣腕《らつわん》ぶりがいかんなく発揮された。

野中は、加藤の行動を批判して、切り崩しの先頭に立った。マスコミにも出演し、切り崩し工作が頂点をきわめるといわれた不信任提出前の週末の日曜日に、とんぼ返りで北海道の会合に出席するという行動すらとった。

週末以前は「除名」の一本槍《いっぽんやり》で強気な姿勢を見せていたが、日曜のテレビ発言で条件的に含みを残す発言に変わり、硬軟とりまぜた戦術で徐々に加藤派の議員たちを切り崩していった。

かつて野中は、加藤が経世会と距離を置くまでは加藤を総理にすると公言してはばからなかった。橋本龍太郎総裁の時代に、加藤が幹事長だったときには、幹事長代理として補佐し、新進党議員の引き抜き工作をおこない、自民党の単独過半数の成果を上げるなど盟友関係でもあった。

しかし、自民党総裁選で小渕の意向に反する形で加藤が立候補したときから反加藤の立場をとるようになっていった。

内閣官房参与であった中村も、野中に怒られたという。

「われわれがこれだけ苦労して、森さんを支えているのに、何をやっているんだ」

結局、加藤の動きに対して、党内の国会議員に同調者は広がらなかった。ベテラン議員のなかには、保守本流を自任する自派が党を割ることや野党の不信任案に同調するという禁じ手への不満・不安があった。野中を中心とする執行部が除名を強硬に主張して切り崩された結果、宮沢喜一《みやざわきいち》や丹羽雄哉《にわゆうや》、古賀誠らは、加藤と袂を分かつことになった。

一一月二一日、採決直前の派閥総会で、加藤は、不信任案に賛成票を投じようとした。

「山崎拓さんと二人で賛成してくる。みなさんはここに残って」

だが、側近の谷垣禎一《たにがきさだかず》が涙ながらにひきとめた。

「あなたは大将なんだから。一人で突撃なんてダメですよ」

結局、加藤と山崎は採決を欠席し、不信任案は否決された。


否決から六日後の一一月二七日夜、森は、日枝《ひえ》神社のすぐ近くにあるウナギ料理店「山の茶屋」で、中村慶一郎と旧知の政治記者OBたちと会食していた。

森は、「飯を食うときは料理屋じゃないとね」といいながら、どっしりと腰を下ろした。歯を治療中の森は、この店の柔らかいウナギが気に入っていた。

話題はすぐに「加藤の乱」におよび、森は、自民党内から同調者が出て不信任案可決となれば、衆議院解散に踏み切る覚悟だったことを明かした。

「首相というのは、わたしのためにあるものじゃない。それほど軽んじてもらっては困る」

「選挙で負けたらまた野党になればよい。わたしが野党から取り戻したんだから、わたしの手でまた野党になる。反対される筋合いはない」

森は、平成五年の自民党の野党転落後、翌年の政権復帰に党幹事長として力を尽くした自負を持っていた。その怒りは乱を主導した加藤紘一に向かい、中村ら参加者に対して、冗舌《じょうぜつ》に鎮圧劇を語っていた。

原監督を切るか、三山代表を切るか

平成一三年（二〇〇一年）九月、〝若大将〟と呼ばれた原辰徳《はらたつのり》が、次期巨人軍監督に就任することが決まった。平成五年から九シーズンにわたって指揮を執《と》った長嶋茂雄の後を継いだのである。就任したての平成一四年（二〇〇二年）のシーズン、いきなり日本一の栄光を手にした。

渡邉も、上機嫌であった。

「原君なら、一〇連覇《れんぱ》も二〇連覇も夢ではない」

最大級の賛辞を贈って、褒めたたえた。長期政権も確実だといわれた。

ところが、二年目の平成一五年（二〇〇三年）、巨人は不振をきわめた。星野仙一率いる阪神タイガースの独走を許した。

シーズン途中、フロントは、ヘッドコーチである鹿取義隆《かとりよしたか》の解任を決定。さらに、九月になると、渡邉は、渡邉の腹心といわれる読売新聞本社経理局長の三山秀昭《みやまひであき》を球団代表に就任させた。

三山は、巨人軍立て直しに鼻息を荒くした。志《こころざし》が高く、いい意味でいえば、自分の力でなんとしても巨人を変えたいと気概《きがい》を抱いていた。だから、暴走した。

フロント業務だけでなく、選手起用、采配《さいはい》と現場にまで口を出した。

「もっと、選手を動かせ！」

そのうえ、来期のコーチ陣の大幅入れ替えまで要求したのである。

プロの野球選手で名声をあげ、監督としても実績を上げた。にもかかわらず、原からすれば、野球の「や」の字も知らぬ三山に、野球のことをとやかくいわれるのである。

プライドは、ずたずたに傷つけられた。

原は、三山の要求を突っぱねた。

「来年も、いまのメンバーでやります」

中日ドラゴンズとの一戦を終えた原は、渡邉と会った。あまりにも度が過ぎる三山の干渉《かんしょう》を、渡邉に直《じか》談判《だんぱん》して、三山に話してもらい、なんとか事をおさめてもらおうとしたのである。

九月も半ばとなり、渡邉は、報道陣から、原監督の続投について問われ、強気にいい放った。

「原君が辞めるときは、おれが辞めるときだ」

報道陣から、念を押された。

「続投でいいのですか？」

渡邉は、思わぬ質問に、つい、いいよどんだ。

「まだわからん。三連敗したら話は別だ」

前言を軽く翻《ひるがえ》したのである。態度は一貫しなかった。

原は、不信感を抱いた。辞任の決意を固めたのは、中日戦で敗れ二八年ぶりの九連敗を喫《きっ》した九月一六日の夜のことだった。

それから三日後の一九日、東京・大手町の読売新聞東京本社を訪れ、渡邉に辞表を提出した。

渡邉は、あわてた。まさか、原が辞表を出すとは思いもよらなかったのである。三時間にもわたって、慰留《いりゅう》したという。

三山も慰留した。しかし、三山の場合、「フロント主導によるコーチ人事」だけは譲らなかった。

九月二〇日、原はあらためて、電話で辞意が固いことを渡邉に伝えた。

巨人番の記者らから見ると、原監督のもとでの巨人軍は、前年にくらべて悪いとはいえ、勝ち越している。そのうえ、順位は三位。Aクラスを確保しているのである。最低の合格ラインである。渡邉のすることは、原をなぐさめて、三山を叱責《しっせき》することだろう。そう思った。

渡邉も、決断を迫られた。

「監督を切るか」

「代表を切るか」

渡邉がとったのは、腹心の三山だった。

渡邉は、急遽《きゅうきょ》、次期監督を探しはじめた。なかなか見つからなかった。シーズンが終わって、秋季キャンプはすぐにはじまる。それまでに来年指揮を執る監督がいなければ格好がつかない。

候補としては、王貞治、江川卓《えがわすぐる》、中畑清《なかはたきよし》らの名が挙がった。しかし、王は、解任の経緯から頼むことはできない。江川は、いきなり監督に就任させるには未知数だった。中畑清は、かつて長嶋のもとで打撃コーチをつとめたが、駒田徳広《こまだのりひろ》との確執が表面化し指導者としての手腕に疑問を持たれていた。

渡邉が、探しに探したすえに決めたのが、現役時代〝悪太郎〟と呼ばれたV9時代のエース・堀内恒夫《ほりうちつねお》であった。

堀内は、そのとき、軽井沢にいた。まさか自分に、監督のお鉢《はち》がまわってくるとは思わず、対岸の火事のような気持ちで見ていた。その堀内に、渡邉恒雄がじきじきに電話をかけてきたのである。

「たいへんなことになったら、ぜひ監督を引き受けてほしい」

渡邉は、そういったという。

平成一五年九月二六日、原の辞任会見とともに、堀内恒夫新監督就任の記者会見がひらかれた。会見の席に着いた原は口を真一文字に結び、目を赤く潤《うる》ませ、辞任を決断した胸中を吐《は》き出した。

「一人ひとりの力を十分に発揮させることができず、ふがいない成績に終わってしまいました。このまま何もしないで来季、指揮を執っていいものか。すべてはわたしの責任。（このままでは）巨人の監督として権威、威厳に傷をつけてしまう」

渡邉は、原の監督辞任会見の席上で語った。

「読売グループ内の〝人事異動〟である。じつに明朗に話は進んだ」

原とフロントとの確執が引き金であったことを、なんとかここでおさめようとした。

原とも話し合い、原は特別顧問に就任することが決まった。渡邉は、原にこういったという。

「二年か三年休んで、他球団の研究などをしてほしい。かならず、もう一度、監督に復帰してもらうから」

原は明るく、まっすぐな性格である。その性格ゆえに、〝ジジ殺し〟とも呼ばれる。だが、渡邉はそれだけでは、原のことを見ていない。監督としての資質を、冷静に評価しているのだという。

のちの平成二四年に、メジャーリーグ日本開幕戦のレセプションでは、主催者代表である渡邉は、おそらく原自身も出席していたにちがいないにもかかわらず、記者たちに、イチローとの会話の内容について明かした。

「巨人の監督になってくれとお願いしたんだ。将来だよ」

あるときには、采配《さいはい》について、落合を引き合いに出すこともあった。

「落合君のほうが頭がいい」

それらの発言は、原に叱咤《しった》激励《げきれい》しようといった意図や、エールを送るためにいっているのではなく、本当に思ったことを口にしているのである。

一方、原から巨人軍を引き継いだ堀内にとって、チームは、いい状態にあるとはとてもいえなかった。

堀内は、フロントに頼みこんだという。

「清原《きよはら》を外してほしい」

西武からFAしてきた清原和博《かずひろ》が、幅をきかせていた。

渡邉は、華がある選手が好きで、だから、平成八年に清原和博をFAで獲得したときには、球団社長室にわざわざ呼んで面会した。ほかのFA選手にはないもてなしぶりであった。

だが、清原が渡邉の期待に応えられないと、評価は一変する。その感情の揺れ具合は、まるでジェットコースターのようだ。この世のものではないといわんばかりに、むちゃくちゃにいい立てる。

しかし、渡邉は、あれほど頼み込んで監督に就任してもらった堀内に対して、手を差し伸べることはなかった。

清原は、残った。そのうえ、大きな補強もなかった。

結果として、堀内は、貧乏クジを引いた形となった。二年間、優勝できないまま、監督就任期間を終えた。

「江川は金に汚い」

なお、堀内の監督就任の際、ピッチングコーチとして江川卓の名が挙がった。渡邉が初めて巨人軍にかかわったのが、江川入団をめぐる「空白の一日」であった。

その江川を入閣させようとしたものの、結局、見送られた。金銭面で折り合いがつかなかったのだという。

これ以後、渡邉は、江川のことを、「大」がつくほどに嫌ったという。

「あいつは、タレントで、金に汚い」

記者たちの前で、いってのけていた。

長く巨人を見てきた記者から見ると、江川はとても、優秀なコーチ、優秀な監督になれるとは思えなかった。未知数というよりも、江川は、野球の勉強をしていない。野球場に足を運ぶのは、ほとんど解説で出演するときのみである。解説のときでも、その試合で必要なデータを頭に入れているとは思えない。

それが、生中継でポロリとこぼれ落ちる。

たとえば、ベンチに入っていない中継ぎ投手を使えということがあった。

さらに、かつて、藤田元司監督時代、桑田真澄、槙原寛己とならんで三本柱の一人に、斎藤雅樹がいた。サイドスローから繰り出す一四〇キロ超のストレート、スライダー、シンカーを駆使《くし》し、通算一八〇勝をあげた。長嶋時代を支えたエースである。

その斎藤は、一時期、「ノミの心臓」と呼ばれるほど気が弱く、そのせいで、力を出しきれなかった。

ことに、インコースを突く投球術を身につけられなかった。

ところが、ある年から、斎藤が、積極的に内角をつくピッチングを披露するようになった。

解説者として、斎藤の投球を見ていた江川がいった。

「斎藤は気が弱いのだから、内角を攻めてぶつけたりしたら、ショックになりますよ」

江川は、知らなかった。その年の宮崎キャンプで、斎藤は、いままでとちがう練習に取り組んでいた。内角攻め。その練習を重ねていたのである。

キャンプ地で、選手たちの練習を見てまわっていれば、そのようなことはすぐにでもわかる。もしもそれをしなくても、コーチから、選手たちの様子を聞いていれば、少なくとも、斎藤が前年とはちがっていることはわかっていたはずである。

そのような江川が、監督やコーチで実績をあげられるのかどうか。

巨人番の記者たちは、たいていそのように見ているという。

プロ野球再編問題の激震

平成一六年（二〇〇四年）六月一三日、球界を揺るがす事実があかるみに出た。そのスクープは、日本経済新聞によってもたらされた。

「近鉄バファローズ、オリックスに（吸収）合併合意」

オリックスオーナーの宮内義彦《みやうちよしひこ》の強いすすめもあり、この話は、ちょうど一ヵ月ほど前から交渉がはじまっていた。

大阪近鉄バファローズの親会社である近畿日本鉄道（以下、近鉄本社）は、平成一五年三月期の決算で、有利子負債が一兆三〇〇〇億円にものぼっていた。バブル期の事業拡大策が裏目に出たのである。近鉄本社は、北勢線《ほくせい》の三岐鉄道《さんぎ》への譲渡、東京近鉄観光バスほか二社のクリスタルへの売却、都ホテルや近鉄百貨店の不採算店舗の閉鎖、大日本土木に対する民事再生手続開始申請、ＯＳＫ日本歌劇団への援助打ち切りなど、リストラ策を打ち出した。

そのような情勢のなか、年間で四〇億円もの赤字を出すといわれる近鉄球団を保有するべきかどうか、グループ内から声があがるのも当然であった。東京三菱銀行（のち三菱東京ＵＦＪ銀行）などの主要取引銀行からは、再三、球団の売却を求められていた。

近鉄球団は、赤字解消策として、球団名の「近鉄」を外して球団の命名権（ネーミングライツ）を売り出すことを発表した。しかし、他球団から、猛反発の声があがった。近鉄球団は、その構想を取り下げざるをえなかった。

そのように近鉄球団が苦境におちいっているところで、オリックス球団の宮内義彦が、オリックスと近鉄球団の合併案を、近鉄球団側に提案したのであった。

近鉄球団は、この事実を認めた。

それを受けて、パ・リーグは、六月一七日に理事会を緊急招集。パ・リーグのほかの四球団は、合併に事実上の賛意をしめした。

六月二一日には、プロ野球実行委員会がひらかれた。セ・リーグ六球団をふくめた一〇球団は、合併を了承した。しかし、選手に対する救済措置《そち》、フランチャイズをどこにするか、主要なところはまだ論議しなければならなかった。それゆえに、合併に必要な手続きである「承認」は得られなかった。

オリックスと近鉄球団による交渉の末、合併して設立する球団の出資比率は、オリックス本社が八〇パーセント、近鉄本社が二〇パーセントと決まった。フランチャイズは、オリックスの兵庫県、近鉄球団の大阪府と併用することも決まった。新球団が優先的に確保できる、いわゆる、プロテクト指定できる選手は両球団合わせて二八人となった。

しかし、一二球団代表者会議では、セ・リーグ側の同意は得られなかった。阪神タイガースが、二フランチャイズ制に強硬に反対した。春と夏に高校野球でホームである甲子園を使えない阪神もまた、二つの本拠地を持ちたいと思っていたのである。

プロテクト指定できる二八人枠についても、新人選手、フリーエージェント選手、外国人選手の扱いをめぐって紛糾《ふんきゅう》した。

結局、一二球団代表者会議で決定したのは、二つのことだけだった。

「球団の合併、破産時の選手救済策として、支配下選手枠を、通常の一球団あたり七〇人から八〇人へと臨時拡大する」

「新球団の日本プロフェッショナル野球組織（NPB）への加盟料三〇億円の免除」

ただ、球団の削減は、ほぼ既定の路線として進められたのである。

反発したのは、労働組合・日本プロ野球選手会であった。

「議論が十分尽くされていないにもかかわらず、球団数減少やむなしとのムードがつくられている。本当に近鉄の買い手はいなかったのか」

選手会では、選手もくわわって話し合う「特別委員会」の開催を求めた。

巨人軍オーナーである渡邉恒雄は、切り捨てた。

「開催の必要はない」

渡邉は、セ・リーグ六球団、パ・リーグ五球団と、アンバランスな状態になるのもやむなしと考えていた。それでも、二リーグ制でやっていける。それはそれでしようがない。静観をつづけていた。


ところが、オリックスと近鉄球団の合併が表面化してからほぼ一ヵ月がたとうとする七月七日、さらに、プロ野球界に激震が走った。

その日、東京・内幸町の帝国ホテルでひらかれたオーナー会議の席で、オリックス、近鉄両球団の合併話が区切りを見せたとき、二六年ぶりにオーナー会議に出席した西武ライオンズオーナーの堤義明が切り出した。

「パ・リーグで、もう一組、合併が進んでいる」

渡邉は、さすがにこれにはおどろいた。

パ・リーグの二球団がさらに合併すれば、パ・リーグは四球団となる。セ・リーグ六球団と合わせると一〇球団。これでは、二リーグ制は維持しにくい。

堤の発言は、かつて渡邉が提唱した一リーグ制の実現をにわかに浮上させるものだった。

ロッテオーナー代行の重光昭夫《しげみつあきお》も、一リーグ制を主張する渡邉、堤に同調した。五球団でパ・リーグを運営した場合には、三〇パーセントから四〇パーセントの減収につながると発表し、四球団となってセ・リーグと合併し一リーグ制支持を鮮明に打ち出していた。

じつは、パ・リーグで合併交渉を進めていたのは、西武とロッテだった。

もっとも強い反対の声をあげているのは、広島東洋カープの松田元《はじめ》オーナーであった。しかし、反対派は少数であった。

議長をつとめた渡邉は、会議後の記者会見で、一リーグ制支持の持論を展開した。

「マスコミのみなさんもふくめて交流試合をやれ、と盛んにいわれていたでしょ。一リーグということは完璧《かんぺき》な交流試合。いろいろな新しいカードができることで、面白みが増える。たとえば、巨人がダイエー戦をたくさんやりたくてもペナントレース中はできない。オールスターは東西に分け、ペナントレース後に東西に分けたリーグ戦をやり、そのチャンピオン同士が戦う試合をつくってもいい」

プロ野球をふくめた野球界の再編についても語った。それによれば、プロの二軍、三軍は、アマチュアとも戦い、全国のプロ野球のない都道府県に広めていく。球界が下り坂にならないよう、新しいアイデアを出さなければいけないと語った。

さらにつけくわえた。

「自分の球団のことだけ考えていたんでは、プロ野球全体は興隆しないという点では、すべてのオーナーは一致した意見を持っている」

選手会からの、「議論の時間が短すぎる」との批判については、バッサリと切り捨てた。

「一〇〇年議論すれば十分だというんですか。一年かける必要はない。二ヵ月もあれば十分だ」

堤義明も、同調した。

「一〇球団となれば、かならずうまくいく。どの球団も黒字になる」

堤も、渡邉と同じように、一リーグ制に移行した際には、プロ野球の裾野《すその》を広げることを考えていた。一軍、二軍チーム編成に、三軍をくわえる。そこまでは渡邉と一緒だが、三軍では、一〇球団にくわえて、ノンプロのチームをくわえるという構想を持っていた。新しい日本の野球機構をつくって底辺を拡大し、野球を活性化したいとさえ考えていたのである。

選手会でも、盛んに議論が進められた。

球団統合は、その進め方によっては、選手の雇用不安などの労働問題が生じる。平成一四年には、七〇名以内とする支配下選手枠を、実行委員会、オーナー会議で認めるのであれば八〇名まで拡大できると改正されていた。このような事態を見越した雇用対策措置である。その意味では、今回、二球団の合併で契約解除される六〇名は、その枠のなかで救済可能だったのである。

だが、それは、あくまでもオリックスと近鉄の二球団のみの話だった。ほかに二球団が、統合、あるいは、合併となれば、さらに六〇名の解雇者が出ることになる。

拡大枠だけでは、雇用不安に対処することができない。それだけに、堤義明のいきなりの発言は、よりいっそう球界を震《ふる》わせたのである。

当初、オリックスと近鉄の球団統合に反対を唱えていた選手会も、主張が変わった。ライブドア社長の堀江貴文《ほりえたかふみ》が、新球団設立に名乗りをあげたのである。それを受けて、選手会も、「新規球団の参入を、来季から認めよ」と、経営権事項に、よりいっそう踏み込んできたのは当然のことだった。

「無礼なことをいうな。たかが選手が！」

平成一六年七月八日、渡邉は、東京・丸の内にあるパレスホテルのレストランで、読売新聞の役員と食事を共にした。レストランを出て玄関口まで来たところで、十数人のマスコミ陣に囲まれた。かなり酔っていた。

日刊スポーツ記者が、質問を浴びせた。

「明日、選手会と代表レベルの意見交換会があるんですけども、古田《ふるた》（敦也《あつや》）選手会会長が、代表レベルだと話にならないんで、できれば、オーナー陣に会いたいと」

それも、ただ「会いたい」というのではなく「代表レベルでは相手にできない。オーナー出てこい」と、まるで労働争議のような強気な意味合いがふくまれているように、渡邉には聞こえた。

渡邉は、古田の発言は、段階を踏まぬ不遜《ふそん》な発言だと思えた。

おかしなことをいうな。

そういうべきだったのだろう。しかし、口に出た言葉はちがった。

「無礼なことをいうな。分《ぶ》をわきまえないといかんよ。たかが選手が！」

新聞記者、マスコミは、おそらく、その瞬間、にやりとしたことだろう。

渡邉も、あわててつけ足した。

「たかが選手だって、立派な選手もいるけどね」

しかも、そのあと、「オーナーとね、対等に話をする協約上の根拠は一つもない」と真意を説明した。

だが、すでに遅かった。

渡邉の「たかが選手が!」の発言は、球界再編を強行するオーナーたちの傍若無人《ぼうじゃくぶじん》の象徴として、新聞、テレビをはじめ、マスコミというマスコミで流されたのである。

善玉が古田、悪玉は渡邉。

球界再編での図式がみごとにできあがった。

渡邉は、うまくはめられたのだという。

じつは、古田の発言自体、なかった。「オーナーと話したい」と発言したのは、古田の同僚であるヤクルトの真中満《まなかみつる》であった。

古田自身は、むしろ、真中発言について訊かれたのである。それに対して、こう答えた。

「そうですね。でも、それは無理じゃないですか」

古田も、その事実を語ったが、さほど大きくは報道されなかった。渡邉が口にした「立派な選手もいる」とつけくわえた点は、ほとんど無視された。

彼ら記者は、瞬間湯沸かし器と呼ばれるほどすぐ頭に血をのぼらせる渡邉を、わざと挑発したのだった。怒らせる話題を振って、失言や暴言を引き出す役割だったのだという。

記者たちのあいだで、「はめ取材」という取材方法に、渡邉もみごとにはめられたのである。渡邉の現役時代に、このような取材方法はなかった。

それまではできる限り、記者たちの質問には答えるようにしていた渡邉も、それからは沈黙した。

その代わり、『月刊文藝春秋』で真っ向から反論した。渡邉は、三宅久之との対談集『闘争』で、当初、原稿用紙で三〇枚といわれたのが、「ページを増やすから四〇枚にしてほしい」と編集部から頼まれたエピソードを紹介したあと、語っている。

「面白いのはさあ、この記事に対する反論は、どこもしてこないんだよ。僕が間違っているのなら反論してくれればいいのに、できない。それなのに、たったひと言が週刊誌やスポーツ紙でボロクソに批判されるんだから、嫌になっちゃうよね。

まあ、こう言っちゃ悪いけど、『文藝春秋』の記事はかなり理論的に書いているから、簡単には反論できないんだろう。大リーグと日本のプロ野球の比較検証を正確に行うために、ニューヨーク支局の弁護士に頼んで、最新の数字と情報を、全部送ってもらったからね。その英文を読んで記事に紹介したんだよ。だから反論どころか批評もできない。言葉尻しか捉えないような記者には理解不能なんじゃないかと思うよ。もし、『たかが選手』発言で僕を批判したいのなら、まずこの記事を読んで、理論的に反論すべきなんだ。でもそれはせずに、いまだに僕の片言隻句《へんげんせっく》だけはやっつける。これじゃあもう、マスコミ不信に陥っちゃうよ（笑）」

しかし、西武とロッテとの合併交渉は決裂《けつれつ》した。焦点は、ロッテの資産についてであった。合宿所、練習場、二軍グラウンドをはじめ、ロッテが、昭和四十四年に東京オリオンズと業務提携してから所有している資産がかなりある。

これをいったいどこまで西武が引き受けてくれるのか。

ロッテオリオンズが西武と合併すれば、ロッテ本体にとってそれらの資産は、まったく意味のないものになるのである。

ロッテとしては、これまで投資した分まで補償してほしかった。

「補償してもらえなければ、訴訟《そしょう》を起こす」

それほどの意気込みで迫ってきたという。

そこがついにはネックとなった。西武とロッテの合併話は潰《つい》えた。

ただ、その時点では、ダイエーとロッテが合併する可能性も残っていた。球界再編は、まだ予断を許さぬ状況であった。

渡邉追及に乗り出した右翼

ところが、そのような緊迫した状況のなか、渡邉にとって思いもよらぬ事件が発覚した。

読売巨人軍が、その年のドラフトの目玉である明治大学の一場《いちば》靖弘《やすひろ》に、「食事代」「小遣い」などの名目で、約二〇〇万円を渡していたというのである。これは日本学生野球憲章に違反している。のちに球界再編にもつながっていくことになる大事件だ。

渡邉が、そのような事実があることを知らされたのは、長野県軽井沢であった。一〇日あまりの夏休みをとり、ゴルフのプレー中だった。

さまざまな名目にかこつけてドラフトで目玉となる選手に金銭を渡すことは、巨人軍のみならず、プロ野球では慣習、慣例となっていた。

ある巨人軍担当記者によると、じつは、この話は、表には出ない方向で、巨人軍と明治大学野球部とのあいだで話し合いがついていたという。

ただ、プロ野球界での慣例、巨人軍と明治大学との密約など、現場でおこなわれていた裏での工作については、渡邉は、まったく知らされていなかった。現場でおこなわれている〝現実〟を想像だにしなかったろう。

それだけに、事実を知らされたときのおどろきといえば、とてつもなかったにちがいない。

これを機に右翼活動家が抗議に立ち上がった。正氣塾《せいき》副長・若島和美《わかしまかずみ》もその一人である。「天皇に戦争責任はある」と発言した本島等《もとしまひとし》長崎市長を平成二年に銃撃し、重傷を負わせた実行犯として知られている。一二年の実刑判決を打たれ、平成一四年に出所した。

若島が渡邉批判を開始したきっかけは、渡邉の古田敦也に対する発言だった。「たかが選手」――当時ヤクルトスワローズの看板選手であり、労働組合日本プロ野球選手会会長でもあった古田に渡邉が放った言葉だ。若島はこの一言に反応した。

「なにを勘違いしてるんだ、この野郎」

ファンや選手をあまりにも軽んじている。若島はそう感じた。徹底的な情報収集を開始した。

若島は読売やジャイアンツの渡邉オーナーを批判するビラを配る活動をしていた。読売内部から証拠書類ももたらされていた。

若島のもとには常日頃から「相談」の形をとってさまざまな情報が集まってくる。そんななか、球界の現状を憂慮する読売新聞関係者を通じて確度の高い情報がもたらされた。

杉下茂《すぎしたしげる》・元読売ジャイアンツ投手コーチと一場が写り込んだ写真もある。杉下は明治大学ＯＢ。一場にとっては大先輩にあたる。

内部通報におよんだ人物は若島とはまったく面識がない。「反ナベツネ」とも取れる動きといっていい。渡邉を失脚させるには、当たり前の行動だけではだめだ――とでも思ったのだろうか。正氣塾に接触をはかってきた。杉下や一場の写真も、提供された情報の一部である。

情報の質は高かった。のちに報道されたジャイアンツのドラフトの実態とほぼ一致している。「一場に金を渡したのは吉田孝司編成部長」といった話や渡した回数、金額についても具体的に摑んだ。

証拠を押さえたうえで、若島は読売側に「質問状」を投げた。が、回答はなかった。

若島は、義友連合会の平河内進会長、田中雅一常任相談役とともに平成一六年七月二七日、東京・神田錦町の読売巨人軍球団事務所に向かった。抗議のためだ。

若島たちは、守衛に名刺を差し出した。

「規約のことやドラフトに関する考えをお聞きしたい」

そう告げると、球団広報が二人姿を現した。事務所内に通された。広報は明らかにうろたえている様子であった。対応に窮《きゅう》し、三〇分ほど待たされた。

ここでようやく球団側との面談が実現する。

「一場とのあいだで金銭の授受があった。これはアマチュア精神に反している。特別背任《はいにん》にもなりかねない行為だ。問題じゃないのか」

球団スタッフの顔色が変わった。名刺は受け取らず、返答した。

「お答えできません。抗議は文書でお願いいたします」

正氣塾にはすぐ警視庁から問い合わせの連絡が入っている。若島たちは読売からの返事を待った。が、一週間が経過しても、なんら音沙汰《おとさた》がない。

八月四日、若島はふたたび三人で街宣車に乗り込んだ。球団事務所と読売本社に抗議をおこなった。演説はせず、音楽だけを流した。

警視庁神田署は八人の警官を動員。バリケードが張られ、音量測定器も設置されていた。過敏といっていい反応だ。

読売が若島の抗議をどう受け止めたのか。定かではない。若島はこう思った。

〈相手の胸の内まで読むことはできない〉

すでに触れたように、若島は二度にわたって読売へと抗議に出向いた。だが、実際にはもう一度、単独で読売本社を訪れている。これまで公《おおやけ》にされてこなかった事実だ。

本社の応接室。若島の前に総務部の担当者三人が現れた。テーブルの上におずおずと紙袋を二つ差し出した。

「こらーッ」

若島は即座にテーブルを蹴飛ばした。中身を確かめることもなく、だ。おそらく、いくばくかの現金が入っているのだろう。

現金の授受は一対一に限る。若島にいわせれば、基本中の基本だ。読売はこれを知ってか知らずか、複数の社員に応対させた。ここで金を受け取れば、どうなるか。みすみす証言者をつくり出してしまう結果につながりかねない。これが一対一なら、「そうか」と紙袋を手にその場を立ち去っていたかもしれない。

読売内部では当初、若島たちの抗議を渡邉に伏せていた。内々に処理しようと試みたが、なかなか収拾がつかない。トラブルが重なり、とうとう渡邉にご注進しなければならなくなった。

「おまえら、みんなクビだ。おれも辞める」

報告を聞いた渡邉は激怒し、そう吠《ほ》えた。

「ナベツネ辞任したぞ」

読売ジャイアンツは八月一三日、記者会見をひらいた。

前年一二月から七ヵ月にわたり、一場に総額二〇〇万円の現金を渡していたと公表した。名目は「食事代」「交通費」「小遣い」で金銭の授受は数回にわたっていた。

さらに編成に関与した三山秀昭・球団代表と土井誠・球団社長、高山鋼市・球団副代表幹部を解任。オーナーである渡邉と堀川吉則会長も引責辞任した。渡邉はオーナーの座を滝鼻卓雄《たきはなたくお》に譲った。

若島には、渡邉辞任も寝耳に水だった。当日、若島は東京の事務所を留守にしている。第一報を聞いたのは洋上だった。苫小牧《とまこまい》から大洗港《おおあらい》に向かうフェリーに乗船していたのだ。

デッキに立ち、海面を眺《なが》めていると、携帯電話が震えた。警視庁公安部からの着信だ。

「おお、おまえ、いくらもらったんだ」

「なんで。何のこと?」

「いやいや、ナベツネ辞任したぞ」

「ええーッ」

思わず声が出た。辞任の知らせがあまりにも意外だったからだ。

若島は読売から一銭も受け取っていない。文字どおり、蹴飛ばしただけだ。あまりにも唐突な辞任劇。若島は理由に心当たりがあった。

〈俺が金を受け取らなかったから、あわてて辞めたんだ〉

若島が紙袋を持ち帰っていれば、どうなっていたか。「話はわかった」と応じたに等しい。「金では動かない男だ」と思ったからこそ、読売は渡邉の首を差し出さざるをえなかった。

一方、若島はあとで仲間に叱《しか》られている。

「なんであんた、もろうてこんとね」

気持ちはわかるが、ここは手ぶらで帰って正解だろう。

渡邉は平成八年(一九九六年)にオーナーに就任して以来、八年にわたってジャイアンツはもちろん、球界全体を牛耳《ぎゅうじ》ってきた。電撃辞任は球界に大きな波紋《はもん》を呼んだ。

渡邉の「潔《いさぎよ》さ」は被害者も生んでいる。一場本人である。会見で一方的に金銭の授受を暴かれたことで、選手生命の危機にさらされた。日本学生野球憲章はプロ側との金銭授受を禁じている。裏金の存在について、これまでプロ側は一貫して否定し、選手を守ってきた。だが、渡邉は保身のために会見をひらき、金を渡した側から事を明らかにした。プロ球団としては信じがたい行為である。

もともと逆指名（自由獲得枠）制度は渡邉が旗振り役となって導入したものだ。この制度が生み出した「裏金」。その実態を義憤にかられた若島たちに突きつけられ、辞任を決断するに至った。しかも、敵方に情報を手渡したのは反渡邉派の面々だ。身から出た錆《さび》といわれても仕方がない。

逆指名制度の導入以来、球界には巨額の裏金をめぐる噂が絶えず流れてきた。この期間はジャイアンツがかつてほどの好成績を残せなくなったころでもある。高橋由伸をはじめ、上原浩治、二《に》岡智宏《おかともひろ》、阿部《あべ》慎《しん》之助《のすけ》ら、金銭の授受をめぐって名前が挙がった選手も少なくない。逆指名以前にも江川卓や元木《もとき》大介《だいすけ》が「ジャイアンツ以外には入団しない」意向を明らかにし、浪人を決め込んだ際にも裏金が流れたといわれている。

若島たちの訪問直後、六、七日あたりにはすでに渡邉は肚を決めていた。このころの渡邉はかなりストレスをため込んでいたとの報道もある。セキュリティー上の不安も感じていた。

「たかが選手」発言以降、ファンや選手、メディアのすべてを渡邉は敵に回した。世の流れを見極めるのに長《た》けているだけに、いったん身を引く覚悟を決めたのだろう。

かりに読売側が若島のメッセージを読み違え、渡邉がオーナーに居座りつづけたら、どうなっていただろうか。若島は抗議の手をゆるめるつもりなど毛頭なかった。読売と渡邉をとことんまで追い込んでいただろう。最終的には本島市長のときと同じく、「肉体言語」を行使していただろうか。

〈その可能性が絶対にないとはいえない〉

若島にとっても意外な展開だった。街宣車での抗議から一〇日もたたないうちに渡邉が辞任するとは、夢にも思わなかったからだ。

渡邉がオーナーの椅子にしがみついていれば、どうなったか。若島はさらに爆薬を投入するつもりでいた。事を大きくするためだ。世に訴えるための材料は手もとにたくさんある。

渡邉退陣劇は思わぬ副産物ももたらした。若島や正氣塾に何か動きがあると、読売新聞に記事が出るようになった。

平成一八年四月二四日、若島は街宣車を走らせていた。向かうは杉並区の阿佐ヶ谷。人気お笑いコンビ・爆笑問題の所属事務所「タイタン」である。

若島はインターネット上の掲示板で読み過ごせない書き込みに目を留めた。そこにはこう書かれていた。「太田《おおた》がTBSラジオで『アジアへの謝罪のため靖国神社は破壊すべき』という発言をしていた」

これが事実であれば、許すわけにはいかない。若島は「真摯《しんし》なる回答を求める」と質問状を記した。タイタンでは社員の一人が応対した。

後日、太田からは「そうした事実はない」ことを明記した回答が届く。

この件は若島の勇み足だった。太田の「発言」はネット社会に特有の噂であり、事実ではなかったのだ。回答が届いたことで、若島も矛《ほこ》を収めることにした。

若島は太田に抗議したことを正氣塾のホームページにアップする。すると、正氣塾サイトにはアクセスが殺到。サーバーがダウンする事態にまでなった。

この件をすっぱ抜いたのは、読売新聞だ。その後も読売は若島や正氣塾の動きを事あるごとに書き立てた。渡邉の退陣に対する腹いせだろうか。完全に目の敵《かたき》にしている。

「自分が辞めたことで、野球界が停滞してしまった」

平成一六年（二〇〇四年）八月一三日、渡邉は、オーナーを辞職した。新聞の見出しが躍《おど》った。

「球界の盟主、金力まかせ　新人獲得に裏金　巨人渡邉氏辞任」

だが、辞任したら辞任したで、マスコミは報道した。

「ナベツネがたかが二〇〇万円くらいで、オーナーを辞任するわけがない」

その裏に、大きな違法行為がある。そのような論調ばかりが目立った。

辞任から四日後、渡邉は、初めて公の場に姿を見せた。都内のホテルで夕食をとった後、詰めかけた報道陣に吐き捨てた。

「おれはな、もうオーナーじゃないんだ。読売新聞の主筆だよ。野球の話なんかしてないのよ。情報もないし、知らんよ」

しかし、スカウトの裏金問題についてコメントを求められると激高《げっこう》した。

「そんなことは出してるだろ！　すでに！　おれのコメントは！」

さらに、球界再編問題について聞かれると、口調はさらに激しくなった。

「だれがそんなことをいうか！　さっきからいってるじゃねーか！」

球界では、パ・リーグが、二組目の合併球団をつくって四球団となったところで、巨人が移籍するとのプランも囁《ささや》かれていた。

楽天とライブドアが、新球団設立に名乗りをあげていた。一一月二日のオーナー会議で、楽天の申請のみが承認された。楽天は、東北楽天ゴールデンイーグルスを設立した。

なお、渡邉によると、オーナーを辞任した理由はただ一つ。公的に、大事な部下を切ることでけじめをつけるのは致し方のないことだった。しかし、私情として、それが耐えがたかった。

「わたしはオーナー辞任で三人の部下の苦悩を慰《なぐさ》めたつもりだった」

渡邉は語っている。

一方、渡邉の辞任は、おそらく引っ込みがつかなくなったのだろうと、ある巨人番記者は見ている。

しかし、渡邉は、のちに清武英利《きよたけひでとし》と争う裁判で、このときのことを振り返って語ったという。

「自分が辞めたことで、野球界が停滞してしまった」

渡邉がオーナーの座を下りたことで、巨人と同じように一場に〝栄養費〟を渡していた、横浜ベイスターズの砂原幸雄《すなはらゆきお》オーナー、阪神タイガースの久万俊二郎オーナーも辞任に追い込んだという。

栄養費問題については、渡邉はまったく反省していない。裁判を傍聴した番記者は、その一件について、渡邉が反省しているとはとても思えなかった。むしろ、有能な選手を獲得するのに、なぜ金銭を投下してはならないのか。そう思えたという。金権体質に変わりはない。

第五章　最後の終身独裁者

「中央公論の灯を消してはいけない。全面支援しよう」

平成一〇年（一九九八年）も春をむかえるころ、読売新聞総務局長の滝鼻卓雄《たきはなたくお》らは中央公論社を極秘に調査しはじめた。

読売新聞社には、毎日のように、M＆A（企業買収）、合併話などさまざまな案件が持ちこまれる。その一つひとつを、社長である渡邉恒雄にあげるべき案件か。それとも、打ち捨てる案件なのか。その判断を、滝鼻は担っていた。社会部出身で法務的な知識に長《た》けた滝鼻の判断は的確で、その手腕は、渡邉からも高く評価されていた。

滝鼻が得た情報では、明治一九年（一八八六年）に京都・西本願寺《にしほんがんじ》の有志が集まって設立した「反省会」に端を発する老舗《しにせ》出版社、中央公論社があえいでいるという。すでに朝日新聞、日本経済新聞社の関係者と接触し、支援を受けられないか打診しているというのである。

大正デモクラシー、第二次世界大戦、戦後高度経済成長と、歴史のうねりのなかで、『中央公論』『婦人公論』、あるいは「中公新書」などの出版物を世に送り出し、啓蒙《けいもう》的な役割を果たしてきた伝統ある出版社ではある。

が、その長い年月に累積した負債はあまりにも重く、単年度ごとの決算がたとえ黒字となっても、とても追いつかないほどの重荷を背負っていた。

戦後の中央公論社を支えてきた嶋中鵬二《しまなかほうじ》は前年の四月にこの世を去り、再建にむけてその妻・嶋中雅子《まさこ》が社長に就任していた。書籍編集局と開発局を統合し、書籍編集局に一本化するなど組織改正をするなどの努力を試みたものの、自主再建の道は、なお遠いといわざるをえなかった。それどころか、月々の支払いに追われ、不渡りを出したとの悪質な噂まで流されていた。

その中央公論社の打診に対し、朝日新聞社は、手を挙げなかった。朝日新聞社自身、出版部門は悩みの種であった。二〇〇人を超す大手出版社並みの社員を抱え、赤字体質から抜け出せずにいたのである。人員削減など合理化を進めざるをえず、とてもほかの出版社に手をさしのべる余裕はなかった。

日本経済新聞社は、話に応じそうな反応を示した。しかし、交渉役である三人の常務から、その内容を聞いた嶋中雅子は憤然とした。日本経済新聞社は、中央公論社をまるごと引き受けるのではなく、実質的に事業部門ごとの、それも採算に合う部門の切り売りを要求してきたのである。

欲しがった事業は、中公新書。昭和三七年に創刊した新書レーベルで、一〇二万部を発行した野口悠紀雄《のぐちゆきお》『「超」整理法』、川喜田二郎《かわきたじろう》『発想法』などをはじめ、じつにラインナップは二二〇〇点を超えている。だれもが欲しがる優良事業である。

雅子にとって、中央公論社は幼いころから運命づけられたものだった。民主社会主義の提唱者である蠟山政道《ろうやままさみち》を父にもち、「社会の器《うつわ》」たる『中央公論』の存在意義を叩《たた》き込まれて育った。うっかり『中央公論』の本をまたごうものなら、こっぴどく叱《しか》られた。

その後、嶋中鵬二という夫と出会い、昭和三六年二月には、「嶋中事件」「風流夢譚事件《ふうりゅうむたん》」と呼ばれる事件で傷を負った。『中央公論』に掲載した深沢七郎《ふかざわしちろう》の小説『風流夢譚』での天皇家への記述に怒った少年に襲われたのである。家政婦が刺殺された。

それでも、社会的存在である言論機関としての役割を果たす中央公論社に誇りを抱いてきた。その存在を失ってはならない。中央公論社の伝統を守ることこそ、まさに自分に託されたもの。それが、雅子の信念だった。

読売新聞社は、日本経済新聞社には十分に色気があると睨《にら》んでいた。

「中央公論社に手を差し伸べるのであれば、早いほうがいい」

日本経済新聞社も、初めから蹴《け》られる無理な条件だとわかって、部門ごとの切り売りを提示したのだろう。次は、もっと嶋中雅子に近寄った条件を提示するかもしれない。

この状況を、渡邉ならばどう判断するか。

滝鼻は、渡邉に報告を上げた。

渡邉の、中央公論社への出資への意欲はかなりのものだった。ただ、自分の判断で進めて、思いもよらぬ負債を背負うことになってもいけない。問題点を洗い出し、さまざまなことを整理してから決断をくだすことになった。


平成一〇年四月、嶋中雅子は、ある出版賞の授賞式後にひらかれたパーティーで、渡邉恒雄と会った。

嶋中は、中央公論社の窮状《きゅうじょう》を訴えた。

「なにか、いい方策があれば教えてほしい」

その時点で、渡邉に支援をあおごうとの思いはなかった。世間話のつもりだった。しかも、まわりには大勢の参会者もいる。手短にすませ、くわしい話は、後日、読売新聞社をたずねることを約束して別れた。

嶋中は、期待していなかった。これまでも似たようなケースは何度かあったのである。

ところが、数日後、読売新聞社社長室で会った渡邉は、思いもよらぬ言葉を口にしたのだった。

「中央公論の灯を消してはいけない、全面支援しよう」

渡邉は、単なる一企業の救済ではなく、日本の出版文化を守るための支援であるとつづけた。おおよそのことは調べ上げていた。

中央公論社の抱える表向きの負債は一三〇億円、それにくわえて、二〇億円が別にある。およそ一五〇億円。その負債を抱えこむだけの資力は、読売新聞グループ内には十分にある。

嶋中は、信じられぬまま渡邉と別れた。

一夜明けた翌日の午前中、嶋中は、三人の常務と話し合った。三人はそれぞれの見解を話した。ニュアンスのちがいこそあれ、ほぼ見解は共通していた。

「読売新聞社からの話は、これまで浮上しては消えていった案とは、根本的にちがっている。前向きに交渉のテーブルについてはどうか」

読売新聞社にゆだねることが、その場で決まった。

中央公論新社スタート

平成一〇年一一月二日午前一一時三〇分、読売新聞社東京本社内で、読売新聞社、中央公論社は、「営業及び不動産等の資産の譲渡に関する基本合意書」の調印を取り交わした。
その後、両社連名で発表した。
「発表
深刻な経営難に直面した中央公論社の救済について、中央公論社と読売新聞社は今春より協議を重ねてまいりましたが、その具体策がまとまり、本日、両社が基本合意に調印いたしました。合意概要は、以下のとおりです。
①中央公論社は、書籍・雑誌の出版などに関する営業上の諸権利および出版在庫を、読売新聞社の一〇〇パーセント子会社（以下『新社』という）に有償で譲渡する（営業譲渡）。
②中央公論社は、本社などの主要不動産を読売新聞社に有償で譲渡する（資産譲渡）。

③新社への転籍を承諾した中央公論社社員については、新社が全員雇用する。
④中央公論社の嶋中雅子会長兼社長は、新社の会長に就任する。
⑤新社の社名は、『株式会社中央公論新社』とする。
⑥上記営業譲渡および資産譲渡は、本契約の成立を経て、平成十一年二月一日実行を目途《めど》とする。

今回の救済策が実行されると、中央公論社の出版事業は、読売新聞社の子会社である新社に引き継がれることになります。新社は、中央公論社の一一三年の歴史とわが国出版会における輝かしい伝統を受け継いで、同社の主要刊行物である『中央公論』『婦人公論』『中公新書』『中公文庫』などの出版活動を継続・発展させていく方針です。

中央公論社および読売新聞社は、今後とも相互信頼に基づき、新社への移行がスムースに進むよう全力を尽くす所存です」

それとともに、嶋中雅子、渡邉恒雄の二人の「談話」も発表した。

嶋中雅子は、こう語っていた。

「このたび中央公論社前会長・故嶋中鵬二の長年の畏友《いゆう》渡邉恒雄社長より深いご理解を頂き、信義に満ちた支援の手をさしのべて頂きました。渡邉社長は中央公論社の歴史と文化的貢献を認め、この上に立って慎重に、かつ友好的に協議が進められ、今日の基本合意に達しました。私どもは深く感謝しつつ事態を受け止めさせて頂いております。中央公論の四文字が存続し、この不況時に全社員の雇用、将来の展望が保証されることは、まことに重大なことと考えます」

渡邉恒雄の「談話」はこのようだった。

「中央公論社は日本でもっとも歴史と伝統のある出版社であり、その灯が経営上の理由で消えるようなことになれば、わが国の出版文化に与える損失ははかり知れない。それは言論界の一員として看過できず、出版文化を守り発展させていくために今回の支援を決断した。新社が、戦後の代表的出版人である故・嶋中鵬二前会長の精神を引き継ぐとともに、これまで中央公論社から刊行されてきた良質な出版物の文化的価値を維持しつつ、より良い形で再スタートが切れるよう、物心両面から最大限の協力をしていきたい」

中央公論社にとって最悪の事態は回避されたのである。

平成一一年二月一日に発足する「中央公論新社」は、資本金一億二〇〇〇万円。初代社長には、中村仁読売新聞社調査研究本部長兼出版準備室長。役員には、読売新聞代表取締役会長の水上健也《みずかみけんや》、読売新聞代表取締役社長の渡邉恒雄、副社長の内山斉《うちやまひとし》、社長室長となっていた滝鼻卓雄ら錚々《そうそう》たる顔ぶれがならんでいた。読売新聞グループの中核企業への並々ならぬ思いが伝わってきた。

その間、渡邉は、日本テレビ社長の氏家齊一郎《うじいえせいいちろう》に、読売新聞が昭和四四年から所有してきたサッカーチーム「ヴェルディ川崎」の株式譲渡を持ちかけていた。

「おれのところは、中央公論を引き受けるんだから協力してほしい」

読売新聞社は、日本テレビとともに四九パーセントずつの株式を持ち合っていた。それをすべて、日本テレビに譲渡するというのである。

ヴェルディ川崎は、伝統もあり実力もある日本を牽引《けんいん》するサッカーチームで、Jリーグが発足した平成五年、翌六年と、二年連続で優勝を果たした。三浦知良《みうらかずよし》、ラモスらスター選手がそろっていたが、新旧交代がうまくいかず低迷。観客動員数も半分に減り、平成八年から平成一〇年の三年間だけで、七〇億円にのぼる赤字を計上していた。

氏家は、言葉を尽くして拒みつづけた。

「いらない」

「勘弁してくれ」

しかし、渡邉は、強引だった。東大時代からの親友である氏家に押しつけるようにして、ヴェルディ川崎の株式譲渡を決めてしまった。同時に、よみうりランドも、所有していたヴェルディ川崎の株式を日本テレビに譲渡。日本テレビは一〇〇パーセント株主となったのである。

妻が愛しくてならない

渡邉は、妻のいない酒の席では、非常に露骨《ろこつ》な言葉を口にするという。いわゆる露悪《ろあく》家である。外では、浮気をしては女性をいっぱい知っているようなそぶりをする渡邉だが、どう見ても妻一筋の恐妻家で、浮気など到底できないといわれていた。

渡邉は、『私の履歴書』でいかに妻の篤子に惚《ほ》れてきたかを赤裸々に告白している。

平成一一年（一九九九）一〇月一二日――。

「奥様が大変です」

通いの家政婦の声に渡邉はベッドから飛び起きた。時計は午前九時半を指していた。リビングの椅子にもたれた妻の篤子の上半身は血まみれで、いびきをかいて意識を失っていたという。

夜中に用を足しているうちに脳出血の発作が起き、その拍子に柱の角に頭をぶつけたらしかった。震える指で一一九番し、救急車を呼んだ。

くも膜下《まくか》出血だった。頭蓋骨《ずがいこつ》を外し脳内の血を洗わなければならない。最悪の場合は死亡、あるいは植物状態になる危険があると告げられた。渡邉は突然のことに動転しながらも、医師に手術するよう頼み、同意書に署名した。

手術は成功したが、今度は脳を保護する髄液《ずいえき》がたまる水頭症《すいとう》を発症した。そのための手術をしたかと思ったら、つづいて気管を切開して痰《たん》を吸引する管を入れる手術。篤子は人工の頭蓋骨で脳を守られながら、ただベッドに横たわっている。

渡邉は水上健也会長に「二週間は出社できない」と電話で伝え、ずっと病室で篤子の手を握っていた。夜はいつでも篤子のもとに駆けつけられるよう、病院近くのホテルに部屋を取って寝泊りした。

気管切開手術の後、口がきけない篤子のために、紙と鉛筆をそばに置いた。数日後、篤子が鉛筆を握り何かを書いた。弱々しくくねった字を読み解くと、

「あなたは明日の仕事があるから、もう帰ってください。本当に、本当にありがとうございます」

と書いてある。渡邉は、何度もその文字を目でなぞった。

「元気なときは意識しなかったが、こんなにも妻を愛していたのか。たとえどんな状態であっても、生きていてくれさえすればそれでいい」

半年におよぶ入院で外科的な病状は回復していった。しかし篤子は認知症になっていた。

「病室に持っていった好物の刺身をちぎって、ベッドの下に投げ入れる。

『ここで鼻モグラを飼っているの。名前はシーレンとケーレン』

『俺がだれだかわかるか？』

『わたしの夫のお兄さん』

いつのころからか、高村光太郎の『智恵子抄』を手元に置くようになった。病名こそ違うが、同じよ

うに病妻と生きた光太郎の言葉が身に沁みる。『あどけない話』という有名な詩篇に目がとまった。

智恵子は東京に空が無いといふ、
ほんとの空が見たいといふ。

私は驚いて空を見る。

桜若葉の間に在るのは、
切つても切れない
むかしなじみのきれいな空だ。

はたと思った。いま暮らしているマンション一階の部屋には専用庭はあるが、周りの建物にさえぎられて空がほとんど見えない。有り金をはたいて、広い窓の向こうに空と緑が広がるマンションを買った。

転居の一週間後、篤子は車椅子から立って歩き始め、しゃべるようになった。医師は、

『五百人以上も同様の手術をしてきたが、あなたの奥さんの場合は奇跡だ』

と言った。車椅子は捨てた」

篤子の認知症の症状はいまも続いているという。ときには『昭和歌謡集』といった本を広げて歌い、筆ペンで百人一首の筆写をする。

出勤するとき、

「眼鏡、入れ歯、財布、手帳、ライター」

渡邉に忘れ物がないか持ち物を確かめ、

「ズボンのチャック上げた？」

と聞いて、玄関先で渡邉の頬に口づけをする。まるで新婚時代に戻ったようだという。

そして、『智恵子抄』のうち「人類の泉」の一節を引いている。

あなたは本当に私の半身です
あなたが一番たしかに私の信を握り
あなたこそ私の肉身の痛烈を奥底から分《わか》つのです
私にはあなたがある
あなたがある

渡邉は、妻が愛しくてならないという。

「渡邉君は非常に努力して生きているんだな」

平成一五年（二〇〇三年）一一月の読売新聞の朝刊部数は全国で一〇〇〇万七四四〇部となった。全国紙第二位の朝日新聞に約二四七万部、第三位の毎日新聞に約六六七万部という大差をつけるとともに、イギリスの『ギネスブック』が認定した世界一の発行部数を誇ることとなる。

渡邉恒雄にとって、読売新聞の「一〇〇〇万部」は誇りであり、権威の象徴であり、どうしても維持しなければならないミッションであった。

中央公論新社では、新たな叢書《そうしょ》シリーズ「中公クラシックス」を創刊した。『世界の名著』『日本の名著』など古今東西の思想書、教養書を刊行してきた中央公論社の伝統を象徴するシリーズを下敷きにしたシリーズである。

創刊にあたり、中央公論新社は「教養を身につけるための新たな全集をつくりたいと思っています」と渡邉の同級生の哲学者、今道友信《いまみちとものぶ》にアドバイスを求めた。

今道は、まさに古典を素材にした対話によって次世代のリーダーを育てようと、日本経済界が主導して設立した日本アスペン研究所の特別顧問をつとめていた。感激した今道は、協力を約束した。

今道は、渡邉と同じ東大文学部哲学科を卒業した後も大学に残り、研究の道を歩んだ。中世哲学、美学を中心に哲学の第一人者となっていった。

パリ大学、ヴュルツブルク大学で非常勤講師をしながら、思索を深めた。昭和三七年から東京大学助教授となる。昭和四三年には東京大学文学部教授となった。昭和五三年には文学部長となり、学生が占拠する学部長室での失火事件にかかわり学生を処分した。

今道は、学生たちから激しく突き上げられた。しかし、おもねることを嫌う今道は、その態度を変えなかった。

平成一三年（二〇〇一年）四月、「中公クラシックス」第一回の配本は、マキアヴェリ『君主論』、司馬《しば》遷《せん》『史記列伝Ⅰ』、一休宗純《いっきゅうそうじゅん》『狂雲集』、ホイジンガ『中世の秋Ⅰ』、レヴィ＝ストロース『悲しき熱帯Ⅰ』の五点であった。「中公新書」「中公新書ラクレ」とならぶ新書版の強力な三本柱となった。

発足《ほっそく》からわずか二年にして、中央公論新社は、単年度黒字を実現した。当初の目標よりも一年早い達成であった。

役員会議で報告を受けた渡邉は、初め、信用しなかった。会見で語ったように、当分のあいだは、赤字を出しつづけるしかない。その腹づもりでいたのである。

「そんなに早く黒字になるものかね」

中村仁社長が、あらためて説明した。渡邉もようやく納得したようだった。それでも、渡邉はあくまで冷徹である。できて当然という顔をしている。自分でも思ってもみないほど早く黒字化をとげた。しかし、ここで喜んではこれからの士気にかかわる。中村をはじめ経営陣たちを引き締めるためだったかもしれない。

渡邉は、新社経営を軌道に乗せた中村を高く評価し、読売新聞東京本社常務取締役広告局長に昇進させた。後任の中公社長には、読売東京本社常務取締役編集局長の早川準一《はやかわじゅんいち》を起用した。

早川は、中村と同じく読売経済部長をつとめたエース記者である。中央公論新社の黒字経営を盤石《ばんじゃく》にし、さらに同社のブランド力を高めようと、最強の人材を送り込んだのである。

読売新聞社の社員は、愛社精神が強い。そこは朝日新聞とちがう。朝日新聞は、朝日というブランドが好きだが、会社のことは好きではないのである。中央公論新社の体質は、朝日新聞に似ている。エリート意識がそうしているのかもしれない。

読売新聞社の場合には、朝日新聞ほどのブランド力がない代わりに、愛社精神をもとにした結束力がある。さらにいえば、人柄のよさがある。

中央公論新社は、読売新聞グループのバックアップも受け、発足二年目以降、黒字をつづけた。それは、浅海保《あさみたもつ》が三代目社長に就任してからもつづいた。

読売新聞東京本社取締役北海道支社長から中央公論社に戻って社長となった浅海は、より中公らしい本の刊行に加え、若者向けの売れる本として、渡邉と、かつての同級生である今道との対談本を企画した。共著ということも考えたが、時間がかかりすぎる。対談本ならば、何度か会って、テーマごとに話し合ってもらえば一冊にまとめられる。

読売新聞社社長である渡邉恒雄と、世界的な哲学者である今道友信。原点は同じだが、異なった道筋をたどった二人が、人生哲学や生き方を語り合う異例の対談集は注目されるにちがいない。

今道は、当初、渡邉と会うことをためらっていた。政界をも動かすフィクサーとして俗世にまみれた姿をイメージしていたからだ。しかし、会って気持ちが変わった。

「彼は、非常に努力して生きているんだなというのがよくわかった」

渡邉には、自分が、渡邉のことを勘違いしていたようだと正直に話したと告白した。ほぼ六〇年ぶりの再会で、二人は、互いに互いを認め合った。

嫌いだとまでいっていた今道が、口にするようになった。

「いや、渡邉君は立派だ」

「あのひとは、学者になったほうがよかったな」

今道は、おべんちゃらはいわない。心からそう思ったのである。

「わたしのさびしさを、きみに聞いてもらいたかった」

平成一六年（二〇〇四年）四月から、中央公論新社一階のホールで「今道友信講座」が開かれるようになった。カントにはじまり、ベルグソン、スピノザ、プロティノス、ルソーまで、世界の哲学者の思想を三回ごとに紹介した。

渡邉は、今道の講座を聞きたがった。

「おれも、聞きにいきたい」

今道との再会で、渡邉は、あらためて学問の大切さと、教養の大切さをこれまでよりもいっそう意識するようになった。それだけに、今道の講座はぜひとも聞きたかった。

しかし、それは実現しなかった。渡邉があまりに忙しかったためである。

じつは、そのころ、今道に大腸がんが見つかった。医者からは、余命一年と宣告された。

渡邉のおどろきは尋常ではなかった。抗がん治療のために今道が入院する虎の門病院に何度か見舞った。

渡邉がいうには、そのたびに、今道は原稿に向かっていたという。命の灯が吹き消えるかもしれないなかでも、思索を忘れることはなかった。

今道友信がこの世を去ったのは、平成二四年（二〇一二年）一〇月一三日のことであった。余命一年と宣告されてからおよそ三年がたっていた。ガンと闘い抜いた末のことだった。

クリスチャンであった今道の追悼《ついとう》ミサは、平成二五年一月一五日、千代田区麹町の、上智大学聖イグナチオ教会で執《と》りおこなわれた。八〇〇人もの参列者を前にして、渡邉恒雄は祭壇の前に立った。弔辞《ちょうじ》を読み上げるためである。弔辞は、ほかに、インド古典学者で東大名誉教授の原實《はらみのる》、外国人司祭の二人が読み上げることになっていた。

今道と渡邉との親しい関係を知る人は参列者にはそれほど多くはなかったにちがいない。静寂に包まれていた教会が、一瞬、ざわめいた。

渡邉は、一言一言、嚙み締めるように語りかけはじめた。

「今道友信君は、わたしのもっとも敬愛する友でした。わたしは無宗教の人間ですが、きみは生涯、敬虔《けいけん》なクリスチャンとして一生を送りました。わたしはカントしか信じられず、このわたしのさびしさを、きみに聞いてもらいたかった。そして、きみから、ゆっくり教えを受けたいと思っていました。きみを失ったことと、二人の約束事だった中央公論新社から共著を出版することがかなわなかったことは、わたしの人生にとって最大の痛恨事であります。われわれ二人の共通の恩師は、出隆《いでたかし》先生でした。当時のわたしの行動については、反省しています。その点、きみは学究生活に専念し、卒業後も、大学に残って純粋に歩みつづけました」

しだいに、渡邉の声が震《ふる》えはじめた。それはほどなく涙声へと変わり、参列者もはっきりとは渡邉の声が聞き取れなくなった。ふたたび、参列者たちがざわめいた。

マスコミで報じられる傍若無人《ぼうじゃくぶじん》な経営者の姿はそこにはなく、参列者たちは、一人の大事な友人を失ったさみしさと苦悩を背負った一人の男の姿を見たからであった。

渡邉にとって、間接的とはいえ、自分をマスコミの道に進ませた今道の歩みは、まさに、〝もう一人の渡邉恒雄〟の歩み。渡邉は、今道に自身の自画像を見た思いだったのかもしれない。その意味で、今道は、渡邉にとってなににも変えがたい存在だった。

「天皇制打倒」の過去を捨てて

渡邉は、右翼的発言をくり返しているが、かつて共産党員であった尻尾《しっぽ》が残っている。小泉純一郎《こいずみじゅんいちろう》首相の靖国神社参拝を激しく非難していた。

渡邉は、小泉が平成一八年九月二六日に首相の座を去って一年近く経った平成一九年八月一〇日の北京週報日本語版で、記者の質問に次のように答えている。

「小泉氏は政権の座にあった五年余りの期間に毎年靖国神社を参拝し、日中関係をひどく悪化させ、両国トップの交流が中断した。日中外交関係の悪化は両国にとってよくないことであるばかりか、アジア全体にとっても望ましいことではない」

「靖国神社にはA級戦犯が合祀《ごうし》されており、これらの戦犯は国のために命を落としたのではなく、裁判で死刑に処せられたものである。日本の首相の靖国神社参拝は、私が絶対に我慢《がまん》できないことである」

「一般の人は、靖国神社は明治維新いらい、国のために戦死した軍人を祀《まつ》っている場所と思っている。かなりの人たちは、神社には国のために戦死した『英霊』が祀られており、それを参拝して感謝の意を表すことは当然だと思っている。しかしながら、今の日本人はあの戦争の侵略性、残忍性の側面に対してあまり知らない。わたしは陸軍二等兵としてあの戦争に参加したことがあり、軍隊の残忍性を知っており、当時、多くの若い軍人が自殺行為を余儀《よぎ》なくされたり、戦闘機を操縦して敵に体当たりしたなどは今日の自爆テロ行為と同じであり、非常に残忍なことであった」

東京電力社長・会長を歴任し経団連会長も務めた平岩外四《ひらいわがいし》は、蔵書三万冊の財界随一の読書家で、稀代《きたい》の教養人として知られていた。が、一方で、読売巨人軍の大ファンであり、財界関係者による巨人軍後援会「燦燦会《さんさんかい》」を創立して、死ぬまで会長をつとめていた。

読書家の渡邉恒雄は、渡邉以上の読書家・平岩と親しくしていた。

平岩も、昭和一六年に太平洋戦争で陸軍に召集され、配属されたニューギニア戦線でジャングルを敗走した。飢えと熱病のため、平岩のいた隊は一〇七名中、最後には生存者七名という地獄の経験を味わっている。

そんな戦争中の体験も共通していた渡邉と平岩が、意気投合するのには時間はかからなかった。

平成一七年（二〇〇五年）、読売新聞は渡邉の主導のもとで、日本の戦争責任を反省するための「戦争責任検証委員会」を創設。「検証・戦争責任」を連載し、のちに『戦争責任を検証する』という本にまとめた。

このとき、平岩と渡邉の二人をよく知る他社の記者は思った。

〈これは……、あきらかにナベツネは平岩の影響を受けたな〉

平岩は、よくいっていた

「A級戦犯だけが悪いわけではなく、その下にいた中将や、B、C級戦犯といわれる人たちも悪いんです。この人たちは、みんなに罪をかぶせて、逃げたんです。そういう人たちが、のちに厚生省などに入って、そこで軍事の資料を集めて情報を操作し、またそこで悪さをしている。だから、この人たちに気をつけないといけない。A級は絞首刑《こうしゅ》で亡くなったけど、その下にいて生き残った人たちこそ、いちばん悪いんです」

平岩外四は、平成一二年六月から平成一八年五月末まで、天皇、皇后両陛下や皇室の重要事項などに関する相談役である宮内庁の参与をつとめていた。そのため、渡邉の天皇制に対する思いは、平岩の影響も受けているようにその記者には見受けられた。

渡邉には、終戦後の昭和二〇年末に、戦争中や戦争直後、威張《いば》る憲兵や配属将校への反感、軍内の理不尽な制裁により「天皇制打倒」を叫び、ビラ貼りや演説会の勧誘など下積みのような活動の経験を経て、共産党入党したという過去がある。

渡邉は『私の履歴書』で「天皇制」について触れている。

「私が敵視した天皇制は、戦後完全に変質した。『神から人間』へ変質すると同時に、戦後の昭和天皇と皇室は特権階級のシンボルではなく国民、庶民《しょみん》の敬愛するシンボルになった。政治権力のトップである首相ですら法を犯せば収監されることもあるのだから、国民統合の象徴として政治的、経済的に純潔である天皇が存在した方が国の統治機構としては有用だ」

渡邉は、「皇后陛下と電話で話した」といっている。明らかに渡邉の天皇制に対する意識に変化があったことをその記者は感じていた。

「ナベさんと私が連絡役をやって大連立をやろうじゃありませんか」

福田《ふくだ》康夫《やすお》の前任の安倍《あべ》晋三《しんぞう》首相（第一次安倍内閣）で臨んだ平成一九年（二〇〇七年）七月二九日の参

議院選で、旧社会保険庁の年金記録漏れや相次ぐ閣僚不祥事による辞任などから、自民党は急速に国民の支持を失い、獲得議席が三七という惨敗《ざんぱい》を喫《きっ》した。

それに対して小沢一郎《おざわいちろう》率いる民主党は六〇議席と大躍進。非改選議席を合わせた両党の議席は民主一〇九、自民八三となり、自民党は一九五五年の結党以降初めて参議院第一党の座から滑り落ちた。

この選挙結果は、衆議院は与党、参議院は野党が多数を占める「衆参ねじれ国会」を生んでしまった。

この結果をみて渡邉は、「自民党と民主党による大連立を実現しないと、日本の政治は何も動かなくなる」という強い危機感を持った。

渡邉のこの思いに共鳴したのは綿貫民輔《わたぬきたみすけ》だった。綿貫は当時、すでに自民党を離れて国民新党の代表をつとめていた。渡邉が平成一〇年（一九九八年）の自自連立の橋渡し役をつとめたことを知る数少ない政治家の一人であった。

そこへ、斎藤次郎《さいとうじろう》元大蔵事務次官から連絡が入り、小沢が大連立に前向きという情報がもたらされた。『反ポピュリズム論』にそのときの経緯が書かれている。「X氏」とは、斎藤のことである。

「X氏の電話は、『小沢さんが大連立をやるべきだと言っている』というものだった。これは渡りに船だと思った。X氏も、『ナベさんと私が連絡役をやって大連立をやろうじゃありませんか』と言ってくれた。

X氏との大連立の準備は、安倍内閣がすでに死に体だったので、福田さんを『ポスト安倍』の最右翼とにらんで、八月下旬から具体的に動いた。私はX氏をまじえて小沢さんとも会ったし、福田さんとも二人だけで会って、大連立への感触を探った。

福田さんと小沢さんの二人のうち、『渡邉―Xライン』の大連立構想に最初に乗っかったのは福田さんだった。

福田さんの考えは、社会保障制度改革に関して、中曽根内閣の『臨調』のような組織か『円卓会議』的なものを作って、そこに両党が加わる形にしたい、というもので、『ぜひ小沢さんとつないでほしい。斡旋《あっせん》してほしい』と言った。今で言う社会保障と税の一体改革のレールを敷こうとしたわけで、福田さんは非常に先見性があった。

福田さんが自民党総裁選で麻生《あそう》（太郎《たろう》）さんを破り、後継首相の座を手にしたのは九月二十三日である。しかし実際は、これよりかなり以前の段階に小沢さんと福田さんは大連立で基本合意に達していた。むしろこの時点では、小沢さんの方がずっと前のめりだった。

小沢さんは、九月二十五日に予定されていた首班指名選挙をいったん延期して、その間に福田・小沢の党首会談を実施して一気に連立交渉に入り、大連立で組閣を行おう――という意見だった。

これに対する福田さんの返事は、確か九月二十日前後だったと記憶するが、『首班指名選挙と組閣まではさせてほしい』というものだった」

総理の座が確定しないと危険と思ったのか、それとも自民党内から反対論が噴き出して総裁の座も危うくなると思ったのか。いずれにせよ、福田の対応は引き延ばしだった。

福田の返事を聞いた小沢の反応を、渡邉は鮮明におぼえている。

「小沢さんは、福田さんの返事を不承不承受け入れて、当面の組閣はできるだけ小幅にとどめ、実質的に安倍『継承内閣』とするよう求めた。そのうえで、こう伝えてきた。

『今は参院選で勝った直後だ。だから今なら党内も私の思うようになるが、時間が立てば立つほど私の指導力はなくなっていく』

この伝言を聞いたとき、小沢という人はさすが政治達者な人だと思ったものだ。残念ながら、小沢さんが危惧《きぐ》したとおりになってしまった。このときに福田さんが決断していれば、大連立は実現していたに違いない」

渡邉によると、この後も福田の慎重主義はつづいたという。福田の組閣は、小沢の要求どおり事実上安倍継承内閣となったが、組閣が終わると、今度は「所信表明演説をやらせてほしい」となった。演説をおこなえば、各党の代表質問もおこなわないといけなくなる。野党の立場である小沢は福田内閣に対決姿勢をとらなければいけなくなる。ますます大連立の機運が薄れてしまう。

小沢は強く反対したが、福田は譲らなかった。さらに一〇月一日に所信表明演説が終わると、今度は「予算委員会をやらせてくれ」といい出す、という具合だった。

小沢の矢のような催促《さいそく》と、福田の相次ぐ引き延ばしとの板挟みになった渡邉は、何度も「もう手を引こう」と思った。だが、ねじれ国会をそのままにしたら国政は何も動かなくなる。それだけは避けねば、という一念で、どうにか堪《た》えた。

一〇月一七日に衆参両院の予算委員会が一巡し、渡邉はさすがにもういいだろうと思ったら、福田は今度は「わたしは小沢という人とさしで会ったことがないから、ナベさん、会談に立ち会ってくれませんか」といい出した。

渡邉は、自分も新聞記者である以上、外の目に触れないところで橋渡しすることまでが限界で、会談の当事者にはなれない。そういって断った。すると、福田は「わたしの代わりに粗ごなししてくれる人はいませんか」といってくる。そこで森喜朗《もりよしろう》元首相を推薦した。小沢も、首相の名代《みょうだい》ということなら森でいいという。

渡邉は、すぐさま森と話し合いの場を持ち、大連立構想を打ち明けて、森に仲介役になってくれるように頼んだ。

「小沢とも福田総理とも話ができるのは、あなたしかいない。申し訳ないが、大連立に向けて、森さん、ひとつ協力してくれないか。自分が電話の交換手をやるわけにもいかないから、あいだに入ってくれないか」

森は、渡邉のたっての頼みということもあり、引き受けてくれた。渡邉は、森と小沢との話し合いの場をセッティングした。

「森さん、今夜、小沢との会談の場をセットしたから、そこに来てくれ。自分はそこに行くわけにはいかないから、二人だけで話を詰めてください」

「間違ったことをしたとはまったく思っていない」

森と小沢による予備会談は、一〇月二五日夜からおこなわれた。

会談場所は、建て替え前の東京・大手町のパレスホテルのスイートルームを渡邉が予約した。会談は二人だけで、渡邉は、じつは、同じホテルの地下にある和食料理屋に秘書部長と二人で待機していた。そのことは森にだけ伝え、小沢には内緒だったという。

森によると、一日目は、大連立の概要についてだった。大連立の目的は、消費税増税と憲法改正であった。消費税を上げて財政改革を断行すれば、医療や年金、福祉に関する問題を解決できる。

のちに民主党政権では、消費税増税に党を割ってまで反対した小沢だったが、このときは、消費税増税に取り組むべきだというスタンスであった。

憲法に関しては九条をどうするかまでは踏み込まなかったが、あとは福田と小沢とのあいだで詰めればいいということだった。

大連立実現に向けて、小沢が急ぐことが、森には腑《ふ》に落ちなかった。

森は会談のなかで、小沢に聞いた。

「どうして、そんなに急ぐんだ？」

小沢が、その疑問に答えた。

「参議院選挙に勝った後だから、みんな『選挙マジックだ』といっておれを信奉している。だから、いまならおれのいうことを聞く。しかし、ウチの連中は馬鹿ばっかりだから、日がたつにつれて、おれのありがたみを感じなくなってくる。チャンスはいましかない。森さん、頼むよ」

二人のいる部屋から、待機していた渡邉に連絡がきた。

しばらくしてウェーターが森ではなく小沢の伝言を持ってきて、部屋に来てほしいという。エレベーターで上がると、小沢はすっかり上機嫌で、渡邉に酒までついでくれた。

〈これでもう大丈夫だ〉

渡邉はそう思った。

ただこのとき、小沢は明るく機嫌がよかったが、森は暗い顔で考え込んでいる様子だった。のちに福田に聞いたところでは、このとき小沢は連立から公明党をはずすことを要求し、森はそれを拒んでいたという。

森によると、二日目は、人事にまで話がおよんだという。自民党一〇人、民主党六人、公明党一人という閣僚の配分も、小沢が無任所の副総理に就任することも、この森・小沢会談で内々に決まったことだった。たとえば、財務大臣など内閣の重要ポストを民主党が取れば、他の重要ポストは衆議院で数に勝る自民党に譲るということだった。

森は福田に、小沢との面談の内容を伝えた。

福田は、まだ煮え切っていなかった。

「前々から渡邉さんに大連立の話は聞いているんだけど、わたしは、時期尚早《しょうそう》だと思っている」

森は、躊躇《ちゅうちょ》する福田をうながした。

「ここまで進んでいるんだから、小沢と話し合ってみたらどうだ」

森が党内を説得するということで、福田は話し合いに応じる構えをみせた。

森は、自民党内の説得にも動いた。

伊吹文明《いぶきぶんめい》幹事長にも話を通した。

「伊吹さん、ここは大連立に向けて、一気呵成《かせい》にやるしかないよ」

中川秀直《なかがわひでなお》元幹事長とも頻繁《ひんぱん》に会い、自民党内の大連立に対する反発を少しでも抑えようと尽力してまわった。

森が自民党内での根回しを順調に進めている一方で、小沢は民主党内での根回しを一切していなかった。

鳩山由紀夫《はとやまゆきお》幹事長や菅直人《かんなおと》代表代行にも相談していないようであった。

森は、小沢と会談する際に何度も確認していた。

「民主党のほうは、大丈夫なんだよな？」

小沢は、安心したようにいっていた。

「大丈夫だ、わたしが決めればついてくるから」

福田と小沢の党首会談は、一〇月三〇日と一一月二日の二度、国会内の常任委員長室でおこなわれたという。二度目の会談は、午後三時から、途中二時間ほどの中断をはさんで、午後七時までつづいた。

福田・小沢会談で、小沢は公明党はずしを譲歩したという。

首相官邸に戻った福田は、「政策を実現するための体制をつくる必要があるということで、新体制をつくるのでもいいのではないかと話をした」と記者団に語り、会談が大連立目的であることを公式に認めた。

しかし内心は不安だったのだろう。この直後、渡邉は福田から電話を受けたという。

「話は全部うまくいったんですが、本当に民主党はこれでまとまるんですか」

渡邉は書いている。

「私が『小沢さんが大丈夫と言っているんだから、大丈夫でしょう』と言っても、福田さんは『本当に大丈夫かどうか、もう一度念押ししてください』と頼むので、X氏に電話をして小沢さんに確かめてもらったら、X氏の返事も『絶対大丈夫』だった。それから一時間もたたないうちに、大連立構想は民主党の役員会で否決され、すべてパーになった。

後で聞いたところでは、民主党役員会では、『衆院選で勝って政権を取らないとだめだ』の大合唱だったという。それで小沢さんもプツンと切れてしまい、ご破算にしてしまった。

小沢さんは、自自連立のときもそうだったが、極度の秘密主義だった。世間で小沢側近衆に数えられている民主党の議員にも、『漏れるから言わない』という態度だった。

しかし、連立話がある程度煮詰まってきた段階では、側近議員はもちろん、一定規模のグループの長、たとえば鳩山由紀夫さんや、参院をおさえていた輿石東《こしいしあずま》さんあたりには耳打ちして、党内の多数派工作も同時並行で進めておくべきではなかったか。『自分が言えばみんなついてくる』という小沢さんの過信が、土壇場《どたんば》で裏目に出てしまった」

小沢は構想が挫折《ざせつ》した後の記者会見で、大連立をめざした理由についてこう語った。

「民主党はいまださまざまな面で力量が不足しており、国民からも『自民党はだめだが、民主党も本当に政権担当能力があるのか』という疑問を提起されつづけ、次期衆院選勝利はきびしい情勢にある。国民の疑念を払拭《ふっしょく》するためにも、あえて政権運営の一翼《いちよく》を担い、政策を実行し、政権運営の実績を示すことが、民主党政権を実現する近道だと判断した」

この小沢の率直な発言に対して、当時、民主党の多くの議員が「侮辱《ぶじょく》だ」と激しく反発した。

大連立構想の挫折で、渡邉が橋渡しをしていたことも小沢が記者会見で暴露してしまった。

渡邉は読売をのぞく新聞や週刊誌で「密室談合の仕掛け人」だとか「新聞記者の分《ぶん》を超えている」などとさんざん悪口を書かれた。

渡邉は書く。

「しかし、私は今も間違ったことをしたとはまったく思っていないし、何より、大連立構想が挫折しなければ、今日のような政治の混迷は絶対に避けられたはずだと確信している」

この大連立工作が失敗に終わったのはなぜか。福田の「慎重さ」と、小沢の「過信」が、悪い形で重なり合ってしまったのだと渡邉は思っている。

なお、森によると、小沢はこのときの失態について、森と福田に詫《わ》びを入れたことはないという。

それどころか、のちの平成二一年八月の衆議院選挙で、小沢は森や福田の選挙区に刺客《しかく》を送り込んできた。森の対立候補は田中美絵子《たなかみえこ》、福田の対立候補は三宅雪子《みやけゆきこ》である。

選挙演説は投票日前日の午後八時に終了となるが、小沢はその二〇分ほど前に森が本拠地とする石川県小松市に乗り込んできて、「ここで勝てば、日本が変わる」とまでスピーチした。

結果は森も福田も選挙区で当選し、田中と三宅は比例復活で当選した。


渡邉恒雄は、その後、平成二二年（二〇一〇年）一二月に入って、政界有力者と相次いで会談した。

「スワッ、またぞろナベツネによる大連立の動きか」

政界に激震が走った。

一二月八日、渡邉は自民党本部に突然現れ、谷垣禎一《たにがきさだかず》総裁と会談した。渡邉は、谷垣に民主党との大連立を説《と》いた。

一方、渡邉と気脈を通ずる与謝野馨《よさのかおる》は、このころ、『週刊朝日』の一二月二四日号で、渡邉の大連立構想について打ち明けている。

「実は先週、ナベツネさんから急に電話がかかってきましてね。『今の民主党を見ているとどうしようもない。大連立を組んで今後、日本はどうあるべきか、示していく必要があると思う。君はどう思うか？』と聞かれました。私は『このままだと国会で物事が何も決まらない状態が続く。日本は漂うばかりですよ』と答えました。（中略）大連立なんてことができれば、それに越したことはない。それができないまでも、一党で解決できないような、国民生活や国の将来に重大な影響がある政策は、政争の対象にしてはいけない時代になったと、私は思っています」

与謝野は、たちあがれ日本を離党し、経済財政担当相として菅政権に入閣した。「与謝野氏の入閣をすすめたのは渡邉氏。与謝野氏を軸とする大連立を画策《かくさく》している」と、民主党ベテラン議員は語っていた。

「唯一《ゆいいつ》最高の友を失い、途方にくれている」

森喜朗は、渡邉恒雄とは、いくつかの関係のなかで自然と付き合いが増えていった。

一つは、渡邉の持っている二つの勉強会にゲストで呼ばれることが多かったことだ。

一つ目の勉強会は、山里会。ホテルオークラの日本料亭「山里」で定期的に開催される会合で、渡邉恒雄のほかには、政治評論家の三宅久之《みやけひさゆき》や、元田中角栄《たなかかくえい》の秘書の早坂茂三《はやさかしげぞう》らがメンバーだ。そのときどきの旬の政治家をゲストスピーカーに迎えて話を聞く会である。

「山里会」と別に、もう一つ、各新聞社の政治部ＯＢや、社長クラスが集まる会もある。

また、森は、早稲田大学雄弁会の先輩である青木幹雄《あおきみきお》参議院議員と渡邉、渡邉の盟友で日本テレビの会長の氏家齊一郎の四人で会合を持つことが多かった。

この四人で会合を持つ場合は、絶対に内容が漏れることはなかった。が、時折、だれか一人がゲストで参加するときには漏れることもあった。

氏家が後援会長をつとめていた山﨑拓《やまさきたく》や、石原伸晃《いしはらのぶてる》などを招くこともあったという。

渡邉恒雄の記憶力は抜群だ。また、森から見て、渡邉は単なる言論人にとどまらずに、政治家としての視点を持っているという。

渡邉と氏家の二人はいつも一心同体であった。おたがいのことを信頼し合っているのが伝わってきていた。

だが、その二人が、いったん喧嘩《けんか》になると凄まじいものがあった。森があいだに入って仲裁《ちゅうさい》したこともあった。

親友同士であるからこそいい合えるわけだが、その内容は苛烈《かれつ》なものであった。森や青木が同席している前でもお構いなしであった。

森は、会合などの席で、二人がいい合いをはじめると、またはじまったかと、むしろほほえましい気持ちで見ていた。

森は思う。

〈渡邉さんには、少年のような純粋な面もある。でも、それだけでなくて、洞察《どうさつ》力もあり、さらにみごとなほどのしたたかさも備えている。ああいうタイプの言論人は、これから先には、もう出てこないだろうな〉

氏家齊一郎は、平成二三年（二〇一一年）三月二八日、多臓器不全のため東京都内の病院で逝去《せいきょ》した。享年《きょうねん》八四であった。

読売新聞の三月二九日朝刊に「氏家氏を悼《いた》む」の記事が載った。

渡邉恒雄もコメントを寄せた。

「氏家君とは同年同月生まれ、旧制東京高校、東大、読売と、18歳から66年の不離一体の親友だった。たまたま、読売新聞、NTVと両方のトップになったが、2人の友情がなかったら、こんな奇跡は起こらなかっただろう。学生時代、共に共産党に入ったが、私が除名されたとき、彼も脱党した。2人とも妻が元新劇女優だったこともあり、姉妹のような仲だった。だから家族と同じだった。政財界とも同じ人脈でつながった。唯一《ゆいいつ》最高の友を失い、途方にくれている。全身の力が消失していく思いだ」

絶対本命の後継者、突然の辞任

渡邉の後継者にはだれがなるのだろうか。

それまでも、渡邉の後継者には、さまざまな人物の名前が挙がっていた。

政治部の人間でいえば、昭和二八年入社で政治部長になった原孝文《はらたかふみ》も一時期は有力視されていた。が、原は日テレ系列の静岡第一テレビに出向し、常勤監査役に就任した。

昭和三〇年入社の政治部では、常盤恭一《ときわきょういち》も渡邉に近く有力な幹部候補かのように思われていた。だが、常盤も日本テレビに出向になり、最終的には新潟テレビの社長に就任した。

常盤は、かつては渡邉の懐《ふところがたな》刀のようにいわれていた。が、本当のところは違った。これは渡邉恒雄の人を見る目の厳しさともいえる。

かつて、政治評論家の中村慶一郎《なかむらけいいちろう》は渡邉から常盤評を聞いたことがある。

「常盤は福田《ふくだ》（赳夫《たけお》）にべったりすぎる。ああいうタイプでは、政治部長にはできない」

ちなみに、渡邉の妻を渡邉に紹介し、結婚のきっかけをつくったのは、常盤である。

中村と同じ昭和三二年入社組で、もっとも出世したのが読売新聞グループ本社代表取締役社長にまで出世した内山斉《うちやまひとし》だった。

読売でアルバイトをしていた日大生の内山を、政治部記者だった渡邉が誘ったことで入社したのである。日本大学文学部社会学科出身の内山は本社採用ではなく、地方採用といわれた採用組だった。採用されてからは、地方部の所属だった。

その内山が出世を重ねた背景には、内山のハンディをはね返した自己の努力があった。また、内山には特別な才能があったからだった。

制作局を担当していた当時、印刷拠点の分散化を経営トップに進言して功績が認められた。内山は、新聞の制作環境の変化を先取りして、よく調査をして、その実情や将来の見通しなどを渡邉や務台《むたい》に伝える役割をこなし、高い評価を受け、出世していったのだった。

現在の大手町にある読売新聞の本社のビルには、新聞の輪転機はない。中村が入社した当時の銀座のビルは、輪転機が昼夜関係なくまわっていた。現在では、みな東京近郊の印刷工場で刷っている。

そうした改革に着手し、成功させたのが内山であった。

内山は、組合執行委員長時代には本社を銀座から大手町へ移転する際の要員整理にあたるなど、読売新聞の経営問題についてきちんと対処してきた能力の持ち主である。組合対策の能力、優れたコミュニケーション力、管理部門での的確な判断力が、渡邉と飛車角のような関係でうまく機能していた。

ある意味、読売新聞への功労者である。

渡邉は『私の履歴書』に自分の後継者は内山、とはっきり書いている。務台の一〇年社長をやって次にバトンタッチをしてくれ、との言葉に反して、自分は当初の思いの一〇年ではなく一二年間社長の座にあった。渡邉の次は内山斉と心に決めていたので、少しのんびりしてしまったのかもしれないという。

「私が読売新聞を五会社を傘下《さんか》に置く持ち株会社とすることに踏み切ったとき、彼を東京本社の代表取締役社長に抜擢《ばってき》し、さらに持ち株会社である読売新聞グループ本社の代表取締役社長に就けたのは、人情ではなく多面的で精緻《せいち》な判断能力を正確に評価したからだ。

いまでは社内の誰もが、私の後継者の本命が内山君であることを認めているだろう」

ところが、平成二三年（二〇一一年）四月二〇日、読売新聞グループ本社の内山斉社長が、突然健康上の理由から日本新聞協会の会長職を退任する意向を表明した。

日本新聞協会の会長職は、慣例で二期四年つとめる。内山は、平成二一年六月に会長へ就任していたため、当然、その年の六月から二期目に突入するはずであった。

しかし、一期目の任期である六月一五日までをわずかに残したあまりの中途半端なタイミングでの退任表明。そのうえ、新聞協会の正式な機関である理事会の手続きさえ踏まないほど唐突《とうとつ》な出来事であり、理由も曖昧《あいまい》だったため、新聞業界はおどろくしかなかった。

内山は、六月七日に、読売新聞グループ本社社長も退任した。

渡邉恒雄の後継者として「絶対の本命」と自他ともに認めてきた内山を、渡邉が切ったとき、新聞業界は「あっ……」と口をつぐんだ。業界には、内山に対する同情心が広がった。

「一〇〇〇万部死守」を掲げる読売だったが、この年三月に発生した東日本大震災の影響が大きかった。一〇〇〇万部を割り込んだ時期に身を引いたことから、内山は部数減の責任を問われたと見られた。

「八五歳という最高齢で、事実上の最高経営責任者であるわたし」

後任の社長の白石興二郎《しらいしこうじろう》は、昭和二一年九月八日、正力松太郎と同じ富山県に生まれた。京大文学部出身だ。政治部次長や論説委員などを経て、編集局長、論説委員長、社長と階段を駆け上がった。

やはり、渡邉のなかでは、社長はどうしても政治部の人間にやらせたいという思いは強いのだろう。経済部出身だと、日本テレビや大阪読売新聞の社長にはなることはあるが、読売本社の社長はむずかしい。

ちなみに、いまの日本テレビの大久保好男《おおくぼよしお》社長は、読売新聞出身で政治部長経験者だ。

内山は、渡邉とのあいだで、辞任の真相については口外してはならぬ、と取り決めがあるらしく、何度取材を申し込んでも応じてもらえなかった。

ただし、業界では、次のような噂もある。

「内山さんは、東日本大震災直後、被害を受けた被災地の販売店の立て直しに懸命《けんめい》になり、資金も投じた。ところが、ある日渡邉に呼ばれ、こういわれた。『金を使えばいいというものではない。おれなら、資金を使わなくても、一〇〇〇万部を維持できる』この物言いにそれはないだろうと怒り、内山さんが、『そうおっしゃるなら、わたしは社長を辞めさせてもらいます』そういって憤然と席を立って辞めたそうです」

次のような別の噂もある。

「渡邉は、これまで内山社長で読売の経営はやれた。しかし、これからは、内山に任せるのは不安だ。これからの複雑な時代の読売のリーダーには、もっと幅広い教養が必要だと口にしていたという。それで、教養の幅も広く、英語もペラペラの白石興二郎に任せることにした」

内山の不満を洩《も》らした話が伝わっている。

「社長を退任すると決めたときに約束した話が、それから一晩寝て起きたら違った話になっちゃった。渡邉さんから『おまえ、引いてくれないか。それなりに配慮するから』と頼まれたから、それで了解したんだが、一晩でひっくり返されちゃったんだよ」

内山はその後、横綱審議委員会委員長をつとめた。前委員長の鶴田《つるた》卓彦《たくひこ》元日経新聞社社長とは旧知の仲で、鶴田は内山を後任に推挽《すいばん》したとの説もある。


内山の突然の社長辞任により、新聞業界の内外に、内紛《ないふん》説をはじめさまざまな憶測《おくそく》が流れた。それを敏感に受け止めたのか、渡邉は平成二三年七月八日にひらかれた全国の読売新聞販売店（ＹＣ）店主が集《つど》う「読売七日会・東京読売会」の合同総会で、自らが読売新聞社の最高責任者であることをあらためて宣言した。その内容が物議を醸《かも》した。

「内山君の病気のこともあるので八五歳という最高齢で、事実上の最高経営責任者であるわたしの健康状態について報告しておきます。今月、慈恵医大病院で、世界的な血管外科の大家として知られる大木《おおき》隆生《たかお》先生に、全身の内臓検査をしてもらいました」

そう前置きした後、主治医の報告書を読み上げたのだ。そのなかには、「もっとも素晴らしいことは、八五歳と高齢であるにもかかわらず、脳に萎縮《いしゅく》がまったく見られないことです」の一文も含まれていた。

「この世には小生が早く往生することを願っている人も少なくないようですが、その人たちは失望されても仕方のないことです」とも、述べた。

「下等なたかり記者」に描かれ怒り炸裂《さくれつ》

沖縄返還密約をめぐり、毎日新聞記者の西山太吉《にしやまたきち》が逮捕された事件をモデルにした山崎豊子《やまさきとよこ》原作の小説『運命の人』が、TBSで放映された。このドラマに、渡邉を思わせる政治記者が登場する。

渡邉は、『サンデー毎日』平成二四年（二〇一二年）二月一九日号で、「私はTBS『運命の人』に怒っている！」というタイトルで、談話でなく、自ら筆を執《と》った。それも、読売系の媒体《ばいたい》でなく、毎日系の『サンデー毎日』をあえて選んだのも渡邉らしい。

渡邉は、テレビドラマでは、「読日新聞記者・山部一雄」として登場する。

渡邉の怒りの筆は走る。

「大筋で、佐藤栄作《さとうえいさく》内閣の後継を狙い、田中角栄・大平正芳《おおひらまさよし》連合に対し、福田赳夫派が争い、結局田中の勝利に終わるのだが、ドラマでは主人公・ヒーローである毎日新聞の西山太吉記者は、大平正芳の側近であって、佐藤内閣に悪意を持っていた。また、佐藤は大平を特に嫌っており、西山君が社会党の横《よこ》路《みち》（孝弘《たかひろ》）議員に外交機密文書を渡し、国会の予算委員会で暴露させたのも、大平の意を受けた西山君の政治謀略だと疑い、逮捕強行に至った。その逮捕を合理化するため捜査当局がドラマ中の三木昭子事務官との男女関係を暴いた、というのが当時のマスコミ界の通説であった。

ところが、この擬似《ぎじ》フィクションドラマで、極めて名誉を傷付けられた被害者の一人が、小生渡邉恒雄（山部一雄記者）である。

このテレビドラマによれば、山部が田淵角造（田中角栄）に料亭でペコペコしながらご馳走《ちそう》になっている場面がある。私は、料亭はもとより私邸であっても、田中角さんに一度もサシでご馳走になったことはない。一度だけ、複数の記者と保釈後の角さんを囲んでいわば慰安の食事に招待しただけだ。
さらに許し難《がた》いのは、小平派（宏池会＝大平派）の政治家と同派担当記者の大ゴルフコンペでの場面だ。小平正良、鈴森善市、弓成亮太記者、山部記者がプレイ中ゾロゾロと並んで歩きながら、小平と鈴森が田淵は大金を有力新聞記者にばら撒《ま》いているらしいと問いかける場面があり、
弓成記者（西山）『丁重にお返ししましたよ。しがらみで筆が鈍《にぶ》るのはゴメンですから』（ここで、大金の入った菓子箱が西山家に送られてきて、西山君がこれを妻に返せというシーンが放映される）
山部記者（渡邉恒雄）『弓成はつき返したか。俺は足りなかったからもっとよこせと言ってやった。そしたら面白い奴だと酒に誘われ、いろいろな話が聞けた』
この会話が人格論上極めて問題なのは、田中角栄から送られた現金を西山君は返したが、渡邉は受け取った上、『足りないからもっとよこせ』と言った下等なたかり記者と描かれていることである」
そもそも、渡邉は大野《おおの》伴睦《ばんぼく》派担当で、大野の死去後も、旧大野派および河野《こうの》派、中曽根《なかそね》グループを担当しており、大平派のゴルフコンペなどに招かれるはずもない。実際、大平、鈴木、西山を含んだグループでゴルフをしたことは一度もないという。
つまり、このテレビシーンはまったくの作り話であるが、ゆすりたかりの悪徳記者と清潔な正義派記者として、山部対弓成が描かれている。このモデルと実在人物とが、ただちに多くの視聴者に判別されるような描き方は、まったくマスコミ暴力の一種であると怒る。
「ここで、私がいささか腹が立つのは、西山君が、著者に情報を提供し、かつ合意の上でこのような作品を書かせ、小生が悪玉にされていることを知りながら、一回もワビの電話すらないことである。
西山君は後輩記者であるが親友であり、彼の裁判で私は被告人側の証人として法廷で弁護に立った。
このことはライバル社間の友情証言として当時は話題になったものだ。その後、有罪を受けて社会的に

抹殺《まっさつ》されてしまった西山君の息子の就職の世話もし、西山夫妻は事件後、そろって私の会社の部屋に来て丁重に礼を言ったこともある。

何故、私が西山弁護のため、毎日新聞の弁護士会合にまで出席し協力したかというと、その第一の理由は、西山君が保釈後、彼から三木事務官との男女関係の始まり、その後の進行状況、さらに機密文書の受け渡しなどの実際の経過を詳細かつ写実的に聞いていたので、起訴《きそ》状中の『密《ひそ》かに情を通じ、執拗《しつよう》に迫り、これを利用して同被告人（三木事務官）をして外交秘密文書を持ち出させ、記事の取材をしようと企て……』とあることについて、疑問を持ったからである」

「山崎豊子氏の『運命の人』の執筆に当たって、文藝春秋の幹部記者数人が、読売新聞の私の部屋に来たので、かなり長い時間、私の知る限りの話をして協力した。

しかし、月刊文藝春秋に連載され始めた第二号を読んで、私は腹を立て、三号以降読むのを止めた。今回、サンデー毎日の要請で執筆するにあたり、文春文庫版『運命の人』4巻を一日で斜め読みするまで、一切本に触ったこともなかった。また、テレビドラマになるというので、それは見ることとして、前記の田中角栄からカネをもらったというシーンを見て完全に西山君に対する感情がぶち切れた。

月刊文藝春秋第二号では何で腹を立てたかというと、そこで政治部記者の三分類というのがあった。

（文春文庫版第一巻四二ページ）

一、番記者時代、培《つちか》ったコネで政界の遊泳術を身につけ、政治家に転身する田川七助（田中六助）タイプ

二、新聞記者の肩書きのまま有力政治家の懐刀として、蔭で政界を取り仕切る読日新聞の山部一雄（渡邉恒雄）タイプ

三、山部同様、政官界に深く喰い込み、情報を取りながら、世論をリードするようなトップ記事を署名

入りで書きまくり、政治家の方から必要とされる弓成記者（西山太吉）タイプ

これによると、西山君は世論をリードするようなトップ記事を書きまくっているが、渡邉は陰で政界を取り仕切るが、原稿はさっぱり書けない記者……ということになる。

私は西山君をライバルと思ったこともないし、彼の原稿に記憶にあるものもない。私は政治学、政治史、米国政治、政治一般等に関し二十冊ほどの著書を出版したが、当時、西山君の著書というものは見たこともない。

こういう調子で原作が書き進められ、テレビドラマでも卑《いや》しい金権記者にされ、西山君は清潔で有能なヒーロー的大記者になっていることについて、西山君は内容を見聞したら私に対し、一言ワビを言ってもおかしくないだろう。

これ以上書くと私憤的になるから止めて、沖縄返還について一言したい。

私は佐藤さんは歴史的偉業として沖縄返還を成功させようと焦《あせ》りすぎたと思う」

「佐藤さんが名宰相《さいしょう》の一人であることは認めるが、沖縄返還については、他策を考えるか、後継者に任せるという手もあったのではないか。

密約までして佐藤首相が返還という歴史的功労を急がなければ、西山、三木両君も犠牲《ぎせい》にならずに済んだかもしれない。

さりながらどう考えても、西山君は自らの新聞に書かず、野党議員に彼の得た秘密文書を国会で暴露させ、それにより取材源に社会的に致命的損失を与えたのは否定できないし、同情の余地もない」

たしかに、渡邉は田中角栄とも近しい関係にあったが、金を受け取るような関係ではなかったということを、渡邉を知るベテラン記者は断言できるという。

〈あの男は、そんな滅茶苦茶に金をもらうような男じゃない〉

渡邉をよく知るベテラン記者だから、わかるという。

ドラマのなかでは、渡邉が田中角栄から金を受け取ったように描かれていたが、事件の当事者である西山は、山崎の取材に対して、かなり虚偽《きょぎ》を交え、創作しながら受け応えていたようであるという。

実際、渡邉は西山事件で西山を相当助けてやった。ところが、小説やドラマでは西山のせいで嘘を描かれた。渡邉は、ひどく腹が立ったようだった。

「あれほどいったのに、あいつは、まだわからないんだ」

原との確執がからむ「清武の乱」

渡邉は、当初、原辰徳《はらたつのり》の、監督としての力量をそれほど高くは買っていなかった。原は、若大将と呼ばれたごとく、颯爽《さっそう》としてまっすぐな、いわゆる〝ジジ殺し〟である。その面では、渡邉も原に惚《ほ》れた部分もあったろうが、渡邉の目は好々爺《こうこうや》だけではない。冷酷《れいこく》と思えるほど情を廃《はい》した目で見て、判断をくだす。

そして、読売巨人軍社長の桃井恒和《ももいつねかず》は、そんな渡邉恒雄をもっとも恐れていた。

渡邉には、優勝しか見えていない。莫大《ばくだい》な資金は、優勝を勝ち取るためのものである。優勝すればそれでよし。逃したときには、「どうして優勝できなかったか」と追及してくる。それも、理詰めでだ。野球そのものを知らない。選手に対する思い入れも少ない。結果にのみ収斂《しゅうれん》しているだけに、逃げおおせることはできない。

渡邉が清武英利《きよたけひでとし》を巨人軍球団に呼びよせたのは、オリックスと近鉄の合併騒ぎにはじまる球界再編がきっかけであった。

運動本部長であった清武は球界の窮状《きゅうじょう》などを調べ、「野球再生」と題して読売新聞に連載した。それを見た渡邉から呼び出しがかかったのである。

「球界の再建案について意見を聞きたい」

ホテルの地下にある料理屋であった。

清武は、資料を見せながら、自分が調べたことをいろいろと報告した。渡邉と向かい合って話す清武に、側近たちは「失礼だ」といった。渡邉の後ろにまわって、説明しろということらしい。清武は、耳を貸さなかった。

しかし、渡邉は、清武を気に入ったらしい。

「こいつは、野球にくわしい。できるんじゃないか」

それをきっかけに、巨人球団に送り込んだ。

清武は、フロントとして、育成に力を入れた。育成制度をつくり、選手登録をしていない選手を育てる体制をつくりあげた。そのなかから、山口鉄也《やまぐちてつや》、松本哲也《まつもとてつや》をはじめ一軍で活躍する選手を輩出《はいしゅつ》した。

このころ、清武と渡邉は良好だった。巨人軍にＧＭ（ゼネラルマネジャー）という役職をつくり、そこに清武をつけ、チーム編成をまかせた。それも渡邉であった。

だが、巨人担当記者から見れば、原と清武とでは、チームづくりの考え方がちがっていた。原から見れば、じっくりとチームをつくるなどという悠長《ゆうちょう》なことはいってられない。常勝巨人の現場をあずかる監督としては、勝つことが命題なのである。そして、優勝しなければならない。できなければ、クビが待っているのである。原は、初めての監督時代、その苦い経験を痛いほど味わった。

その原から見れば、清武のように呑気《のんき》なことはいってられない。即戦力がほしいのである。

しかも、清武が、ＧＭという立場にいることが気に入らない。

原は、清武が叛乱《はんらん》を起こすその年、オーナー兼社長である桃井恒和に相談をしてきたのだという。

「清武さんは、来年もやるんですか」

その言葉の裏には、「清武さんを、早く辞めさせてほしい」という思いがあった。

原と清武との確執が、清武と渡邉にからみ合っているという。

「おれへの報告なしに勝手に人事をいじくるのか」

平成二三年（二〇一一年）一〇月二〇日、球団代表の清武英利は、オーナー兼社長である桃井恒和とともに、渡邉をたずねた。そのシーズンの報告と、来季のコーチ陣について話した。すでにシーズン順位は三位と決まっていたが、清武らの提示したのは、基本的に、そのシーズンと変わらぬ体制で臨むことだった。

渡邉に、異論はなかった。

「わかった」

渡邉は、ワンマンタイプに見えるかもしれないが、こと巨人軍のことはフロントにまかせている。監督人事、コーチ人事、チームづくりなどについては、シーズンの終わりに報告を受けて最終的な決断だけをくだす。

普段ならば、優勝を逃した監督の代わりに詰め腹を切らされてもおかしくない、ヘッドコーチである岡《おか》崎郁《ざきかおる》も留任することになった。清武らの、人事をふくめた来季に向けての構想が通った形であった。

ところが、それから一一日後の一〇月三一日、巨人が、クライマックスシリーズのファーストステージで敗れた。そのことで、事態は一変した。

一一月四日、原監督からシーズン終了の報告を受けた渡邉が、清武らにとって思いも寄らぬ発言を口にしたのである。

「おれへの報告なしに、勝手に人事をいじくることはあるのか」

そして、鶴の一声を発した。ヘッドコーチには岡崎郁ではなく、江川卓《えがわすぐる》を据《す》えるというのである。

渡邉は、原監督から、江川卓の招聘《しょうへい》案を聞くと、興味をしめしたという。

「いいアイデアだ」

話題性、集客性、利益性を考えると、江川と岡崎、どう考えても江川のほうが効果は高い。渡邉は、だから、江川ヘッドコーチ案を呑《の》んだのである。

清武は怒った。原からの進言だったこともまた、清武の琴線《きんせん》に触れたのかもしれない。

清武と原。GMと監督という立場もあって、反《そ》りが合わなかったらしい。

金銭的な問題であれほど嫌った江川に、いとも簡単に飛びつく。渡邉の尺度は、明確だ。人気、話題性、それがなにより優先事項で、そのときそのときの判断で動くのである。記者たちの目からは、手のひら返しをしたような判断も、渡邉にしてみれば、現実に即した、経営者的な選択なのである。

江川との交渉には、巨人軍は、年俸五〇〇〇万円、契約金三〇〇〇万円を提示したらしい。それに対し、江川の要求は一億円。二〇〇〇万円の差は縮まらず、江川ヘッドコーチは実現しなかった。

江川も、清武と原のあいだにはさまるような、火中の栗を拾う気持ちはないと思ったのかもしれない。

渡邉恒雄の豹変《ひょうへん》ぶりには、清武だけでなく、オーナーの桃井も怒った。渡邉の発言から三日後の一一月七日、渡邉と面会した。桃井は、胸に辞表を抱いていたという。

清武も、その決意を理解していた。渡邉の横暴を、これ以上許すわけにはいかない。二人は示し合わせ、渡邉おろしにかかったのである。

清武は、桃井を見送った。

「桃井さんと心中しますよ」

清武は、腹をくくった。

「きみは破滅だ、読売新聞との全面戦争だ」

平成二三年一一月一一日早朝、渡邉は、桃井オーナーから、清武が、文部科学省で記者会見をひらく予定でいると知らされた。

二人のあいだで、電話で、解決策がはかられた。その内容は、清武がひそかに録音していた。

渡邉は、清武にいった。

「できればね。記者会見はやめろよ。やめなきゃ。これ、ちょっと破局的な解決策しかなくなるからなぁ」

「記者会見なんかせずに、白石（読売新聞グループ本社社長）に電話したほうがいいよ」

あくまでも記者会見をやめるように説得していた。のちに、清武は、このことを、「恫喝《どうかつ》、恐喝《きょうかつ》を受けた」と主張した。

しかし、このとき、清武は、ていねいに答えた。

「ありがとうございます。また夕方にも電話を差し上げます」

渡邉は、その言葉を、「記者会見はしません」ととったらしい。

ところが、それから数時間後の午前九時、清武は文部科学省の一室で、巨人軍のコンプライアンス（法令遵守《じゅんしゅ》）違反を訴える緊急会見をひらいた。

三〇〇人を超える報道陣が集まった会見場で、弁護士をともなってあらわれた清武が発表したのは、巨人軍の人事をめぐる渡邉会長との確執だった。

人事権は、清武自身にあるにもかかわらず、巨人軍内では「平《ひら》取締役」であるはずの渡邉が、江川卓招聘など人事を決める行為に疑義《ぎぎ》を持ちかけたのである。

「プロ野球を私物化している」

「コンプライアンス違反」

清武は、桃井オーナー兼社長もまた、渡邉に憤慨《ふんがい》している一人であると説明した。

ところが、桃井は、談話を発表した。

「わたしの知らないところで、ああいう形でやったのでは、逆にコンプライアンスという意味でとんでもない」

清武の認識ちがいであることを指摘した。

「かばいきれない」

清武を突き放したのである。

渡邉は、清武の会見について、事実誤認、表現が不当な越権行為があると批判したうえで、清武の行為を、会社法で定める取締役の忠実義務に反すると批判した。

一一月一八日、読売新聞グループは、臨時取締役会義をひらいた。清武の解任を決議した。

「取締役にもかかわらず法令や定款《ていかん》の手続きにしたがって意見を述べるのではなく、独断で記者会見を強行し、会社の業務に多大な支障をもたらした」

「誤った事実を公表したとして謝罪を求めた渡邉会長の文書に対し、再反論を公表するなど反省の態度をしめさなかった」

「コーチ人事構想の機密を暴露し、実現を困難にさせた」

読売巨人軍終身名誉監督の長嶋茂雄はこう批判した。

「清武氏の言動はあまりにもひどい。戦前戦後を通じて巨人軍の歴史でこのようなことはなかった。解任は妥当だ」

長嶋が、人物の資質についてこのような不快感を表明するのは異例中の異例といえる。桃井オーナーは「非常に強い口調でおっしゃった」と振り返った。

こうした発言を球団自ら発表したところに、清武氏を断罪する形で、騒動に終止符を打ちたいという読売グループの意図が見える。「ミスター・プロ野球」と呼ばれ、人気ある長嶋による断罪は、球界内で最大級の〝懲罰《ちょうばつ》〟といっていい。

桃井オーナー兼社長は「終わらせないといけない。長嶋さんもおっしゃっているんですけど、これほどの混乱を招いたことはない。大試練を、チームとフロントが一体となってなんとしても乗り切っていかないといけない」と、長嶋の発言をくり返して出直しを強調した。

渡邉は、法廷闘争も辞さなかった。最強弁護士を一〇人用意するなど、法廷闘争を示唆《しさ》する発言をくり返した。

清武も、外国人特派員協会で会見をひらいた。渡邉が発した「おれは、最後の独裁者だ」「きみは破滅だ。読売新聞との全面戦争だ」といった刺激的な発言を暴露した。

法廷で清武を悪しざまに責める執念深さ

一二月五日、読売巨人軍と読売新聞グループ本社は、清武を相手取って訴訟《そしょう》を起こした。「コーチ人事を公表したことや、渡邉が独断で人事を覆したり役職を剝奪したなどと虚偽の事実を語り、取締役の忠実義務に反し、読売新聞と巨人の名誉を傷つけた」

約一億円の損害賠償《ばいしょう》を求める訴えを東京地裁に提起した。

一方、一二月一三日、清武側も、渡邉、読売新聞グループ本社を相手取り、約六二〇〇万円の損害賠償請求と謝罪広告掲載をもとめた。

この二つの訴訟は、抱き合わせでおこなう併合審理となった。

どう見ても、今回の場合は、渡邉と、清武、桃井の三人の内輪揉《も》めである。わざわざ法廷に持ち込まなくても、話し合えばすむことにちがいなかった。

平成二六年（二〇一四年）六月五日、巨人軍と読売新聞グループが、清武が独断でひらいた記者会見を名誉毀損《きそん》として訴えた訴訟の口頭弁論が、清武側の訴えと合わせた併合審理の形で、東京地裁でおこなわれた。

証言台には、清武、桃井、そして、渡邉の三人が並ぶことになっていた。八八歳と高齢の渡邉は足取りはさすがにおぼつかなく、右手にステッキを持ち秘書に付き添われる格好で証言台に立った。

読売新聞グループ側は、あくまでも、「人事案の了承はなかった」と主張した。

「わかった、（人事案をまとめた用紙を）置いていけ」

そういっただけであると渡邉は証言した。

この口頭弁論では、この案件とは別の、動産引渡請求事件に関する調べのなかで存在が明らかになった音声データの内容が公表された。

そこには、平成二三年一一月一一日に、渡邉が、清武と話し合った内容が残っていた。

渡邉は、外見とは打って変わり、たぎっていた清武憎しの思いを吐《は》き出した。

「彼は、意図的に、電話の内容を録音していた。〝隠しどり〟していた。猫なで声で『ありがとうございます』と、二回言っている。引っ掛け、二重人格ではないか、という疑いを持たざるをえない」

傍聴《ぼうちょう》している巨人担当記者もさすがにおどろいた。

さらに、個人批判はつづいた。

「清武は、態度が横柄《おうへい》だ」

「すぐに取材拒否をする」

「おかしなトレードで失敗した」

こんなことをするから、清武とは、こんなに悪いやつなんだ。そういわんばかりである。まさに、悪《あ》しざま。そんな証言を、裁判の場ということもわきまえずあげつらったのだった。巨人担当記者は、ここまで個人に対して直接的に責め立てる証言を見たことがなかった。

それも、少し前までは、清武の評価は高かったのだ。それが、豹変《ひょうへん》している。渡邉の執念深さをまざまざと見せつけられた。

裏を返せば、八〇歳を超えてなお読売新聞グループで権力の座に君臨できるのは、この執念深さゆえかもしれない。

ただ寄る年波、かなり昔のことは細かいところまでおぼえていても、最近のことは忘れがちだ。読売巨人球団代表であった清武英利が読売新聞グループを訴えた、いわゆる清武の乱の「言った」「言わない」の論争も、最近のことを物忘れしてしまうこととかかわりがあるのではないか。

ただ、清武の乱の場合には、清武がいっているように、清武は、何度も話して了解をとったという。

「わかった」

そう渡邉がいったとさえ、清武は主張している。それにもかかわらず、「そのようなことは知らない」と渡邉はいい張る。じつのところは、渡邉本人にしかわからない。忘れてしまったのか。それとも、あえて、「知らない」「聞いていない」とくり返し主張することで、相手がどれだけ本気で迫ろうとしているのか探りを入れているのか。いずれにしても、そのような渡邉が、清武には許しがたい存在に映ってしまった。

その結果、みずから読売新聞在籍時に手に入れた社内資料をもとに渡邉を訴えた。

「野球に口を出すとろくなことにならん」

平成二六年一二月一八日、プロ野球の巨人の人事をめぐって、球団代表兼ゼネラルマネジャーを解任された清武英利と巨人側がたがいに損害賠償を求めた訴訟の判決で、東京地裁は、清武英利に一六〇〇万円の支払いを命じた。清武は、控訴《こうそ》する方針をしめした。

清武は、平成二三年一一月に記者会見をひらき、親会社である読売新聞グループ本社の渡邉恒雄会長がコーチ人事に不当介入したと告発した。一週間後に解任され、再度会見で渡邉を批判した。清武側は、「会見はコーチを守るため。解任に正当な理由はない」などとして約六二〇〇万円の賠償と謝罪広告掲載を請求した。

一方、巨人側は「虚偽の事実を公表し、巨人軍に損害を与えた」などとして、一億円の賠償を清武に求めた。

大竹昭彦裁判長は、違法行為があると疑いを抱いた場合でも取締役が社内の検討をへずに会見で公表することは「特段の事情のある場合を除いて許されない」などとして解任には正当な理由があるとした。

また、「決まっていた人事を渡邉会長の鶴の一声で不当に覆そうとした」などとする清武の発言の一部について、「前提事実の重要な部分が真実とは認められない」として名誉毀損の成立を認めた。

判決後、清武と読売新聞社の双方は、それぞれで記者会見をおこなった。

清武は語った。

「非常に残念な結果だが、判決が認めた金額からすると巨人側の主張の大半は否定されたと思っている」

一方で、巨人軍の桃井球団会長は語った。

「主張していたことが認められた」


渡邉は、朝日新聞の清武問題についてのインタビューで、野球が好きなのですかと聞かれ答えている。

「僕は技術的なことは分からないが、テレビで解説を聞きながら見るのが好きなんだ。ただ巨人軍に無関係な人間だったら、面白さが倍増するだろうな。シーズンでは優勝しても60敗くらいする。僕が東京ドームに行くと9割ぐらい負けるんだ。目の前で負けるのを見ると嫌になる。経営者になると、野球というのは半分苦痛。胃が痛くなるし、健康に悪い」

巨人軍はだれのものだと考えているかについても答えている。

「読売新聞社のものだ。法的にはね。しかし読売新聞が1000万部の読者に支えられているのと同じように、ファンのものだとも言える。企業が消費者を満足させることが求められるように、ファンの満足度を上げていかなければならない」

「巨人については今度、白石興二郎君（読売新聞グループ本社社長）がオーナーになったから、任せようと思う。野球に口を出すと、ろくなことにならん。清武の件はこれだけ話したから終わり。もう言わないよ。沈黙は金なりだ。ワッハッハッ」

権力を掌握《しょうあく》する術《すべ》を知るサラリーマン経営者

ワシントン時代の知り合いである元外交官の木内昭胤《きうちあきたね》と渡邉の親交は、ワシントン後もつづいたが、最近はあまりないという。

木内は、以前は、渡邉を中心とする五、六人の集まりによく顔を出していた。その会は、共同通信社のOBで、かつてワシントン支局長をつとめていた松尾文夫《まつおふみお》が世話人をつとめている会合であった。参加者は、渡邉や木内のほかには、浅尾新一郎《あさおしんいちろう》らが参加していた。

会合の場では、もっぱら、渡邉の独演会になることが多かった。渡邉は、日本の国内政治の情勢はもちろん、日米関係を中心とした国際政治についても自論を雄弁に語っていた。

だが、渡邉は、ただ自論を語るだけではなかった。時折、木内らほかの参加者が渡邉と異なった意見を述べると、渡邉は耳を傾けて熱心に聞いていたという。ここ数年、この会合はひらかれていないが、木内にとってとても充実した楽しい会であった。

渡邉には、いまだに哲学青年のような純粋さが残っている。

これは、渡邉と親しい関係である中曾根康弘《なかそねやすひろ》にも似ている部分だ。非常にリアリストな一面もあるが、哲学を探究しつづける純粋な部分も失くしてはいない。

そういった渡邉の哲学青年的な部分というのは、東京大学よりも旧制高校時代の文化の影響ではないかと木内は分析している。

中村慶一郎によると、渡邉は大変な努力家だ。若いときから非常に苦労を重ねて、全エネルギーを政治記者としての人生に捧げてきた。新聞記事の切り抜きも自分でつくっていた。

中村は以前、渡邉からいわれたことがある。

「中村君、おれは夜、家に帰ってから、もう一組スクラップをつくって、仕事場用と自分の家用のを二つ持ってるんだ。家帰って、メシを食ってからがおれの時間なんだ。本を読んで、夜明けになることもある」

ベッドサイドには、中央公論新社から出た哲学者の評伝を置いている。寝る前にこれを読むのが、渡邉の最高の楽しみだという。

渡邉は桁《けた》外れの読書家だ。政界きっての知性派として知られた与謝野馨は「超インテリ」と評している。自身より「はるかに上」だという。

渡邉は超インテリである一方、面倒見のよさも持ち合わせている。かわいがると決めた人間は徹底的にかわいがる。中村はあらためて思う。

〈昼間は新聞界のなかで切った張ったをやっている。だけど、夜は学者。静かに本を読んでいる。それがナベツネさんの二面性だ。一言でいえば、「近代的精神を持った良心の人」。生きていくための、ある種のプラグマティズム（実用主義、行為主義）を持っている〉

亀井《かめい》静香《しずか》は、平成二五年（二〇一三年）一〇月、朝日新聞の連載「私の悪人論」に、「悪人」の一人としてインタビューを受けたことがある。

「俺が悪人だって？　そりゃ、顔が悪いからだろ。話し方も乱暴だしな。それとな、世間の常識ではね、おとなしくしとらんといかんときに、俺はおとなしくしないから、善人には見えねえんだよ。悪人に見える。

今の時代、欲望だらけで、金よ、金よの利益追求が極大に達している。新自由主義なんてその最たるもんだ。政治家もその渦に巻き込まれている。そこで起きるのは事なかれ主義だ。世の中をどうにかしようという強烈な意志を持つやつなんていなくなった。大勢に順応し、自分の利益を守ろうとする。政界もそんなのばかりだ。

俺は違う。人間が決めた掟《おきて》にかまわない行動をする。だから悪人といわれる。そういう人が塀《へい》の内側に落ちる場合も多いんだよ。俺も塀の上を歩いているかもしらんよ。お前たちマスコミは、すぐにそうだと思っちゃう。でも俺は良心に恥じることはしたことがない。塀の向こう側に入ることはあり得ない」

亀井は、現在の政治についてこう考える。

〈いまの日本は五寸釘を打ち込まれているにもかかわらず、鍼《はり》治療をしているのと勘違いをしているようなものだ。国民は、「そのうち効いてくるのかな」と思い込む。いつか心臓に打ち込まれて死んでしまう〉

そんな亀井は、渡邉恒雄を「稀代《きたい》の大悪党」だと考える。

渡邉と中曾根康弘は、昭和三一年（一九五六年）の自民党総裁選の最中に出会っている。渡邉は、初入閣を望む中曾根と副総裁の大野伴睦との仲を取り持った。

亀井は、現在も中曾根に指導を受けたりするが、それでもやはり、渡邉は中曾根以上の力を持っていると感じる。

同じ首相では、田中角栄にも悪人の片鱗《へんりん》を見ることができた。しかし田中は思いきったことはやるにしても、カネと義理人情でのし上がってきた人間であり、やはり根本はいい人だと、亀井はいう。

また、渡邉は、日本テレビ放送網代表取締役会長の氏家齊一郎と盟友であった。その氏家を読売系の企業から追放したといわれる務台より、さらに上手《うわて》だと、亀井は思う。

（善人だけでは、人のためにならない。いまは渡邉さんのように、大がつくほどの悪党がいない……）

渡邉は読売新聞グループ本社の株を一パーセントすら持っていない、いわゆるサラリーマン経営者だ。しかし、人事権をフルに使い、権力を掌握《しょうあく》した。渡邉には各界に太い人脈があり、統率力はそのなかで学んできた部分も多いだろう。しかし、渡邉の生まれながらの素質をもってしての結果だったと、亀井は思う。

（これだけの統治能力のある人間は、歴史上あまりいないんじゃないか。もし彼が政治家になっていても、大幹事長として名を馳《は》せ、時代を牽引《けんいん》していっただろう。今後、こういった人は新聞界、言論界、政界にもなかなか出てこないだろう）

鈴木《すずき》宗男《むねお》によると、渡邉には裏の付き合いなど、知られざる一面があるという。そのあたりについては渡邉がいまも現役である以上、鈴木は、まだ口外はできない。

鈴木は近く渡邉の元へあいさつに出向くつもりでいる。渡邉も八九歳。「何が真実か」という点だけははっきりさせておかなければならないという。

「ナベツネ後」の読売グループ

渡邉恒雄の社歴に特筆される功績は二つあるとされる。

一つは、創刊一四〇周年を迎える記念すべき平成二六年に、東京・大手町に読売グループの拠点となる「読売新聞ビル」を完成・開業させたこと。

そして、もう一つが、平成六年に発行部数一〇〇〇万部を超え、日本を代表する新聞の座を確固たるものにしたことである。

一方、ジャーナリストという立場にありながらも、政治的影響力を誇示するようになっていったことに対する評価はあまりされていない。「道楽」のようなものだと周囲は思っている。いまでは、安倍内閣完全支持という方針が、「新しい保守」という格好よさもありながら、あまりにも前のめりすぎるのではないかという批判にもなっている。

八九歳という渡邉恒雄が、今後一〇年、二〇年も読売グループのトップに立つとはとうてい考えられない。これほどの影響力と権力を持つ渡邉恒雄亡き後の読売グループの未来を心配する者も多いだろうが、新聞協会会長をつとめるグループ本社社長、白石興二郎をはじめ、専務の山口寿一《やまぐちとしかず》など業界で活躍する逸材《いつざい》がいて頼もしいと評価されている。

渡邉が最近つらいのは、視力はそれほどでもないが、耳が遠くなってきていることだという。四〇万円の補聴器を購入したものの、慣れないためか、つい外してしまうこともある。家では、家族から「お父さん、なんで大きい声出すんだ」と怒られることもあるという。クラシックを聴くのが好きな渡邉だが、微弱なピアニッシモで演奏される部分の音が聴こえないときもあるという。

渡邉の盟友である中曾根康弘も同じような状態で、隣同士で話していても、話が聴こえないから、つい顔見知りとしか話さないという。

渡邉のめざす今後の目標とはなんだろうか。中村慶一郎は、読売新聞の部数一〇〇〇万部の維持は、近年の状況を見るとむずかしいだろうという。

インターネットの普及や人口減少を考えると、部数をさらに増やすことは困難だ。経営の多角化を進めていくしか方法はない。読売新聞社の利益構造も大きく変化している。かつては、販売の収入が五割、広告収入が四割、その他が一割だったが、現在は、広告収入が二割に落ち込んだものの、読売巨人軍や旅行会社などの関連事業、不動産事業が利益を生み出している。

アベノミクスによってデフレ脱却の様相が見えてきたとはいえ、まだまだ日本経済は予断を許さない。出版業界も、地盤沈下がつづいている。どの出版社も、これからどのように生き残るのか。そのことで必死となっている。

その意味では、中央公論新社は、読売新聞グループの中核企業として経営的に安定している。新聞社系の出版社では、朝日新聞出版よりブランド力もある。出版業界の良識を支えるという使命感とプライドを抱いて、渡邉や中央公論新社の歴代社長らは前向きに経営に取り組んできた。

情報を得てそれを流すことで生き抜いてきた読売新聞グループは、実業とはかけ離れたところで発展してきたといってもいい。それだけにいま置かれた状況は苦しい。紙媒体《ばいたい》だけでは生き残れない事実を受け止め、利益をあげる仕組みづくりをしていかなくてはならない。規模の拡大をめざすのではなく、その有用性ともいうべき面をさらに引き出していく。

読売新聞東京本社では、平成二六年度に記者として採用した新入社員のうち、四割近くが女性である。二〇年前にやっと二割程度に達し、そのまま横ばいがつづいていた。それを一気に増やしたのである。また、平成二六年六月一〇日の株主総会で、調査研究本部長とメディア局長に二人の女性役員が就いた。新たな風を吹き込もうという試みでもある。

読売新聞グループとしても、大きな経営戦略の転換をはかる。読売新聞東京本社、読売新聞大阪本社、読売新聞西部本社、読売巨人軍、中央公論新社の五社を中核として、一六〇を数える関連会社を整理していく。赤字にあえぐ会社には見切りをつけ、その一方で、残った会社同士の関係性を強く、濃くしていく。

四代目の中央公論新社社長の小林敬和が会長となり、五代目中公社長に読売本社専務取締役編集局長の大橋善光《おおはしよしみつ》が就いたのも、読売新聞東京本社との提携を強めるためである。

日本テレビともがっちりと組む。さらにいえば、読売新聞東京本社が七〇パーセント、三越伊勢丹ホールディングスが三〇パーセントと出資しているプランタン銀座を通じて、三越伊勢丹ホールディングスともつながりを強化するなど読売グループ全体のブランド力を高めていく。

渡邉は、生き残りを懸けた闘いを前にして、朝日新聞がいてこその読売新聞だと強調している。

「朝日が頑張らなければ、困るのはむしろおれたちだ」

渡邉には、自分が入社したときの読売新聞のイメージがしみついている。朝日新聞、毎日新聞の後塵《こうじん》を拝する、いわゆる、三流新聞だった。渡邉から見れば、経営陣も、力のない者ばかりで、公然と批判を浴びせた。朝日新聞に追いつき追い越し、読売新聞を名実ともに一流の新聞にしたい。それが悲願だった。

いまや、最高時で一〇〇〇万部を超す発行部数を誇り、ギネスブックに載るほどである。

かつては朝日新聞の独壇場《どくだんじょう》であった広告の売上でも朝日新聞を上回る。ただ、構造的な不況を抱える出版が、どうしても新聞広告を掲載しようとする場合、選ぶのはいまだに朝日新聞である。たとえ広告掲載料が高くても、売上だけではあらわせないブランド力では、まだ朝日新聞がまさっている。

〝ナベツネタワー〟と揶揄《やゆ》される新社屋を建設したのも、朝日新聞よりも経営状態がいいことを見せつけようとしたのである。つまり、広告塔だというのである。

しかし、『週刊朝日』で、佐野眞一《さのしんいち》が橋下徹《はしもととおる》大阪市長の人物像を描いた「ハシシタ」によって、朝日新聞そのものの見識が問われた。それ以後、かつての朝日新聞では考えられぬことが起きている。

かつての朝日新聞の輝きを取りもどしてこそ切磋琢磨《せっさたくま》でき、読売新聞もさらに輝きを増す。新聞業界の発展にもなる。読売、朝日にくわえて、日本経済新聞の三社が踏ん張ることで、新聞業界を支えつづける。そう思っている。

「仕事をやめるときは死ぬとき」

渡邉は、健康面では、前立腺《ぜんりつせん》がんを克服した。平成二五年は、食中毒がきっかけで腹の調子を悪くしたり、体力的に落ちてきている。

しかし、読売新聞グループの役員会議ではますます存在感をしめしており、まさに独壇場だ。親しい幹部らとの食事会などでは、シモネタを交えて話がとまらなくなる。自分が前立腺がんにかかったときの、男性としての機能をあきらめざるをえなかった話を楽しそうにする。

その勢いは、若いころと変わらない。毎週ひらかれる編集会議でも、突っ込んだ質問と鋭く厳しい指摘が、矢継ぎ早に飛び出す。

テーマにぶちあたるとすぐに自分で調べなければすまない性質で、編集局の部長らに説明を求める。そのときの説明がツボを心得て、要点をしっかり整理してあってうまいと出世できるといわれている。読売新聞社の内部では、〝勉強〟が出世のキーワードである。説明下手な者たちはやっかむ。

「あいつは、しゃべりがうまいだけじゃないか」

渡邉は、前立腺がんにかかったときには、すぐに二〇〇冊もの本を買いこんで、二週間、徹夜で読破したという。執刀医《しっとう》が、渡邉があまりにも専門的な知識を持っていることにたまげた。

「なんで、そんなことまで知っているのですか」

読売新聞東京本社にある執務室の隣部屋は、図書室のようになっている。二万冊はあるだろうという書籍が整然とならぶ。

定期的に、千代田区丸の内にある丸善本店に足を運び、一人で店内をまわる。渡邉にとっては、もっとも楽しい時間の一つである。

昔ながらの教養人らしく、気になるのならばとりあえず買っておけばいいと、手に取った本をどんどんワゴンに入れていく。一回で数十冊におよぶ。あまりにも夢中になりすぎてつまずいて転び、骨折したこともあった。

渡邉恒雄の、その根っこをさぐると、八九歳となったいまも哲学者としての思索、人間にとって大事なものはなにか、人間とはなにか、を自分に問いつづけている。

陸軍二等兵として上官から暴行を受けた軍隊生活は、戦争に対する痛烈《つうれつ》な批判と、ある種のニヒリズムを渡邉に植えつけた。しかし、大学を卒業してのち、言論の世界へと身を投じ俗世にまみれるうち、渡邉は、本来の自分とはちがう、いくつもの顔をあわせ持つことになった。

たとえば、保守政治を支えているかと思いきや、首相の靖国神社参拝には断固として反対する。左翼ではないかと思われる言動でまわりをおどろかすこともある。純な部分からドロドロとしたものまで、どれもがハイレベルで渡邉のなかに同居している。こんな人物は、まさに稀有《けう》な存在といっていいだろう。

現在八九歳の渡邉恒雄は、読売新聞グループ本社代表取締役社長、読売新聞東京本社代表取締役社長・編集主幹、プロ野球読売巨人軍取締役オーナーに白石興二郎をあてた。この白石が、渡邉の後継者候補の一番手とみられている。

さらに平成二七年六月九日、これまで読売新聞東京本社の専務取締役であった山口寿一が読売新聞東京本社社長に就任した。白石は、東京本社の代表権のある会長に就き、グループ本社の社長は続投する。

山口は、昭和五四年早稲田大学政治経済学部を卒業し、読売新聞へ入社。社会部記者からスタートし、検察担当、司法キャップ、法務部長、取締役社長室長などを歴任。渡邉会長の〝懐刀〟〝後継者〟といわれつづけ、ついに社長に就任した。

渡邉、白石体制に山口も加わり、より安定感を増したといえよう。いまも、白石、山口とも重要な案件は渡邉の許可を得ないと進めることはできないという。

平成二七年（二〇一五年）七月一〇日、読売新聞東京本社管内のＹＣ（読売新聞販売店）所長らでつくる「読売七日会」総会が、東京・港区のグランドプリンスホテル新高輪でひらかれた。渡邉は、約一〇〇〇人を前に、白石に「消費税の軽減税率適用を慎重に根回しし、強力に推進していかなければいけない」と発破《はっぱ》をかけた。

東京、大阪、西部の三本社を通じた全国的な販売対策のために東京本社社長に据えた山口に対しては呼びかけた。

「販売出身ではないが、かねて販売政策には特段の研究、勉強をしており、その経験と知識を生かしてもらいたい」

渡邉をよく知る他社の記者は、間違いなく、渡邉は死ぬまで読売グループの経営に口をはさんでくるという。

〈務台の例がある。「務台ができて、おれができないワケなどない。おれも死ぬまでやる」と意気込んでいるんだろうな〉

そう思うと、渡邉が生きている限り、読売グループの経営者たちは緊張の糸を切ることはできないであろう。

渡邉は、高齢であるからといって一線から退くつもりは毛頭ない。記憶が衰えていることもあったり、体力的にも無理をしているところもある。それでもなお、死ぬまで現役をつづける覚悟でいる。

渡邉は、『週刊朝日』平成二四年（二〇一二年）六月八日号の帯津良一《おびつりょういち》との「ナベツネ流　長生きの秘訣」の対談で「いままで引退を考えられたことはないですか」との問いに答えている。

「仕事をやめるときは死ぬときじゃないですかね」

また、『天運天職』ではこんな信念を語っている。

「僕は死ぬまで主筆だと言っている。主筆というのは、『筆政を掌る《つかさど》』のが役目。分かりやすく言うと、社論を決めるということ。読売では、僕が主筆なんだ。僕は社長を辞めても、主筆だけは放さない。読売の社論は僕が最終的に責任を持つ。そう思っているんです。

というのは、終戦後から今日まで、なんと言っても朝日新聞がオピニオンリーダーとして日本に左翼的で空疎な観念論を撒き散らしてきたと思う。これによって、日本は相当な被害を受けた。これをひっくり返すのが、読売新聞の使命だ。僕はそう信じている。

そのために僕は社論決定に責任を持ち、その時、その時の情勢に応じて展開していかなくてはならない。朝日の空疎な観念論を完全にひっくり返すまでは僕は主筆を辞められないんだよ。僕以外に誰ができる、そういう信念なんだ」

渡邉にとって大きな存在は、元首相の中曾根康弘である。九七歳になってもなお健在で、国の行く末を見据えている。国づくりを考えている。渡邉は、中曾根とは定期的に勉強会をひらいている。

渡邉は、自分の子どもたちにはいっている。

「墓はいらないが、おれのおやじの墓の脇におれの名前を一つポッと置いておけばいい」

渡邉は、すでにその石の碑文《ひぶん》を用意している。渡邉が、中曾根に頼んだものだ。

「おたがいに生きているときじゃないと頼めない。すぐ書いてくれ」

中曾根は、二日後に額に入れて次の碑文を書いてよこした。

『終生一記者を貫く　渡邉恒雄碑　中曾根康弘』

無類のクラシック好きの渡邉は、自身が亡くなったときは、音楽葬を考えている。選曲もすでに決まっていて、七〇分あまりのテープが作成済みだ。

ベートーヴェンの「英雄」の第二楽章、ショパンのピアノソナタの「葬送行進曲」、バーバーの「弦楽のためのアダージョ」、シベリウスの「悲しいワルツ」、グリークのペールギュント組曲の「オーゼの死」、チャイコフスキーの交響曲六番「悲愴」の第四楽章などをつなげてつくったテープである。

特に、渡邉はチャイコフスキーの「悲愴」には思い入れが深い。彼が明日徴兵されるという日に後輩たちを集めて、一晩徹夜で朝までさまざまな話をした。彼は無神論者だから、最後に母親が一一の神社で求めてきた一一枚のお守りを、一枚一枚焼いた。それから「悲愴」を聴いた。渡邉はいまでも当時を思い出して、車の中でこの曲を聴くという。

また、渡邉からのメッセージとして、「本日はみなさんご多用のところ、わたしの葬儀に来ていただいて誠にありがとうございました」と曲の解説のあいだに入れ、故人の遺志で僧侶のお経なし、音楽だけでやる予定だという。

渡邉恒雄、死してなお、おのれの思いを貫き通しつづけるというのか……。

あとがき

わたしは、政界、実業界、官界、言論界、芸能界、フィクサー、アウトローの世界まで四〇〇冊を超えるほど描いてきた。特に「怪物」と呼ばれる人物に興味を抱き、書きつづけてきた。

政界でいうと、吉田茂《よしだしげる》、岸信介《きしのぶすけ》、田中角栄《たなかかくえい》、竹下登《たけしたのぼる》、金丸信《かねまるしん》、小泉純一郎《こいずみじゅんいちろう》、小沢一郎《おざわいちろう》、実業界では、松《まつ》下幸之《したこうの》助《すけ》、ソニーの井深大《いぶかまさる》、本田技研工業の本田宗一郎《ほんだそういちろう》、務台光雄《むたいみつお》、孫正義《そんまさよし》、小佐野賢治《おさのけんじ》、フィクサーでは、児玉誉士夫《こだまよしお》、アウトローでは稲川聖城《いながわせいじょう》……らを描いてきた。

たとえば、政界において、吉田茂、岸信介、田中角栄の三人の「怪物」をあげても、高い評価の一方で、「悪党」と呼ばれる一面も持ち合わせていた。

現在、どの分野においても、「怪物」と呼ばれる人物は少なくなってきている。

そういう状況のなかで、渡邉恒雄《わたなべつねお》には早くから強い興味を抱いてきた。

わたしがなにより渡邉に興味を抱いたのは、彼が若くして戦争に駆り出された後、「反天皇制・反軍部」を掲げる共産党員から出発したことにある。

わたしは『日本共産党の深層』を書いているが、彼がリーダーとして活躍した左翼の東大「新人会」には、彼の盟友でありライバルであった氏家齊一郎《うじいえせいいちろう》も所属していた。そのグループからは、戦後社会のリーダー的存在となる人物が多く出ている。

渡邉は、共産党員として、資本主義の矛盾《むじゅん》を追及する眼を持ち、共産党を追放され転向してからは、別の視点から物を視る複眼を養った。

それから、読売新聞社に入社する。政治記者となっては、渡邉と正反対の人情派の保守政治家大野伴睦《おおのばんぼく》の懐《ふところ》に飛び込むことによって、派閥記者として力を発揮する。

さらに、「闇の世界」に君臨していた右翼の大立て者・児玉誉士夫ともつながり、力を発揮していく。

一方、読売新聞社内でのし上がっていく過程で、東大「新人会」時代から盟友でありライバルであった氏家齊一郎を読売グループから追放するために陰で動いている。

社長争いでは、副社長で務台の甥《おい》である丸山巌《まるやまいわお》の追放にも暗躍している。

ついに社長の座をつかむや、後継社長と内外に公表していた内山斉《うちやまひとし》を突然切り捨てている。

いまや、超ワンマンとして、内外に恐れるものはない。

亀井静香《かめいしずか》は、渡邉のことを「稀代《きたい》の大悪党」といい切っている。渡邉が読売新聞で師であり、恩人である務台光雄より上手《うわて》であるともいう。また、渡邉は、中曾根康弘《なかそねやすひろ》を総理にする最大の功労者といえるが、その中曾根以上の力を持っているという。

亀井が評価しているように、渡邉は、政治家になっていたとしても、大幹事長として名を馳《は》せ、時代を牽引《けんいん》していることであろう。

わたしが、渡邉に特に興味を抱くのは、いまだに共産党員であったころの尻尾を残しつづけていることである。

渡邉は、小泉純一郎が総理であったとき、靖国神社に参ったことを激しく非難している。彼の青春時代、軍隊に追いやったA級戦犯たちが祀《まつ》られている靖国神社に、国のリーダーが参ることが許せないのだ。

それも、右寄りの読売新聞とは論調の異なる朝日新聞の論説主幹である若宮啓文《わかみやよしぶみ》との共著『「靖国」と小泉首相―渡辺恒雄・読売新聞主筆 vs.若宮啓文・朝日新聞論説主幹』を上梓《じょうし》しているほどである。

安倍晋三《あべしんぞう》総理は、平成二七年（二〇一五年）八月一四日、戦後七〇年の節目にあたり「安倍談話」を発表した。その談話に、「侵略」の文字が入るかどうかが注目されたが、安倍は、最終的に「侵略」を入れることに踏み切った。

その裏には、渡邉の強い意向が働いたとみられている。

じつは、渡邉の指示で、平成一七年（二〇〇五年）に読売新聞本社内に「戦争責任検証委員会」が設置された。昭和三年から昭和二〇年にいたる日本の引き起こした戦争の原因、経過、結末を検証し、『検証戦争責任』を中央公論新社から出版している。

さらに、読売新聞は、平成二七年四月二二日付の「戦後70年談話　首相は『侵略』を避けたいのか」の社説を皮切りに、なんとしても「侵略」を盛り込むことを訴えてきた。それ以来、読売新聞の社説は、「安倍談話」の発表される八月一四日まで同様の主張を六回もくり返してきた。「安倍総理は、渡邉の圧力に屈《くっ》した」と書くマスコミもあったほどである。

言論人としての渡邉には、右翼的言辞が多すぎるとの非難もある。願わくば、驕《おご》ることなく、生きてきた体験と、修羅場《しゅらば》をくぐり抜けてきたなかから学んだ知恵を生かしてほしい。

若きころから信奉してきたカントのいう「道徳律」を〝神〟とし、その前でおのれの行動を律しつづけてきたはずではなかったのか――。

渡邉は、八九歳にして、いまだ政界、言論界、新聞界、プロ野球界に、賛否両論あれども、大いなる力を誇示《こじ》しつづけている「最後の怪物」といえよう。

大下英治《おおしたえいじ》

◇この作品を執筆するにあたり、過去に二度おこなった渡邉恒雄氏本人へのインタビューのほか、政界関係者の亀井静香、木内昭胤、鈴木宗男、中村慶一郎、松本善明、森喜朗、与謝野馨の各氏（五十音順）、正氣塾副長の若島和美氏、そのほか名前を明かすことのできない関係者の取材協力を得ました。お忙しいなか、感謝いたします。
◇本文中の肩書きは、その当時のもの、敬称は略させていただきました。

参考文献

『小説政界陰の仕掛人』（大下英治、角川文庫）
『新聞の鬼たち－小説務台光雄』（大下英治、光文社文庫）
『天運天職—戦後政治の裏面史、半生、巨人軍を明かす』（渡邉恒雄・中村慶一郎、光文社）
『ポピュリズム批判—直近15年全コラム』（渡邉恒雄、博文館新社）
『渡邉恒雄回顧録』（渡邉恒雄・御厨貴・伊藤隆・飯尾潤、中央公論新社）
『わが人生記－青春・政治・野球・大病』（渡邉恒雄、中公新書ラクレ）
『「靖国」と小泉首相—渡辺恒雄・読売新聞主筆vs.若宮啓文・朝日新聞論説主幹』（渡邉恒雄・若宮啓文・「論座」編集部、朝日新聞社）
『君命も受けざる所あり－私の履歴書』（渡邉恒雄、日本経済新聞出版社）
『反ポピュリズム論』（渡邉恒雄、新潮社新書）
『悪政・銃声・乱世—風雲四十年の記録』（児玉誉士夫、弘文堂）
『生ぐさ太公望－随想』（児玉誉士夫、広済堂出版）
『権力の陰謀－九頭竜事件をめぐる黒い霧』（緒方克行、現代史出版会）
『渡邉恒雄 メディアと権力』（魚住昭、講談社）
『闘争—渡辺恒雄の経営術』（三宅久之、ぺんぎん書房）
週刊朝日（平成22年12月24日号、平成24年6月8日号）
サンデー毎日（平成24年2月19日号）「私はＴＢＳ『運命の人』に怒っている！（渡邉恒雄）」
朝日新聞、産経新聞、毎日新聞、日本経済新聞、読売新聞の各紙

著者略歴

一九四四年、広島県に生まれる。広島大学文学部を卒業。「週刊文春」記者をへて、作家として政財官界から芸能、犯罪まで幅広いジャンルで旺盛な創作活動をつづけている。

著書には『十三人のユダ　三越・男たちの野望と崩壊』（新潮文庫）、『実録　田中角栄と鉄の軍団』シリーズ（全三巻、講談社＋α文庫）、『昭和闇の支配者』シリーズ（全六巻、だいわ文庫）、『昭和政権暗闘史』シリーズ（静山社文庫）、『田中角栄秘録』『日本共産党の深層』『内閣官房長官秘録』『小泉純一郎・進次郎秘録』（以上、イースト新書）、『官僚（飯島勲との共著）』（青志社）、『逆襲弁護士　河合弘之』（さくら舎）などがある。

専横《せんおう》のカリスマ　渡邉恒雄《わたなべつねお》

二〇一五年九月一一日　第一刷発行

著者　大下英治《おおしたえいじ》

発行者　古屋信吾

発行所　株式会社さくら舎　http://www.sakurasha.com

東京都千代田区富士見一-二-一一　〒一〇二-〇〇七一

電話　営業　〇三-五二一一-六五三三　FAX　〇三-五二一一-六四八一

編集　〇三-五二一一-六四八〇　振替　〇〇一九〇-八-四〇二〇六〇

装丁　石間　淳

写真　朝日新聞社

印刷・製本　中央精版印刷株式会社

ISBN978-4-86581-026-4